钱广华 著

钱广华哲学文集

人民出版社

序　　言

"人生七十古来稀"。今年我九十岁，能够有机会将我一生主要研究作品结集出版，感到十分高兴！这既是学术上的某种总结和梳理，也是自己哲学思考心路历程的呈现，供学界批评讨论，也期望有助于年轻学人在相关问题上的进一步探讨。

一

20世纪50年代，我考入清华大学后并入北京大学哲学系学习，本科毕业后先师从洪谦先生学习逻辑实证主义，后师从郑昕先生研究康德哲学。1959年研究生毕业后，留任北京大学哲学系编译室编译员。工作三年后调至安徽大学任教，1965年至安徽劳动大学工作，1982年重新回到安徽大学外国哲学教研室，直至退休。其间，1990—1998年连任第七届和第八届全国政协委员，1999年9月至2001年6月作为访问教授去美国中部华盛顿大学讲学一年。可以说，一生都待在高校，从事外国哲学学科专业的教学和科研工作，培养了一批学生，为西方哲学研究和学科建设做了一些力所能及的工作。不过现在想来，在很多方面还做得不够，也还有很多不足。

1973年，正值国内高校哲学专业教学科研薄弱时期，为满足教学工作需要，安徽劳动大学政治系的部分同仁组成了一个教材编写组，编写出版了《西欧近代哲学史》（商务印书馆1974年版）一书，我承担了"德国古典哲学"章节的编写,该书出版后,引起学界广泛反应与好评,在一段时间里,有不少高校哲学系将此书作为专业课教学教材使用。应该说,此教材出版为我国哲学专业人才培养发挥了一定的历史性作用。

作为中华全国外国哲学史学会常务理事和中国现代外国哲学学会理事,也为学会的学术活动做过一些工作,现在特别感到欣慰的是,于1978年10月,在我国改革开放之初,作为主要组织者之一,筹办召开了以安徽劳动大学、北京大学哲学系、中国社科院哲学所、人民出版社、商务印书馆等多家单位联合主办的"文化大革命"后第一次全国西方哲学史学术研讨会,学界称为"芜湖会议"。此次会议是我国外国哲学界拨乱反正、解放思想的一次重要的学会会议,对于推动我国外国哲学领域的真正学术研究和学科发展产生了重要的积极作用。我本人也在此次会议上以"试论作为认识史的哲学史"为题作了发言,该发言引起会议乃至学界重要反响,此次会议后由生活、读书、新知三联书店于1979年3月出版的《西方哲学史讨论集》,集中展示了会议讨论成果。之后,还组织召开过若干次学会的学术会议,如1982年5月于安徽大学组织开展了中外哲学史讲习研究会活动,1984年10月、1988年4月年在安徽大学组织召开了两次中华全国外国哲学史学会华东地区年会暨学术研讨会。

后在长期教学科研活动中,还先后主编出版了教材和专著《西方哲学史》(安徽人民出版社1988年版)《现代西方哲学评析》(安徽大学出版社1996年版)《近现代西方本体论学说之流变》(安徽大学出版社2001年版)等多部,在《中国社会科学》《学术月刊》《复旦大学学报》《外国哲学》等杂志发表学术论文50余篇,参与翻译《西方哲学原著选读》《逻辑经验主义文集》《自然哲学》《分析的时代》及《哲学译丛》等各类文章近20余万字。

1981年11月26日,安徽大学外国哲学史专业经国务院组织评审获批"文化大革命"后首批硕士学位授权点,这是我校最早获批的两个硕士学位点之一(另一个硕士授权点专业是基础数学),也是第一个文科硕士学位点。作为该学科学位点负责人,我尽自己所能为学科的建设和研究生培养做了一些工作,在大家的共同努力下,安徽大学外国哲学学科后来有了长足的发展,被评为安徽省省级重点学科,省教育厅"科研工作先进集体",还先后被列入安徽大学"211"工程第一期、第二期建设项目计划。我还曾受邀参加武汉大学等高校外国哲学学位点研究生学位论文答辩工作,应邀前往南开大学、杭州大学、华中理工学院等地讲学,主讲"康德《纯粹理性批判》"等。

二

我一生学术研究的重点领域在康德和黑格尔哲学,也旁及现代哲学和中西哲学比较。深感康德哲学是一种给人以希望的哲学,国内研究还不够;同时,今天也认识到,中国传统哲学文化博大精深,意义深远,以前关注和认识不足,现在尤其希望学界要加强对中国哲学文化的深入研究,并能使中西哲学与文化比较研究有新的拓展、提升和加强。

1978年我在"芜湖会议"上的发言文章《试论作为认识史的哲学史》一文,以列宁的定义"哲学史,因此,简略地说,就是整个认识的历史"为基础,分析了作为认识史的哲学史的本质性特征和意义,并对当时国内普遍流行的关于哲学史就是"唯物主义与唯心主义两条路线斗争的历史"的认识进行了理论批判,认为,这种认识完全是受到苏联学者日丹诺夫在1947年召开的"西欧哲学史"讨论会上发言的影响,因为日丹诺夫在发言中提出:"科学的哲学史,是科学的唯物主义世界观及其规律的胚胎、发生与发展的历史。……唯物主义既然是从与唯心主义派别斗争中生长和发展起来的,那么,哲学史也就是唯物主义与唯心主义斗争的历史。"

在我看来,哲学的基本问题——思维与存在关系问题,实际上包含了两个方面的问题,即思维与存在哪个是本原的问题和思维能不能反映(认识)存在的问题;前者属于世界观或存在论问题,后者则属于认识论问题。世界观是认识论的前提,而认识论则是世界观的理论根据,二者是相互制约、相互影响的,不可割裂和作片面的认识。而日丹诺夫的这一定义,是完全抛开认识论而只是从世界观上将哲学史视作唯物主义和唯心主义斗争的历史,并进而将哲学家简单地划分为唯物论者与唯心论者阵营,既否定了世界观与认识论的同一性,也没有考虑到认识论与两大阵营学派的复杂性关系,表现出一种思维上的形而上学片面性,孤立地、静止地去看待哲学史中世界观的斗争,抛弃了哲学作为认识论的本质特征以及在认识论领域交织着的唯物论与唯心论、辩证法与形而上学斗争的复杂内容,这样就把哲学史的内容大大地简单化了、抽象化了。应该说,在当时那个时代,该文借助于列宁的定义来对日丹诺夫和国内普遍流行也是占据了绝对统治地位的关于哲学史性质的认识提出了挑战、批判和扭转,对于我国外国哲学领域甚至是整个哲学界的拨乱反正、解放思想起到一定的突破性积极作用,尽管"作为认识史的哲学史"这一看法,今天看起来还是可以做进一步的讨论和商榷的。

在西方哲学研究上,我一直强调要以阅读哲学原著为基础,也一直坚持这样一个哲学研究看法,我们要先读康德,后读黑格尔,再及其他。相比起黑格尔,康德对现代哲学思想的影响要广泛深远得多,康德的哲学是一种哲学发生学,黑格尔的哲学则是一种精神现象学。

在康德哲学思想研究方面,我受到老师郑昕先生重要影响,他特别重视和强调康德对传统形而上学的批判,认为这种批判具有极为重要的意义,为西方形而上学的新发展奠定了重要基础,打开了新的空间,而这是当时国内康德研究上较为突出的地方,也直接影响了我对康德哲学思想研究的总体性认识和理解。受此影响,我一生主要就康德的"物自体"、《纯粹理性批判》、理性概念、范畴理论、对传统形而上学的批判、伦理学、道德神学等方面进行了一定的研究和探讨,认为康德的"批判法"不仅是对传统形而上学的批判,而且也为批判未来任何一种形而上学立下了标准和准则。正是在康德哲学基础上,费希特直接继承了康德的自我学说,建立了逻辑学、认识论和本体论相统一的绝对自我的本体论;谢林扭转和改变了康德、费希特以人的自我为轴心的哲学走向,重新选择客观本体的定位,建立了绝对本体观;作为德国古典哲学的理论集大成者,黑格尔是对康德关于传统形而上学的"否定之否定",是形而上学体系的"复辟",但不是简单的恢复,是用系统的辩证法阐述了以"绝对精神"为本体的形而上学体系;费尔巴哈的"新哲学"或"未来哲学"则突破了德国古典哲学以往的思辨的形而上学精神体系,将哲学的真正存在问题或者说本体论问题与具体的感性的以自然为基础的人的问题联系起来,把自然和人当做唯一的、普遍的、最高的对象和存在,从而为发展出马克思主义唯物论哲学思想奠定了重要的理论基础。

德国古典哲学中的黑格尔哲学也是我关注和研究的另一个重点领域,黑格尔的"一分为三"辩证法理论、对形而上学的重建、黑格尔的"思辨的反思"、走出黑格尔体系的迷宫、马克思对黑格尔唯心主义辩证法的批判等成为我长期研究的主要学术论题。在我看来,黑格尔以重建形而上学为己任,以此确立了他在近代欧洲哲学史上的权威地位。黑格尔自觉地接受了康德哲学的挑战,但他充分地考察了康德的"批判法"对于形而上学所提出的诘难;辩证法是他手中的一根"魔杖",力图以此来恢复形而上学的辉煌。

除此之外,学界长期以来将西方哲学史研究与西方哲学最新发展形态即现代哲学研究割裂开来是不恰当的,也是错误的。如同康德传记作家古留加所评价的,几乎形形色色的现代哲学都渊源于康德哲学,康德哲学思想的意义还在于对现代西方哲学的演变和发展发生了双重的复杂性影响,一方面,康德对无限整体的道德形而上学的论述直接影响了现当代人本主义哲学对世界的理解;另一方面,康德知识论思想中的将形而上学排除于科学之外的认识又对现当代科学主义产生了直接的影响。因此,我主张,研究康德哲学,是打通传统哲学与现代哲学研究的十分重要的内在理论通道。而就现代科学主义哲学和人本主义哲学"双峰对峙、二水分流"的状况和态势,我是觉得,现代哲学两大派系对康德思想的理解是各执一端的,不是整体上的,也因而对康德思想的理解和继承是不全面的,甚至是错误的。随着现当代哲学的深入发展,现在就出现了要求全面积极地理解康德批判形而上学的根本动因,可以说,这是现当代西方哲学中新萌发的一种有力的呼吁。

后期,我的学术研究开始以德国古典哲学为根基,延展到对诸多现代哲学思想的思考和研究上,并以形而上学问题为主线,力求从整体上关注和探讨古典哲学与现当代哲学的深刻内在关系和理论逻辑发展。学界存在一种普遍的看法,认为,西方哲学自近代出现"认识论转向"以后,认识论问题取代了本体论问题的地位,似乎本体论问题已不再有它的地位与意义了。在我看来,这种看法是肤浅的,是一种"皮相"的看法,从深层次上说,本体论问题仍然在制约着近现代西方哲学的发展面貌,只不过与过去传统的本体论表现形态有所不同罢了。本体论问题与认识论问题有着内在的联系,而对认识论问题的深入探究也必然要追溯到本体论问题,不能撇开认识论去孤立地研究本体论,也不能不顾及本体论问题,而孤立地考察认识论。由此引发出的人的问题是当代哲学的中心问题,必须从本体论与认识论的结合上来处理人的问题。

就现代哲学研究本身而言,我主要关注和思考的是胡塞尔的现象学、克尔凯戈尔有神论存在主义和解释学与翻译关系问题。对于现代哲学,我有一个总体性的看法,那就是,在现代西方哲学中,英美哲学与欧陆哲学各有不同的特征,英美哲学注重分析,欧陆哲学则耽于思辨,两者表现出历史传统上的差别。英美的分析哲学发展了现代逻辑和语言分析,对当代的计算科学与语言分析作出了重要贡献;而欧陆的思辨哲学则建立了系统的辩证法思维,为考察形而上学问题提供了强有力的武器。当代西方科学哲学家波普尔认为,真正的哲学问题总是根植于哲学之外的迫切问题,如果这些根基腐烂,它们也就死亡。在我看来,与传统哲学有很大不同,现代哲学开始面向事情本身,返回到人的日常生活中来,这意味着,任何哲学研究都要基根于现实问题,面对现代科学技术的迅猛发展,哲学是不能回避也是不应该回避的,哲学的根基就在现实生活以及关于现实的知识之中。

序　言

　　世纪之交,随着中国传统文化的迅速升温,如何看待这种升温,怎样从更广阔的视野尤其是从中西哲学比较的角度去认识和深刻理解中国传统文化的哲学意义,引起了学界较大的兴趣,也引起我的一定的思考。1998年、1999年和2003年我连续发表了三篇中西哲学比较研究文章,其中《光明日报》上刊发的《中外哲学与文化交融的思考》,从总体上探讨了中外哲学交融研究的必要性、方式和特征;而刊于《安徽师范大学学报》的《现代经验主义与中国传统哲学的现代化》和发表于《复旦大学学报》的《论冯友兰"新理学"形而上方法——一种比较研究》两篇文章,则主要从方法论上探讨了如何推进和实现中国传统哲学的现代转化,或者说,研究了中国传统思想文化哲学化何以可能与如何可能的问题,以及冯友兰哲学体系建构中的科学主义实证方法论问题,重新强调了西方形而上方法诸如康德的"批判法"和黑格尔的"辩证法"等的地位与作用问题。我有一个总的看法,中国哲学的现代化和生命力就在于要重视西方哲学并充分吸收西方哲学思想理论和方法资源,使存在于"经""学""子""集"中的无"哲学"之名的中国传统文化思想真正哲学化,并以哲学的方式和在哲学的层次上展开中西哲学之交流和融通,这便是中国哲学的真正现代化之义,中国哲学的希望就在于自身的哲学化和中西哲学交融之中。也就是说,既要重视中国传统文化,更要重视西方哲学,这样中国哲学才有真正的现代化和未来。现代文化文明更着重于走向开明、开放、多元,尊重差异,强调宽容、对话交流与互鉴,要改变"非此即彼"和简单的"体用之分"思维,自觉积极地推进中西哲学文化的对话、交流与融通,这既是中国哲学的现代化之真正意义,也是人类未来哲学的重要发展方向,任何文化上的封闭、自大和故步自封,都会阻断其现代转化的步伐和进程。

三

　　就西方哲学教学研究工作而言,大概是1999年,我写过一篇教学研究探讨性文章——《比较鉴别、开阔视野、融通会解、革旧创新——西方哲学教学经验小结》,刊发于《安徽大学学报》。在我看来,我国从事西方哲学的教学与研究工作有两点意义或两点要求,其一就是比较鉴别、开拓创新;其二是融通会解、革旧创新。第一点要求是低要求;第二点要求是高要求。两者之间当然有内在联系,前一点是基础,而后一点则是范导与理想。就第一点来说,在中国讲授西方哲学,一个最基本的要求,就是了解异域人士是怎样思考诸如真、善、美、人生、宇宙、价值等问题的,这些都是全人类共同的永恒的哲学问题。我们了解到异域人士对这些共同问题的不同思考,对于我们解放思想、开阔视野,大有帮助,这将推动我们发现新的世界,既可以增进对于不同民族文化的理解,又可以提高对于我们自身民族文化优劣短长的评判能力,为我们民族学术文化的创新打好基础。而就第二点或高要求而言,这是在中国从事西方哲学的教学研究工作的旨趣所归。近百年来,我国社会的现代化要求,既有物质层面的任务,更有社会思想层面的任务,人的现代化,人的观念的现代化,人的文化素质的提高,是社会现代化过程中的主体性因素,是关键的一环,是现代化的推动力。因此,我们不仅要引进和介绍西方哲学,而且更要努力做到融通会解、革旧创新。我们应该吸收西方哲学的精华来创造我们民族的新文化,没有这后一点的追求和范导(我个人虽不能至,但心向往之),我们对于西方哲学的教学与教研,则散漫而无旨归。

我们虽然讲授的是西方哲学,而不是中西哲学比较,但是我们应当从比较的观点,比较的方法来看待西方哲学的教学研究工作,这是我们中国人讲授西方哲学的基本要求。为此,我们应当努力把西方文化与哲学中的精华吸收过来,同我国哲学思想的优秀传统相结合,吸收异域文化与哲学思想中有生命力的因素,来改造我国传统的文化基因,使之获得创新性转化和创造性发展,创新出21世纪的新文化、新哲学,为世界人类作出一份贡献。当代解释学家伽达默尔曾指出:"对普遍性的要求就包含如下内容:从解释学方面说,将全部科学变成一个整体;从每一种科学方法(在任何地方,它们都可以适合于既定对象)的方面说,为知识寻求各种机会,并在其全部可能性中将它们展开。"①正因如此,无论是西方哲学还是中国哲学都是对人类存在、知识和行为的最一般和总体性问题的研究和探寻,而哲学性的总体问题意义理解也一定会在解释自己的多样性方式中向我们发生和显现出来。

四

"三千甲子,九十春秋"。人生栉风沐雨度过九十,很不容易,也对事物更加释怀,更加看得开些。黑格尔就有言:相同一句格言,出自一位饱经沧桑风霜老人之口,和从一位天真不谙世事的孩童嘴里说出来,其含义是根本不同的,虽然,"老人讲的那些宗教真理,小孩也会讲,可是对于老人来说,这些宗教真理,包含着他全部生活的意义,即使这个小孩也懂宗教的内容,可是对他来说,在这个宗教真理之外,还存在着全部生活和整个世界"。我的一生,总体上,是教学的一生,是学术的一生,也是平淡的一生,说不出什么至理名言,但黑格尔的这种认识,到我这个年纪,还是颇以为然的。确实,随着年龄的增长,尤其到了九十之高龄,在语言的背后是他一生的生活世界和经验体悟。我这一生,虽有曲折,但总体上是顺利的,也是幸福的,尤其能够以哲学为志业,深感是我莫大的慰藉与幸福!我的一点哲学思考,便是我以自己的方式对我的人生所关涉之人之事所致的敬意!

康德哲学始终关注的是人的整体性命运和未来性思考,是一种给人带来希望的哲学。人类存在和生活是一个整体或者说共同体,哲学根本上就是要对人类存在作为一个整体作出其存在意义和价值的理解,要通过先验性的思考和理性规定为人类提供一种范导性和理想性的目标和希望。康德要求通过人的知、情、意三者的结合综合地理解和把握人的特征,要感觉到全体,要把握

---

① 伽达默尔:《科学时代的理性》,薛华等译,国际文化出版公司1988年版,第121页。

人生的全局,也正因如此,孤立地强调知、情、意三者中的某一个方面或者说割裂三者之一体性关系,都可能是没有真正地理解和把握康德思想的实质。人类的存在处于不断发展和创新之中,康德哲学也会不断地发展和创新,后康德时代的哲学就是要在康德思想基础上,对人类存在的整体性意义和未来发展作出全局性和前瞻性思考,这便是哲学的希望,也是希望的哲学之所在,哲学的意义就在于使人类的存在从整体上变得更智慧、更美丽、更高尚。

康德说,既然我已经踏上这条道路,那么,任何东西都不应该妨碍我沿着这条路走下去。我想,这句话,康德既是对自己说的,也是对人类说的。在哲学理性之光中,人类才有希望,哲学也应该给予人类以希望。同时,人又是一种具体的经验性的存在物,每个人都无法逃脱自然法则,就是在人的经验生活之中,我们才真正觉察到生命的存在,这种生命存在同样也应该是美好的。康德哲学是一种给人带来希望的哲学。世界有希望,人生更美好,这便是我这样一位老人的深情祝愿。

钱广华　张能为

2020.12.24 于合肥

目 录

序　言 …………………………………………………………………… 1

德国古典哲学研究

开放的康德哲学——重读"物自体" ………………………………… 3
康德《纯粹理性批判》讲授提纲 ……………………………………… 20
康德对传统形而上学的批判 …………………………………………… 26
康德的范畴理论 ………………………………………………………… 47
康德的伦理学 …………………………………………………………… 59
康德的美学与目的论 …………………………………………………… 72
重读康德的理性概念——德国古典哲学的一种现代意义 …………… 81
费希特"自我意识"的哲学 …………………………………………… 90
谢林的哲学 …………………………………………………………… 103
黑格尔"思辨的反思"——形而上学的"心灵之梦" ……………… 116
黑格尔"一分为三"的辩证法 ……………………………………… 133
走出黑格尔体系的迷宫——一个另类的解读 ……………………… 159
费尔巴哈的人本学唯物论 …………………………………………… 175
马克思对黑格尔唯心主义辩证法的批判 …………………………… 197

现代西方哲学研究

论现代西方哲学的演变	215
基尔凯郭尔的有神论存在主义	224
胡塞尔的现象学	237
解释学与翻译	247

哲学史研究

试论作为认识史的哲学史	255
再论作为认识史的哲学史	271
我所知道的50年来的中国康德哲学	290
现代经验主义与中国传统哲学的现代化	298
论冯友兰"新理学"的形上学方法——一种比较研究	314
中外哲学与文化交融的思考	325
西方哲学教学四十年	328
后　记	332
附录　九十寿辰时黄育荪老师发言	336

德国古典哲学研究

开放的康德哲学

——重读"物自体"

康德哲学的"物自体"概念是康德批判哲学大厦的基石,是康德哲学智慧的结晶,更是康德哲学整个系统赖以运转的轴心。在康德学界,耶可比的"困惑"是为大家所熟知的。耶可比(1743—1819年)是康德的同时代人。在评论康德的《批判》时,耶可比深有感触地说,没有物自体的预设,就不能进入康德哲学,有了这种预设,又不能继续待在康德哲学的体系之中。这就是耶可比的"困惑"。耶可比的"困惑"确实是触到了康德哲学的内在矛盾。由此看来,如何理解康德的"物自体",实质上是如何看待康德哲学的内在矛盾的问题。

一、黑格尔对"物自体"的批判

自从康德哲学问世二百多年以来,耶可比的"困惑"一直是康德学者挥之不去的"梦魇",后康德学派(费希特、谢林、黑格尔)就是致力于消灭"物自体",以排除康德哲学的内在矛盾,力图建立这种或那种形式的一元论。这是对康德哲学的最大误解,也是康德本人的不幸。在消灭物自体的理论活动中,黑格尔的影响最为深远,甚至影响了恩格斯以及斯大林,由此而及于我国20世纪50年代以来的康德学界。

长期以来,我们是通过黑格尔的"中介"来了解康德的。黑格尔对于康德"物自体"不可知论的批判,似乎也就是绝对真理,成了不易之论。黑格尔的概念辩证法的胜利进军,使我们陶醉在一片欢庆声中,"绝对真理已在手中":实际上,这是思辨理性形上而学的僭妄与自负,所以,今天重读康德的"物自体",首先就应当考察黑格尔对"物自体"的批判。

从康德哲学体系的本意来说,"物自体"不仅仅是知识论的概念,而更是实践理性的中心概念。它是众多意义之"结",它涉及康德哲学中的许多重大的基本概念,诸如:"对象"(object)、"现象"(appearance)、"本体"(noumennon)、"先验对象"(transcendentalobject)、"原型"(archetype)以及"理智世界"(intelligibleworld)等等。在这众多的概念之中,贯穿着从知识到价值的转化、理论到实践的联系与过渡。而"物自体"概念则是推动这种转化与过渡的机制;从人类学上说,"物自体"概念蕴含着"人自身"的神秘性、难解性;以及人的伟大与卑微、崇高与丑陋。

然而,黑格尔则是从绝对唯知主义的立场来看待康德的"物自体"概念,是仅限于从知识论的层面来批判"物自体"的不可知,这当然是片面的;他曲解了康德的"物自体"概念,未能把握"物自体"概念的完整内容。黑格尔以后,康德哲学的真实面目和价值所在也就湮没无闻了。

针对康德的"物自体"不可知的思想,黑格尔批评说:"连动物也不会像这种形而上学家那样愚蠢,因为动物会扑向事物,捕捉它们,抓住它们,把它们吞食掉。"[①]人们常常认为,黑格尔在这里提出了"生活实践"的观点来批判康德的不可知论。可是,这种以事例来代替理论分析的批判,却造成了极大的思想混乱。这表现在:第一,它把人的认知活动混同于动物的觅食行为;第二,它把人的有目的有意识的实践活动混同于动物的生存本能,把人的生活实践等同于动物的生存本能。长期以来,我们对此没有从理论上作出分辨与觉察,视为当然的真理。

值得认真对待的是,黑格尔凭借概念辩证法,对于"物自体"不可知所作

---

① 黑格尔:《自然哲学》,梁志学、薛华等译,商务印书馆1986年版,第13页。

的分析与批判。在黑格尔看来,认识就是由范畴所形成的种种规定,这种看法似乎与康德相同,但仍有根本立场的对立,不可不察。因为,在康德那里,范畴本身是空的,它必须从外面获得认识的内容,这就是由直观所提供的感性予料,这是从外界给予的。故而康德的名言是:直观无概念是盲的,概念无直观是空的;只有二者的结合才能够形成知识。因此,康德提出要对认识能力进行批判的考察,亦即要对范畴(概念)进行先验演绎。但是,黑格尔对此却讥讽说,这就像个蠢人所教导的,在未学会游泳之前,切勿下水。因为黑格尔认为,"**其实认识就是规定着的和规定了的思维。**"①这也就是思想认识思想,而不是认识思想之外的世界。黑格尔把认识与认识能力不加区分地混而为一;在黑格尔那里,人在认识之外,并不存在一个外在世界,包括感觉经验的世界以及抽象理念的世界。黑格尔把人的思维提到了绝对创造主的高度,但这丝毫无损于物质世界的独立存在,而上帝对此也会发笑。

既然黑格尔把认识归结为思想认识思想,于是他就凭借概念(范畴)辩证法的辩证运动亦即概念的矛盾进展去论证达到绝对真理的认识,亦即认识达到有限与无限的统一。黑格尔写道:"说理性产生理念,这是一种伟大的说法;但在康德那里这只是一个抽象。只有无条件者与有条件者的结合才是理性的具体概念。"②可是,在康德那里,有条件者是经验性的存在,是现象不是"物自体",而无条件者乃是理念,它不在现象世界之中,永远不能是经验性的存在。因此,有条件者与无条件者之间有一道不可逾越的鸿沟,这道鸿沟是由思维与存在的原则区别所设置的。黑格尔的概念(范畴)的辩证运动永远是处在思维的领域,不能跨越这道鸿沟而达到存在。由此看来,黑格尔的概念辩证法的客观有效性的前提,乃是黑格尔预设的思维与存在的同一性这个本体论前提。而这正是康德哲学所要摧毁的传统形而上学。黑格尔的思维与存在的同一性之预设,正是与康德的思维与存在的二元论立场根本对立的。康德

---

① 黑格尔:《小逻辑》,贺麟译,商务印书馆1996年版,第132页。
② 黑格尔:《哲学史讲演录》(第4卷),贺麟、王太庆译,商务印书馆1983年版,第276页。

以二元论立场为理据所建构的"批判哲学",它的伟大的"哥白尼革命"的意义,恰恰在于摧毁这种思有同一论的独断的形而上学。为科学知识的独立地位和人文精神的觉醒这个现代性的时代精神提供了哲学基础,推动了历史的发展和进步。

在追溯黑格尔对康德"物自体"的批判时,我们看到了康德与黑格尔各自体系的根本对立。这种对立在一定意义上,可以说是唯物论(康德)与唯心论(黑格尔)的对立。黑格尔企图以泛逻辑化的"障眼法",用概念辩证法来消灭外在世界,消灭思维与存在的原则区别;而在康德看来,这个"外在世界"永远是"Stubborn",人的认识或思维,对于它是毫无办法的,它是其自身的存在。但是,我们也不能把康德在"物自体"概念中所含指的"外在世界"简单地完全等同于唯物论的"物质世界",在"物自体"与"物质世界"之间不能画等号。

可以说,"物自体"概念是康德哲学的一个最基本的"设定"(预设),但不是一个无根据的、任意的、随意的设定。它是人(不是神)从生活实践出发、从理性出发,"逼"出来的(郑昕先生用语)。用今天学界时尚的语言来说,所谓"逼"就是"追问"。康德的"追问"是彻底的无所畏惧的。举凡一切天上地下的神圣事物,概在"追问"之列。经过这一番"追问",康德认为作出"物自体"的设定,是不得不然的。借此设定,人的心灵所获得的感受,则是前所未有的,真正达到了"澄明之境"。这种"追问"的历程和归宿,可以用中国两句旧诗来喻明:"山重水复疑无路,柳暗花明又一村。"

康德对"物自体"的设定,不仅有知识论的理据,更有生活实践的理据;因此就不能仅从知识论的层面来理解"物自体"概念,还应从生活实践的深度来把握"物自体"。这就是说,应从理论与实践的结合,理论理性与实践理性的内在张力以及实践理性的优越性来把握"物自体"。康德既肯定"物自体"的存在又否定它的可知性,这确实是一对尖锐的矛盾。我们只有理解了这个矛盾,才能正确地把握"物自体";也只有从理论理性上升到实践理性,对于"物自体"的神秘性、难解性,才能得到既合乎天理又合乎人情的完善解读。可见,应当从可知论与不可知论的相互结合来解读"物自体"。而康德的解读,既不是形而上学的"二分法",也不是唯心辩证法的绝对统一论,而是康德创立的特有的"智能软件"——"先验唯心论",或译"先验观念论"。

二、现象与"物自体"

康德的知识论是严格的"现象论",现象是可知的世界,物自体属于不可知的领域。但是,康德是立足于人类的立场来讨论知识问题。

在康德看来,我们人类的认知方式与另一种逻辑上可能的认知方式在类型上是根本不同的。就我们的认知方式而言,其直观与思维(概念)是分离的,直观不能思维,思维不能直观,只有二者的结合才能成就知识。可设想的另一种主体的认知方式,其直观与思维(概念)则不是分离,而是可以同时成就的。它在直观对象的同时又能思维对象。康德把这种主体的认知方式,称作"理智的直观"或"直观的理智",但是,这种"理智的直观"或"直观的理智"不是我们人类的认知方式,它只能是上帝的认知方式。

我们的认知方式是,"当我们被一个对象所刺激时,它在表象能力上所产生的结果就是感觉。那种经过感觉与对象相关的直观就叫做经验性的直观。一个经验性的直观的未被规定的对象叫做现象。在现象中,我把那与感觉相应的东西称之为现象的质料。"[1]对于康德著作中所谈到的"物",我们应注意作出区别,即"视为经验对象之物"与"视为物自体之物"。这刺激心灵的"外物",康德设定为"物自体",它是感觉知觉的外在原因(区别于巴克莱)。康德说:"哪怕不能认识,至少还必须能够思维。因为,否则的话,就会推导出荒谬的命题:没有某种显现着的东西却有现象。"[2]可见,物自体的设定,有其逻辑的必然性;我们的感觉知觉不是无源之水,无本之木,任由主体自生自灭的,而

---

[1] 康德:《纯粹理性批判》,邓晓芒译,杨祖陶校,人民出版社2004年版,第25页。
[2] 康德:《纯粹理性批判》,邓晓芒译,杨祖陶校,人民出版社2004年版,第20页。

是由"物自体"刺激引发而得的。但是我们的感觉予料又是主观的,因为它是通过直观形式(空间与时间)而被把握到的,康德称为"现象"。"现象"是依存在于主体的、可认知的对象,而"物自体"则是永远处在认知能力(包括直观形式)之外的不依存于主体的"对象"。时间空间是我们先天具有的直观形式,通过时空所能得到的只是"现象"而不及于"物自体";所以时空乃是"玛雅之幕"(叔本华语),它使我们根本无法认知"物自体"。康德的"先验感性论"对于现象与物自体作出了基本的界定,从根本上揭示了"现象与物自体"的内在张力,在《纯粹理性批判》一书的论述中,一步步展现出这种"张力",使得"现象与物自体"得到了相互发明、相互论证。康德的可知论与不可知论是同时布展的,贯穿在他的整个体系之中。这是我们重读"物自体"的基本视点。

马克思曾经把黑格尔的"精神现象学"看做是黑格尔哲学的"真实产地和秘密",我们也可以说,康德的"先验感性论"是康德哲学的"真实产地和秘密",它蕴藏着康德哲学全部理论发展的萌芽,而没有"物自体"的预设,我们则无法进入康德的"先验感性论"。"物自体"概念的设定,自有其理性自身的逻辑必然性。康德说,"人类的一切知识都是从直观开始,从那里进到概念,而以理念结束。"①推动知识进展的内在动力,乃是理性所凭借的一切可能的统一原理;而在这种进展的历程中,"物自体"始终是"不在场的在场"。从这种意义上说,康德的"理性的统一"乃是"理性与非理性的统一",是可知论与不可知论的统一。这才是康德的"批判理性"的真实动力。

不能把"现象与物自体"这对概念与今人所说的"现象和本质"这对范畴混同起来。在康德的《纯粹理性批判》中,其"现象"一词的含义是十分宽泛的,它最核心的基本含义乃是指一切依存于主体的可认知的对象。在"感性论"中,由时空直观形式所得的感觉予料,以及在"知性论"中,由范畴(诸如因果、本质、偶然、必然等等)所型构的经验,都是"现象",所以在康德那里,"现

---

① 康德:《纯粹理性批判》,邓晓芒译,杨祖陶校,人民出版社2004年版,第544—545页。

象"既包括了今人所说的"感性认识"又包括了今人所说的"理性认识"(在康德应是"知性认识")。所以,在康德看来,"本质"也是对"现象"的认知,而不是"物自体",它永远不及于"物自体"。

黑格尔在《小逻辑》的"本质论"中,根据"现象与本质"的辩证法,对康德的"物自体"不可知提出了批判。从上面所说看来,这种批判乃是堂·吉诃德与风车大战,找错了对象,或者,至少是隔靴搔痒,没有切中要者。黑格尔在论述"实存着的东西"即"物"时指出,所谓"物"乃是"反映在他物内与反映在自身内不可分",此为物的"根据"。而康德的物自身只是抽象的自身反映,它不反映它物,也不包括任何有差别的规定。"一般讲来,物自身只是坚持着这些规定的空洞基础而已。"①在这里,黑格尔把康德的"物自体"的设定,化解为一个纯粹的思想概念,而对于康德由此设定而提出的人类经验知识的客观来源问题,则置之不理。对于康德提出的这个客观来源问题,黑格尔则讥之为,是"我们知性的一种任性或偏见"。殊不知,在康德那里,正是"知性"的这种"任性或偏见",给理性(狭义的)提出更高的、不同于单纯认知(知识)层面的问题,更进一步深化"物自体"设定的真实意义和价值。正是在对知性的"任性或偏见"的正误中。显示出康德的"先验唯心论"的视角转换,以及批判理性对于思辨理性的疗治。

三、"二律背反"与"物自体"

黑格尔所说的知性的"任性或偏见",在康德的"二律背反"中表现得最为尖锐突出。

在"感性论"中,康德设定了"物自体"作为感性予料的外在原因,在"知性论"中,康德又设定"物自体"作为思维(范畴)的限制性概念。但是,我们不能

---

① 黑格尔:《小逻辑》,贺麟译,商务印书馆1996年版,第267页。

说康德设定了两种不同的"物自体",即所谓"感性物自体"与"知性物自体"。"物自体"就是"物自体",它是唯一的。我们既不能从量上也不能从质上来谈论不同的"物自体"。"物自体"的基本规定是:不依存于认知的主体,它不是现象,它永远处在我们的感觉经验的领域之外。在知性论中,设定"物自体"作为范畴的限制性概念,也仍然是从人类认识的有限性来立论的。这就是黑格尔所说的知性的"任性或偏见",然而这是客观的事实。范畴只是在感觉经验的领域才能有效,它只能认识现象而不及于物自体。在知性论中,康德对于现象的可知性与对于"物自体"的不可知之理论阐明仍然是同时布展的,它是一个钱币的两面,这两方面是相反相成、相互依存、相互发明的。现象的可知性与"物自体"的不可知,是康德知识论的两个不可分割的要素。因此,我们不能把康德的知识论简单地归结为可知论或不可知论,否则,都是片面的,这将会影响对康德哲学体系的正确评价。

康德对于"二律背反"的刻意排比,更强有力地突出了他的知识论的内在张力,进一步显示了设定"物自体"的必然性。

在四组"二律背反"中,康德从量、质、关系、样式四类范畴,分别讨论了经验知识的特征。为促使知识向价值的转化做了理论铺垫。康德把四组"二律背反"划分为两类,第一、第二组"二律背反"属于一类,康德称为"数学的二律背反";它们讨论的是量的问题,时间的量,空间的量。第三、第四组"二律背反"属于另一类,康德称为"力学的二律背反",它们讨论的主要是属于质的问题,即不同类的存在之间的联系如何可能。数学的"二律背反",揭示了"知性"无力认知完整的无限(时间的无限,空间的无限)。力学的"二律背反",揭示了"知性"更无力认知本原性的创造力(自由与上帝)。通过"二律背反",康德从整体上揭示了经验知识的特征:它的实证性、同质性、有限性与内在矛盾(在现象领域的无限性)。在现象领域,经验知识的发展是无限的,对于世界的因果联系的认识是无限的,对于存在事物的划分的认识也是无限的,总之,人类在经验世界的认识永远是无限的,没有止境的。康德把他的知识论的可知论推到了顶峰。可是,通过"二律背反",康德又揭示了,正是知性自身追求认识无限发展的知识法则,同时又引导知性去叩问那超越经验的问题:"绝对的完整性"。例如,自由与本原性的创造力,这显示了人类认知能力更深层次的驱动力,此即是狭义的理性。于是,矛盾必然产生了。

康德通过"二律背反"中矛盾之揭示,进一步强化了"物自体"的设定,并且由此而阐明从知识到价值的转化关系。这种转化借助于意识的内在超越,而物自体正是激励内在超越得以实现,从而通向整个体系建构的。

因此,如何看待"矛盾",就成为康德哲学体系的重大问题。康德所说的矛盾,不是一般的"差别"或"差异",而是根本性的原则性的对立。在四组"二律背反"中所揭示的矛盾,从根本上说来,是思维与存在的矛盾,是观念与物质的对立。对待这种矛盾的态度,康德的立场既不是唯物论的一元论,也不是唯心论的一元论,而是有原则的二元论(即不是折中主义的杂拌)。这就是康德所建立的"先验的唯心论"或"批判的唯心论"。它的基本观点是:知识与价值,总而言之,人的生活世界(包括精神的物质的),亦即普通人的日常生活世界,乃是以"物自体"的设定为前提的,由人(主体)对现象的建构。而实现这种建构的中心环节则是人(主体)的实践活动。知识、价值,乃至生活世界,都是人(主体)的本质力量的外化,或者说,是人(主体)的本质力量的存在方式。世界是人的世界,是人的创造;而它时刻都在"物自体"的监护和引导之下。所以,在康德那里,由人类理性自身所昭示的"二律背反"乃是与人类的生活实践休戚相关的问题。

可是,黑格尔对康德的"二律背反"学说却提出了批评,他指责康德"只列举了四种矛盾"。黑格尔认为,理性的矛盾不仅是宇宙论中所提出的四种,"而且可以在一切种类的对象中,在一切的表象、概念和理念中发现矛盾。"[①] 黑格尔把矛盾普遍化了;而实际上是把矛盾泛化了、滥化了。他把矛盾降低为

---

① 黑格尔:《小逻辑》,贺麟译,商务印书馆1996年版,第132页。

"差别",或者说,把"差别"提升为矛盾。黑格尔的这种做法,是诡辩论辩证法的开端,也是后来"斗争哲学"的思想渊源。黑格尔把矛盾普遍化实际上是把矛盾庸俗化了,这就从根本上弱化了思维与存在的对立,取消了思维与存在的原则差别,于是,黑格尔就可以在三步舞曲的伴奏下,循着正反合的逻辑,轻松悠闲地把存在化为一片光明。可是,在康德的体系中,超越思维与存在的对立,却是一个艰巨而严肃的哲学问题,这个问题不是单凭思维所能解决的,而必须依靠主体的实践活动。黑格尔凭借逻辑范畴正反合的矛盾进展,爬到绝对真理的顶峰,这种狡诈的聪明,我想大概是受到近代高等数学微积分的启发,把思维与存在的矛盾对立微分化了。可是,数学处理的问题是量的关系,它们永远是同类的问题,而思维与存在的对立则是两个不同类的东西的关系问题,是真正的哲学问题,不是数学问题,显然数学方法是不适用的。

四、理念与"物自体"

在西方哲学史上,"理念论"历史悠久。第一个提出理念论的哲学家当推柏拉图。柏拉图的理念论对西方哲学的影响极为深远,记得怀德海教授曾经说过:一部哲学史就是对柏拉图"理念论"的注解。

在近代德国理性派哲学中,理念论发展到了极端的形式,莱布尼兹-沃尔夫的形而上学是其代表,这种形而上学是思辨理性的独断论的发展,它从根本上否定了思维与存在的对立,把思维直接当做了存在。

康德既以自己的方式解释了柏拉图,同时又批评了独断论的理性派哲学,只有在这样的历史背景中,才能了解康德的理念论及其与"物自体"的关系。

柏拉图认为,"理念"乃是事物的真实"原型",任何事物都是由于分享了"理念"才得以存在。现实事物的存在只是"理念的摹本",是不真实的。理念与现实事物的关系,可以用实物与镜像的关系来比喻。柏拉图的理念论包含了哲学的根本问题,即思维与存在的关系问题。康德的"先验唯心论"或"批判的唯心论"力图把柏拉图的理念与亚里士多德的知性概念的研究结合起来。对于柏拉图的贡献,康德给予了充分肯定和很高的评价,但也提出了批评,指出他的粗俗与缺陷。康德说,"就像在对这些理念的神秘演绎中,或者在他似乎用来将这些理念实体化的夸大其词中,我也不能附和他一样。"①但是,康德肯定了柏拉图所说的,理念是事物本身的"原型",而不是像范畴那样只可作为经验的钥匙。把理念与范畴加以区别,这是应当肯定的。理念是从最高的理性出来的,从这个源泉出来的就为人类理性所共享。康德认为,"通过一个作者关于他的对象所表明的那些思想加以比较,甚至就能比他理解自己还要更好地理解他。"②因此,我们应该比柏拉图更明智一些,把这种思想追究到底,而且在这位伟大的哲学家没留下指示的地方,通过重新的努力,好好地把它阐发得更清楚。

康德的"重新努力",就是"纯粹理性的先验运用,它的那些原则和理念,就是我们现在有责任确切地认清的东西,以便能对纯粹理性的影响和它的价值恰如其分地加以规定和估量"。③ 康德对柏拉图的"理念论"进行了根本的改造,"先验的唯心论"也在西方"理念论"的历史中实现了革命性的转变。

虽然康德也说理念是"原型",但康德则强调它不是柏拉图所说的事物的"普遍性",不是"共性"或"共相"。康德所说的"理念",乃是指理性(狭义的)一种最高的"逻辑的统一功能"。康德知识论的理论架构阐明了,"知性"以"感性"为对象,而"理性"则以"知性"为对象。康德说,"先验的理性概念任何时候都只指向在诸条件综合中的绝对的总体性……并试图把在范畴中所想到的这种综合统一延伸出去直到绝对的无条件者。因此,我们可以把这种统一性称之为诸现象的理性的统一性,正如在范畴中所表现的那种统一性被称

---

① 康德:《纯粹理性批判》,邓晓芒译,杨祖陶校,人民出版社2004年版,第271页。
② 康德:《纯粹理性批判》,邓晓芒译,杨祖陶校,人民出版社2004年版,第270页。
③ 康德:《纯粹理性批判》,邓晓芒译,杨祖陶校,人民出版社2004年版,第274页。

为知性的统一性一样。"①知性的统一性是不完整的,它具有相对性。而理性的统一性则是"完整的统一性",它具有绝对性。然而这种"理性的统一"并不是另起炉灶,不是节外生枝,而是在知性活动的基础上自然地发展起来的,它有理性自身发展的逻辑必然性。康德说,"它们不是任意虚构出来的,而是由理性的本性自身发出的。"②由理性的统一性所形成的"理念"是理性的一种必然的概念,是理性的"纯粹概念"或曰"先验理念"。康德把他的"先验理念"与前人所说的"理念"加以区分;先验理念是由逻辑推理的三段论式的形式浮现出来的。正如知性概念(范畴)是由判断的逻辑形式浮现出来的。"先验理念"有两个基本特征:第一,它们与知性的全部使用处在必然的关系之中;第二,它们是超验的或超越的,而且"是超越出一切经验的界限的,所以在经验中永远不会有一个和先验理念相符合的对象出现"③。"理性的统一性"所形成的"先验理念",乃是追求"绝对无条件的存在",而这种"绝对的存在"是处在经验领域之外,知识领域之外。

康德的"先验唯心论"给我们提供了一种辩证的观点。使我们在可知与不可知之间、在经验领域与"物自体"之间,看到一道"限界"(Bound,或译限度),同时又把它提升或扬弃,而产生思想飞跃,使"物自体"实现了内在的转化功能,亦即意识的内在超越。"限界"的思想进一步深化了"物自体"的意义,使我们可以形成一种对于"限界"的思维。我们对于"限界"两边都能思想。康德说,"界线(在有广延的东西里)永远存在于某一个确定的场所以外并且包含这个场所的一个空间为前提;限度并不需要以这个为前提,它仅仅涉及没有绝对完整性的量的一些否定。但是看来我们的理性在它周围看到了一个境界,用来认识自在之物本身,虽然它对自在之物永远不能有确定的概

---

① 康德:《纯粹理性批判》,邓晓芒译,杨祖陶校,人民出版社2004年版,第278页。
② 康德:《纯粹理性批判》,邓晓芒译,杨祖陶校,人民出版社2004年版,第278页。
③ 康德:《纯粹理性批判》,邓晓芒译,杨祖陶校,人民出版社2004年版,第279页。

念,而且它本身完全是被限制在现象之内的。"①"先验理念"引导我们踏进了一个新的领域,超验的领域,打通了经验与超验的阻隔,使知识与价值结合起来。

五、从知识到价值:"物自体"的转化功能

"物自体"的预设,在《纯粹理性批判》一书中,是贯穿始终的。在"感性论"中,它说明了感性予料的客观来源,在"知性论"中,它解释了"二律背反"的成因,在"理念论"中,它划出了两个领域,经验的领域与超验的领域,或可知的世界与不可知的世界。但是,"先验理念"不只是消极地划清了两个世界,而且也积极地打通了两个世界的阻隔,建立知识与价值的联系,促使知识向价值转化,"物自体"概念则是实现这一转化的枢纽。这不是独断的思辨理性所能办到的。康德说,人类理性有一种超过这些界限的倾向,对于这种倾向,若是不加批判而任其思辨的发展,就会产生"纯然的幻象",这就是思辨理性的"理念",但是,"先验理念按照一切估计来看将会有其很好的、因而是内在的运用,哪怕当它们的意义被误会而被视为关于现实之物的概念时,它们在应用中可能是超验的,并正因此而是欺骗性的。"②只有康德的先验观念论(亦译"先验唯心论")才能揭明这种欺骗人的"幻象",从而发挥"先验理念"的好的、正当的、内在的用途。

与先验实在论不同,康德的先验观念论是从"可能经验的条件"出发的,认为"一切对我们可能的经验的对象,都无非是现象"。③ 先验观念论正是根据这个原则来区分"理念"之内在的使用与超验的使用。"先验理念"是通过知性所获得的受条件限制的知识,寻求无条件的东西,从而达到"完整的统一

---

① 康德:《未来形而上学导论》,庞景仁译,商务印书馆1978年版,第141页。
② 康德:《纯粹理性批判》,邓晓芒译,杨祖陶校,人民出版社2004年版,第506页。
③ 康德:《纯粹理性批判》,邓晓芒译,杨祖陶校,人民出版社2004年版,第404页。

性"。然而,这种完整的统一性并非先验的实在,因为理念并不直接涉及直观,它只涉及概念与判断,理性在其逻辑的使用中,乃在追求三段论结论中判断的普遍条件,继续不断地追问以至于无条件的东西,但这种"无条件者"是先验的,它对于有条件的知识具有引导、规整与系统化的作用,它只能有内在的使用,即应用于可能经验领域,这才可以发挥"先验理念"所包含的好的、正当的用途,康德把这种使用称为"限定性原理"(亦译规范性原理,regulative principle),它与"构成性原理"(constitutive principle)不同。所谓"构成性原理",是指这类原理建构客体自身所呈现的东西,即构成现象的东西。构成性原理是纯粹知性的原理,它是知识的法则,是判定现象世界的标准;而"规范性原理"对于现象世界的构成则无直接的作用,它是组织、规范经验知识,并使之达到最大系统化的准题。它涉及超验世界,涉及"物自体"领域。先验理念就是这种"规范性原理",它在经验世界、现象世界既不能证实,也不能证伪,不能对它作真或假的判断。"先验理念"的作用与意义就在于指导我们的经验研究,引导我们使理性的限度从有条件的领域超越到无条件的领域、从现象超越到"物自体"、从知识达到价值。在这种转化作用中,"物自体"概念是关键的、不可缺少的。一方面,康德指出了,我们必须遵守这两类原理的区别,因为若是把规范性原理用作构成性原理,就会产生辩证的幻象或谬误;而另一方面,康德也指出,构成性原理与规范性原理都是理性自身的原理,它们有内在联系与统一,不了解这一点,就会走向绝对的怀疑主义,从而迷失了人类的精神家园。只有康德的"先验观念论"才能有这样的见识,而"现象与物自体"的原则区别是基本前提。

理念是理性的必然概念,先验理念作为纯粹理性的理想,它通过规范性原理、引导知识走向价值,趋近于理想,超越作为现象的经验世界而进入超验世界即"物自体"世界。这样看来,在康德,"物自体"世界又可作为人的精神世界、价值世界来解读。康德认为,人的最高价值理想是"自由",它是"实践理性"追求的目的。自由属于"物自体"的领域,不是依赖"知性"可以把握的。

开放的康德哲学

人的问题是康德批判哲学体系的主题,是贯穿在"三大批判"和其他有关著作中的一条主线;是康德对于文艺复兴和启蒙运动以来"人的觉醒"的哲学思考和总结。康德的哲学思想端正了启蒙运动的发展方向,康德以实践理性的道德理想纠正了唯知主义的知识至上的偏颇。康德哲学使我们对人的认识有了完整的把握。康德写道:"我们理性的一切兴趣(思辨的以及实践的)集中于下面三个问题:1. 我能够知道什么? 2. 我应当做什么? 3. 我可以希望什么"?① 第一个问题纯是思辨的,第二个问题是实践的,第三个问题同时既是实践的又是理论的。这三个问题归结起来是一个问题:"人是什么?"康德认为,人作为实践的主体,具有矛盾二重性,人是感性世界的现象之一,"一方面是现象,但另一方面,亦即就某些能力而言,则是一个单纯理智的对象。"② 人正是在实践的基础上,才把思辨的问题与实践的问题统一起来。人的这种矛盾二重性,是由人自身的有限性与无限性的矛盾所决定的,也是思维与存在这个根本矛盾的表现。人在实践中所包含的思辨的兴趣与实践的追求之间的内在张力是永远存在的,正是这种思辨与实践的张力推动着人的实践的发展。人类实践的发展也就是人类争取自由的历史。正是在人类实现自由的拓展进程中,康德的"批判哲学"引导我们不断地去解读"物自体",这种解读既是思辨的又是实践的。它把知识与价值完满地结合起来,相对地实现了人类对于真善美的追求。但是,这种解读又永远是不确定的,它不是对现象的规定,而是对"物自体"的探索,它是一种创造,前进中的不确定性乃是创造性的必要契机。

在《纯粹理性批判》一书中,有一章节的题目是"所有对象区分为现象与本体的根据",比较集中地论述了"现象与物自体"问题。康德写道:"这片土地是一个岛屿,它本身被大自然包围在不可改变的疆界中,这就是真理之乡(一个诱人的称号),周围是一片广阔而汹涌的海洋、亦即幻相的大本营,其中

---

① 康德:《纯粹理性批判》,邓晓芒译,杨祖陶校,人民出版社2004年版,第611—612页。
② 康德:《纯粹理性批判》,邓晓芒译,杨祖陶校,人民出版社2004年版,第442页。

好些海市蜃楼、好些即将融化的冰山都谎称是新大陆,在不停地以空幻的希望诱骗着东奔西闯的航海家去作出种种发现,将他卷入那永远无法放弃、但也永远不能抵达目的之冒险。但在我们冒险航行于这个大海、从一切维度去搜索它,去确定在其中是否可以希望什么以前,最好事先还再看一看我们正要离开的那片土地的地图,并且首先要问,我们是否能以这片土地上的东西为满足,或者如果任何别的地方都没有我们可以居住的基地,我们是否就不得不被迫满足于它;其次再问一问,我们究竟能以什么名义占领这块土地,并能有把握抵挡一切敌对的要求……。"[1]康德把我们生活的"经验世界"比喻为"一个海岛",而在它周围包围它的则是"广阔无边、波涛汹涌的海洋",它产生海市蜃楼种种迷人的幻象,此乃"物自体"的世界。康德告诫我们,人类既要立足于经验世界即知识的世界,又要接受"物自体"的挑战,即识别"物自体"产生的幻象,把这二者结合起来,这就要严格区分现象与"物自体"的界限,并把幻想化为理想。要做到这一点,就必须用"批判理性"来改造"思辨理性",以知识去接近理想,以理想来引导知识,方可逐步完善地建设一个经验世界即人类现实的生活世界,使人类能够"诗意地栖居"。康德对于"物自体"的预设就在于批判思辨理性的先验实在论,把人从中世纪的虚幻的天堂拉回到人间的现实的经验世界,同时启迪人们从经验世界走向理想,而这都必须在实践中去达成。这就是康德哲学的智慧。康德哲学是"低调哲学",而黑格尔哲学则是"高调哲学"。在纪念康德逝世200周年的时候认识到这一点是我们时代的幸福。

  康德的哲学智慧是伟大的又是平凡的:它集中凝聚在对于"物自体"的设定。"物自体"概念是整合人的多种认识机能的产物。康德把理性与经验结合起来,用理性质疑经验,以经验限制理性,从而形成一种先验的批判能力。正是这种先验的批判能力,必然导致了"物自体"的预设,从而改变了西方哲

---

[1] 康德:《纯粹理性批判》,邓晓芒译,杨祖陶校,人民出版社2004年版,第216页。

学的发展方向,端正了西方智力思维的运思路径,这是前无古人的。正是"物自体"概念解放了人们的"想象力",使我们摆脱了绝对理性的专横,发现了人的自在价值,这就是康德追求的"至善"。

　　本文是在双重意义上谈论"开放的康德哲学";这双重意义都与重读"物自体"有关。其一,后康德学派都是致力于否定"物自体",消灭"物自体",本文对此持异议的、批判的态度,因为后康德学派做法的后果是又回到旧的传统的形而上学,重新建立一个封闭的绝对真理的体系,这样必然扼杀康德哲学的"批判精神",而康德哲学的"批判精神"正是推动开放性思维的原动力;其二,康德哲学本身并不要求确立一个新的教条,以满足一个封闭的体系的需要。康德的"物自体"学说最终指向于"人自身","人自身"是精神性的存在,亦即对真善美价值的意欲和追求,借用物理学的术语来喻说,它是人的"心力"所蓄积的一种"势能",它蓄势待发,冲破一切独断的迷幻的教条,使人的生命健康茁壮地成长为现实。生命形态永远是常青的多样性的,这也就是开放的康德哲学的理论诉求。

康德《纯粹理性批判》讲授提纲[①]

一、康德生活的时代和《批判》一书的主旨
（参读第一版序文和第二版序文）

（一）生平

今年适逢康德逝世200周年,简略回忆康德生平,以志纪念。

1. 康德生活的特征。其外表生活与其内内心世界存在着巨大的反差。"康德的生活是难以叙述的,因为他既没有生活也没有历史","康德这人的表面生活和那种破坏性的、震撼世界的思想是多么惊人的对比"(海涅)。

2. 康德的心灵是逐渐地、缓慢地成长起来的:可谓"大器晚成"。读书、教书、写书,可以概括其一生。

（二）时代

1. 欧洲启蒙运动的蓬勃发展。1776年美国发表《独立宣言》;1789年法国革命开始,《人权宣言》发表。

2. 德国是比较后进的国家。腓特烈二世(1712—1786)的开明专制(在位1740—1786)。

3. 康德生活于启蒙时代。康德是启蒙之子,又是启蒙思想的完成。

（三）两版序文的要领

1. 康德不仅以理性批判他的时代,而且更对理性自身进行反思和批判。

[①] 作者分别在南开大学、安徽大学做的康德哲学系列讲座的提纲——编者注。

"我们的时代是真正的批判时代,一切都必须经受批判。通常,宗教凭借其神圣性,而立法凭借其权威,想要逃脱批判。但这样一来,它们就激起了对自身的正当的怀疑,并无法要求别人不加伪饰的敬重,理性只会把这种敬重给予那些受得住它的自由而公开的检验的事物""这个法庭不是别的,正是纯粹理性的批判"(第一版序文)。①

2. 启蒙时代继承和发扬了文艺复兴以来的人文主义精神。"我自己是凡人,我只要求凡人的幸福"(彼特拉克)。康德更对"人"自身提出了批判的反思。"(1)我能知道什么?(形上学)。(2)我应作什么(道德学)。(3)我该希望什么(宗教学)?……最后一个问题:人是什么?"(《导论》,p.205)

3. 必须检讨人类理性的特殊命运,人类理性陷入了窘困,它提出了它自身不能置之不理,而又不理解答的问题。对理性进行批判的反思,乃是时代成熟判断的结果(第一版序文)。②

4. 理性为何一直"在黑暗中胡乱探索"(第二版序文)。③ 数学与自然科学(物理学)成功的启示。理性一手执原理,一手执实验。理性是法官,不是学生,理性必须采取把它自己放进自然里面的东西作为它的指导,这样才能踏进科学的稳妥途径。前人假定,"一切知识都必须依照对象",康德则颠倒为"对象必须依照我们的知识"(第二版序文)。④

5. 现象与物自体的区分是根本的设定。因此,就得限定知识,以便替信仰留有余地(第二版序文)。

(四)如何研读《纯粹理性批判》

《纯粹理性批判》(以下简称《纯批》)(第一版或 A 版,1781 年;第二版或 B 版,1787 年)。《未来形而上学导论》(以下简称《导论》)是《纯批》书的通俗

---

① 康德:《纯粹理性批判》,邓晓芒译,杨祖陶校,人民出版社 2004 年版,第 3 页。
② 康德:《纯粹理性批判》,邓晓芒译,杨祖陶校,人民出版社 2004 年版,第 1 页。
③ 康德:《纯粹理性批判》,邓晓芒译,杨祖陶校,人民出版社 2004 年版,第 10 页。
④ 康德:《纯粹理性批判》,邓晓芒译,杨祖陶校,人民出版社 2004 年版,第 15 页。

本,改写本,把它和《纯批》配合起来阅读会有帮助。

1.《纯批》艰深晦涩,难读难懂,但又有吸引人的理论魅力,康德同时代的哲学家门德尔松抱怨说,《纯批》是他一生难以啃懂的一块"顽石";世界文豪席勒、歌德、陀思妥耶夫斯基和托尔斯泰也都抱怨读不懂《纯批》,然而又都喜欢读,又都想读。

2.《纯批》为何难读?难懂?原因有四点:

(1)成书仓促;(2)所提出的问题是全新的;(3)折中主义的立场;(4)当时德语尚不完善。

3. 如何阅读《纯批》?解释学原则:"读出你自己的康德。"

(五)批判哲学体系以及《纯批》一书的内容结构

1.《纯批》与《导论》之间的相互关系:

	1	2	3
第一批判	先验感性论 §1—3	先验分析论 §14—39	先验辩证论 §40—结尾
导论	感性	知性	理性
功能	数学	物理学	形而上学
专职论题	纯直观	纯概念	理念
先天观念	_____先天知识_____/		形而上学 幻相

2. 纯批一书的内容结构

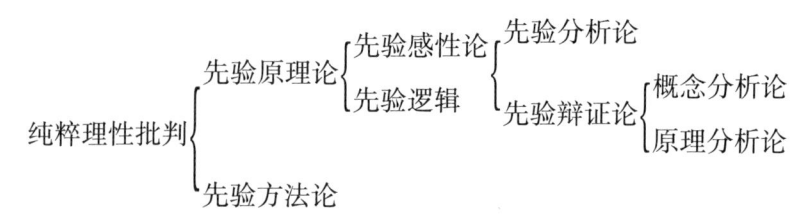

$$\text{纯粹理性批判}\begin{cases}\text{先验原理论}\begin{cases}\text{先验感性论}\\\text{先验逻辑}\end{cases}\begin{cases}\text{先验分析论}\\\text{先验辩证论}\begin{cases}\text{概念分析论}\\\text{原理分析论}\end{cases}\end{cases}\\\text{先验方法论}\end{cases}$$

3. 批判哲学体系组成表

	体系组成部分	心灵的全部能力	认识能力	先天原理	应用于
批判哲学体系	纯粹理性批判	认识能力	知性	规律性	自然
	判断力批判	情感能力	判断力	合目的性	艺术
	实践理性批判	欲求能力	理性	最后目的	自由

参见《判断力批判》上卷,宗白华译,商务印书馆1987年版,第36页。

二、《纯批》的总问题:"先天综合判断如何可能?"(参读"导言")

《纯批》一书,思考和阐述的问题,内容繁多,究竟从何着手,才便于一步步的寻求问题的解答。康德提出以"先天综合判断如何可能"为纲,它是《批判》一书的总问题,由此切入,就能纲举目张,使各种问题逐步得到解答。对这个总问题的讨论与说明,构成了《纯批》一书"导言"的基本内容。概括起来有以下几个要点:

(一)知识的"开始"与知识的"发生",应作区分;

(二)经验知识与先天知识之区别;

(三)分析判断与综合判断的区别;

(四)先天综合判断如何可能?

1. 纯粹数学如何可能?

2. 纯粹自然科学(物理学)如何可能?

3. 形而上学如何可能?

形而上学,作为自然的倾向与作为科学又各有不同。

三、先验感性论

在《纯批》中,"先验原理论"中的第一部分就是"先验感性论",第二部分

23

是"先验逻辑"。"先验感性论"是康德知识论理论架构的入口处,它虽然篇幅不多,但却十分重要。马克思曾经把黑格尔的"精神现象学"看做是黑格尔哲学的"真实产地和秘密",我们也可以说,康德的"先验感性论"是康德哲学的"真实产地和秘密"。它蕴含着康德哲学全部理论发展的萌芽。

(一)什么是先验感性论?关于一切先天的感性原理的学问,它与先验逻辑不同,先验逻辑是研究纯粹思维的原理。感性与知识之区别、直观与概念之不同。

(二)几个基本术语的界定:1. 直观和感性;2. 感觉和经验性的直观;3. 现象(与物自体);4. 纯粹直观。

(三)关于时空之形而上学的阐明:1. 时空不是经验的观念,而是先天的观念;2. 时空不是概念,而是直观;3. 时空是唯一的,无限的。

(四)关于时空之先验的阐明:1. 除非时空是纯直观,否则我们不能说任何两点间只有一条直线;也不能说空间只有三度。2. 除非时间为纯直观,否则我们无法了解变化、运动等。

(五)时间空间之先验的观念性(理想性)与经验的实在性。空间时间之观念性在于空时是我们直观的形式而不是事物的元素或性质,空间时间之实在性在于空时是我们直观的必然形式,是一切现象或经验对象的基本条件。但此实在性不是绝对的,而是经验的,它们只在经验里有效准。空时的观念性,则是先验的,但不是仅仅主观的,它们是普遍性的主观性。

(六)关于空间时间的两点结论。1. 时间空间是先天的,不属于物自体;2. 时间空间是直观形式,一切现象必以之为前提。

"我们只有从人的立场才能谈到空间、广延的存在物等。如果我们脱离了唯一能使我们只要有可能为对象所刺激就能获得外部直观的那个主观条件,那么空间表象就失去了任何意义"(A26-27,B42-43)。[①]

[①] 康德:《纯粹理性批判》,邓晓芒译,杨祖陶校,人民出版社2004年版,第31页。

四、先验分析论

（一）概念分析论

1. 改造传统逻辑（普通逻辑）：与传统逻辑比较对照；纯粹的普通逻辑才是真正具有彻底普遍性的先天科学。

2. 先验逻辑的任务：考察那些先天的、与对象有关的、来自纯粹思维之作用的概念，它说明纯粹概念之来源、范围和客观的有效性。

3. 先验逻辑之划分为分析论与辩证论

（1）先验逻辑的分析论是讨论属于知性的纯粹要素及其原理，没有这些要素和原理，任何对象都不能被思维。先验逻辑是关于真理的逻辑。

（2）先验辩证论是讨论，这些要素和原理若是应用于可能的经验领域之外就要产生"辩证的幻相。"先验逻辑的辩证论是对"辩证幻相"的分析与批判，是关于"先验幻相"的逻辑，此即康德哲学的"辩证法"。

4. 先验逻辑的意义

（1）先验逻辑的提出是西方逻辑发展史上的一个里程碑。

（2）康德的先验逻辑指明了，先验逻辑是一门新的逻辑，它是纯粹普通逻辑（形式逻辑）和特种逻辑（经验科学的工具论）各自长处的结合，它既有形式逻辑的先天性，又有对于对象的能动的综合功能，而不仅仅是分析性的。这就是"先验逻辑"。

（3）能与知识的内容发生关系的逻辑只能是先验逻辑，它是通过先验的"对象"概念而发挥作用的。

（二）范畴的发现

1. 发现范畴的引线

2. 逻辑判断表

3. 范畴表

康德对传统形而上学的批判

德国民主派诗人海涅,曾经把康德与罗伯斯比尔相比论,说他们两人都是"刽子手"。罗伯斯比尔把法国国王路易十六送上了断头台,而康德则把上帝送上了断头台。"上帝"是传统形而上学的最高本体,是哲学本体论的核心问题,信仰"上帝存在",是西方人千百年来"安身立命"之道,因此,摧毁了"上帝",也就摧毁了西方人的"安身立命"之道,由此而产生的"破坏性的"或"革命性的"意义是不言而喻的,对西方社会历史的影响亦是深远的。

一

形而上学,在西方哲学中,源远流长,从哲学在古代希腊产生之时,最初就是探究世界的本源问题,即哲学中的本体论,此为形而上学的核心问题。自此以后,形而上学,一直是哲学家们热切争论和关心的重大课题,直到康德哲学问世,形而上学的命运则发生了重大的变化,因此,我们把康德之前的西方形而上学,称为"传统的"或"思辨的"形而上学。

西方传统的形而上学,在其历史发展中,逐步形成并系统化;尤其是经过近代理性派哲学家的制作,则具备了更为严格的形式的理论形态。按照德国理性派哲学家沃尔夫的做法,形而上学的原理和论题,可分门别类排列为:"理性心理学""理性宇宙论"以及"理性神学"。在沃尔夫派的哲学家看来,这几门学问,在人类知识的领域中,都具有科学的地位,甚至是科学知识的

"皇后"。康德对于传统的形而上学所做的批判考察,就是在前人的这个基础上开始的。

在论述康德对于传统的形而上学所作的批判考察的具体内容时,首先我们要了解,康德对于形而上学的根本立场。康德对于形而上学,在性质上做了区分。一类是作为人类心灵的自然本性的形而上学;另一类是独断的理性派所主张的"伪科学的"形而上学。他认为,追求形而上学的冲动,是人类心灵的自然本性。这也就是后来叔本华所说的"人是形而上学的动物"。形而上学,作为人类本性的一种自然倾向,它是可能的,也是有价值的。在《纯粹理性批判》一书的"先验辩证篇"中,康德正是要致力于为此作出论证。他考察了"纯粹理性"(Vernunft)是一种独特的认识机能,它不同于"知性"(Verstand)。纯粹理性提供的"先验理念",虽然不能用来增加我们的关于对象(客体)的知识,然而,它却具有积极的规范性的功能要执行,由此,康德就对这种"先验理念"的起源与体系以及它们的正当的功用,做了系统的考察与论述,从而为作为人类心灵之自然倾向的形而上学寻求理论根据。但是,另一方面,康德则反对独断的理性派的哲学家所主张的"形而上学",康德认为,这种形而上学不是科学,而是伪科学。

因此,把以上两方面结合起来,就能使我们全面地认识到,康德对形而上学的态度是复杂的;他对于传统形而上学的批判,真正地揭开了形而上学历史命运的新的一页。

在形而上学的历史发展中,康德之所以能作出这种划时代的贡献,这是因为他对于辩证法有着深刻的洞见。辩证法与哲学一样的古老,但是,在古代希腊人那里,把辩证法看做是一种"诡辩的技艺"。康德认为这种看法是极不恰当的。他认为,一般说来,辩证法乃是一种"幻相的逻辑"。这里所说的"幻相"是指一种"先验的幻相",其特征是在于,虽然明白揭露了它的无效性,但它仍不会终止,例如"世界必须在时间中有其开始"这个命题就给出了一种"先验的幻相"。康德指出,这种"幻相"是不能防止的,"正如我们不能避免海面在中央比在岸边对我们显得更高,因为我们是通过比岸边更高的光线看到海中央的"(B354)。①"先验幻相"的产生乃是由于纯粹理性自身的辩证法,"所以纯粹理性有一种自然的和不可避免的辩证论,它不是某个生手由于缺乏知识而陷入进去的,或者是某个诡辩论者为了迷惑有理性的人而故意编造出来的,而是不可阻挡地依附于人类理性身上的,甚至在我们揭穿了它的假象之后,它仍然不断地迷乱人类理性,使之不停地碰上随时需要消除掉的一时糊涂。"(B355)。②

了解康德的辩证法是掌握康德批判形而上学理论的关键,也正是这一点,使得康德在形而上学的理论探索中远远地超出了前人的成就。

二

康德从他的辩证法中推导出"先验理念",以此来矫正"先验幻相"给理性带来的迷乱,并在此基础上展开了他对传统形而上学的批判分析。

在《纯粹理性批判》的"先验分析论"中,康德从判断的逻辑形式演绎出知性的范畴,阐明了范畴是知识所以可能的先天条件。在"先验辩证论"中,他则是从间接推理的逻辑形式演绎出纯粹理性的理念,由此进而展开论述形而上学作为科学之不可能。对于康德,间接推理即是三段论推理。

知性是直接与感性的"现象"打交道,知性的功能是把现象统一在它的判断之中,理性则不是以这种方式直接与现象打交道,而是间接地或通过中介的作用到现象。这就是说,理性是接受知性的概念与判断,并寻求用一个更高的原理为指导把它们统一起来。这里用康德自己举出的一个三段论推理为例来加以说明。"所有的人都是有死的;所有的学者都是人;所以,所有的学者都是有死的。"这个三段论的结论,被了解为是借助于或通过小前提而从大前提

---

① 康德:《纯粹理性批判》,邓晓芒译,杨祖陶校,人民出版社2004年版,第260—261页。
② 康德:《纯粹理性批判》,邓晓芒译,杨祖陶校,人民出版社2004年版,第261页。

推得的。然而,我们显然可以继续去寻求大前提的真理性所依赖的条件,这就是说,我们可以去揭示大前提"所有的人都是有死的"其自身乃是先前三段论的一个结论。例如,这个三段论的形式可以表述如下:"所有的动物都是有死的;所有的人都是动物;所以,所有的人都是有死的。"显然,理性的推理还可以继续追究下去,以达到更大范围的统一,寻求必要而充足的理由,这就是理性的功能,它不同于知性。

现在,在举出的例证中,显然可见,理性并不从其自身中产生概念和判断。理性只是与知性在其经验的使用中所提出的诸种判断之间的演绎关系打交道。但是,理性有一个特殊的特征,即它不满足于停止在这种统一过程中的任何一个有条件的特殊的前提上;这就是说,这个特殊的有条件的前提,其自身能够被揭示为是一个前在的三段论推理的结论。可见,理性的特殊功能就是:它是要寻求无条件的;然而,这"无条件"的不是能在经验中给予的。

这里必须指出,以上所述对于康德先验辩证法的思路具有重要的意义。于前在的三段论推理的链锁系列中,一直向前追溯,这是纯粹理性自身的一条逻辑准则。那就是说,理性的逻辑准则命令或迫使我们不断地去寻求更大的知识的统一性,愈来愈走向那"无条件的",直至达到其自身不再是有条件的终极的条件。但是,逻辑准则就其自身来说,并不断定推理的链锁系列曾经达到了一个"无条件的"。亦并不断言,实际上存在着一个"无条件的",它只不过是指示我们,要像存在着"无条件的"那样去行事,以此不断地促使我们的有条件的知识完善化。

当逻辑准则设定着有条件的系列趋向无条件的以及存在着一个"无条件的",这时,逻辑准则就是纯粹理性的一条原理。先验辩证法的主要任务之一,就是要指明,这条原理是不是客观上有效准。

纯粹逻辑准则,就其自身来说,是不发生问题的。但是,我们据此准则而设定,有条件的判断系列事实上是被统一在无条件的之中,这种设定得到了辨明吗?或者说,这种设定就是在形而上学之中产生幻相与谬误的根源吗?

按照康德的看法,存在着三种可能的三段论推理的类型,即直言的、假言的和选言的。这三种类型的间接推理对应于三种关系范畴,即实体范畴、因果范畴与相互作用范畴。对应于三种类型的推理,存在着三种无条件的"统一者"。这些都是纯粹理性的原理提出的公设或设定。

在直言三段论推理的系列之中,一直向前追溯,理性达到这样一个概念,这个概念标志着一个事物,这个事物只唯一地是主词(体),而不再成为宾词(客体)。在假言三段论推理的系列之中,一直向前追溯,理性要求一个以一个预设前提为形式的无条件的统一,这个预设前提自身不再以任何事物为前提,这就是说,它是最后的终极的预设前提。在选言三段论推理的系列之中,一直向前追溯,理性则在众多选言支的集合的形式中要求一个无条件的统一,它使众多部分的集合达到绝对的完整。

康德为何要从三种类型的三段论推理中演绎出三种无条件的统一性,道理是很明显的。我们知道,康德在从事知性范畴的演绎时,他是力图克服演绎的任意性,而这正是亚里士多德范畴表的缺点,康德提出的是系统的完全的演绎。康德希望指明,范畴正是并且如何正是这些数量而不多不少,所以,他力图从判断的逻辑形式演绎出这些范畴,他认为,这样制定的范畴分类是合乎法则的和完善的。同样地,康德在演绎纯粹理性的理念时,也是希望指明,这些理念如何正是并且恰好正是这些数目而不多不少。因此,康德试图从三种类型的间接推理中演绎出这些理念。康德是从形式逻辑出发的,与形式逻辑相一致,只可能存在这三种类型的间接推理。因此,也只可能存在三种无条件的统一性。

然而,应当注意到,康德在演绎纯粹理性理念的历程中,他又引入了一条补充性的原则。这就是说,他引入最一般的关系观念,我们的一切表象就是处在这最一般的关系之中。这有三种情况:第一,表象对于主体的关系;第二,我们的表象对于作为现象的客体的关系;第三,我们的表象对于作为一般思维客体的关系。实际上,康德是引入了主体与客体的关系来讨论现象间的逻辑联系,这样,就把纯粹理性的逻辑形式的演绎提高到世界观的高度,从而把知识可能性的逻辑演绎与形而上学的理性思辨结合起来,从讨论知识的可能条件深化到批判形而上学的存在根据。

康德这样做,第一是由于经验可能性的需要。如我们在《纯粹理性批判》的"先验分析论"中已经看到的,一切表象都必须与统觉的统一性相关联,这就是说,"我思"必须能够伴随着我的一切表象。现在,理性,借助于设定一个无条件者,趋向于完成这种系列的综合,此无条件者即为一个永恒的自我或思维的主体,它被设定为一个实体。这就是说,理性趋向于完成内在生活的综合,借助于超越经验的有条件的自我,而达到无条件的思维的自我,此即为实体性的主词(体),它绝不会再成为宾词(客体)。

第二,在对待我们的表象对于作为现象的客体的关系时,我们又需援用知性的因果范畴,凭借它对于感性直观的杂多进行综合的统一。现在,理性是寻求使这种综合的统一达到最后的完成,凭借趋向一个无条件的统一,这被设想为是因果系列的完成。

知性能给我们提供因果联系,但这种因果联系中的每一环节则是以别的因果联系为前提的。理性却是设定一个终极的前提,它不再依赖别的因果联系,这就达到了现象的因果系列的完成。于是,就产生了"宇宙"这个理念,它被设定为因果系列的完整性。

第三,就我们的表象对于一般的思维客体的关系而言,理性是在一切可思维的事物的可能性的最高条件这个形式之中,去寻求终极的无条件的统一性。这样,就产生了"上帝"这个观念,它是把一切完善性统一在一个"太一"之中。

因此,我们就得到了纯粹理性的三个主要的"理念",此即:"心灵"(灵魂),它是作为不朽的实体性的主体;"宇宙",它是作为现象的因果联系的总体;"上帝",它是作为绝对的完善性,亦即一般思维对象的条件的最终的统一。这三个理念,不是我们天生的,但也不是从经验中派生出来的。它们是纯粹理性的自然冲动的产物,这种自然的冲动推动着我们走向使知性所获得的综合达到最终的完整性。

但是,纯粹理性的理念不是"构造性的"。因此,纯粹理性并不是把知性的综合活动进行进一步的综合化。纯粹理性的自然冲动,是趋向于使经验条件统一化。理性在这样做时,是在上述的三个理念的形式中,向无条件者前进,显然,在这样运作时,理性超越了经验。因此,纯粹理性的理念被康德称作"先验的理念"。后来,康德在说到"上帝"理念时,又把它看做是"先验的理想"。因为,"上帝"被设定为最高的与绝对的完善性。

按照莱布尼兹-沃尔夫学派的分类,这三个理念构成了传统形而上学三个分支的主要的统一化的主题。"思维主体"或"心灵",是"理性心理学"的"客体质料";"宇宙",作为一切现象的总体,是"理性宇宙论"的"客体质料";"上帝",作为包含一切能被思维的事物之可能性的最高条件的实体,即作为包含一切存在的最高存在,则是"理性神学"的"客体质料"。可见,纯粹理性为心灵的先验原理即理性心理学,提供它的理念,为宇宙的先验科学即理性宇宙论,提供它的理念,最后,则为有关上帝的先验原理即理性神学,提供它的理念。

可是,在康德看来,当我们不超越出任何理智直观的机能时,相应于这些理念的对象,则不能在上述方式被给予我们。这些理念也不能通过经验给予我们。实体性的"心灵"、作为一切现象总体的"宇宙"、作为最高存在的"上帝",它们都不能在经验中给予我们。它们不是现象,也不能是现象。这些理念不是由于使经验的质料从属于经验的先天条件而产生的,而是通过使经验条件达到最大限度的统一使之成为无条件者而产生的。因此,可以预见的是,如果理性作出理念之超越的使用时,并且宣称要证明相应对象的存在与本性,而由此来扩展我们关于对象的理论知识时,那么,理性就必然要陷入诡弁的论证和二律背反之中。指明事实就是这种情况而且必定是这种情况,这就是康德批判地考察理性心理学、理性宇宙论以及理性神学的旨意所在;这些可以统称为康德对于传统形而上学的批判。

三

康德所设想的理性心理学,是依照笛卡尔学派的思路前进的,是从"我思"来论证"心灵"在时间中的"自我同一性",也就是说,心灵通过一切偶然的变化而自身保持不变。康德称笛卡尔学派的这种"证明"是"谬误推理"。

康德指出,理性心理学必定得先天地进行。因为,它不同于经验心理学。经验心理学是从经验上研究人的心理状态与机制,探究人的心理活动所遵循的规律或法则,这是在经验中可以观察和验证的。理性心理学则与此不同,它是从先天的经验的条件出发,从统觉的统一性出发。"所以合理的心理学所做的唯一文章就是我思,它要从其中发挥出自己的全部智慧。"(B,401;A,342)。①

康德在《纯粹理性批判》的"先验分析论"中已经阐明了,经验的可能性的必要条件是:"我思"必须伴随有我的一切表象。但是,"我思"或"自我",作为经验的必要条件,不是在经验中给予的,即是说,它是先验的,不是经验的。

因此,从心理学上把"自我"或"心灵"思维为单一的实体,于是就应用诸如实体、单一性等范畴,从而形成判断,但是,这样并不能产生真正的知识,因为,知性的认知功能是在于把范畴应用于现象,而不是超经验的本体。

我们所能证明的,仅是如下的结论,即,先验的自我,作为逻辑主体,是经验的必要条件,这意思是说,对象若要成为我们的对象,就必须与统觉的统一性相关联,否则,经验则是不可理解的。但是,我们不能证明,先验的自我,可以作为实体而存在,因为,这样做就是误用了存在、实体以及单一性等范畴。

科学的知识是受到现象界限制的,但是,先验的自我并不属于现象世界,它仅是一个限制性的概念。这里可以联系到当代已故的英国分析哲学家维特

---

① 参见康德:《纯粹理性批判》,邓晓芒译,杨祖陶校,人民出版社2004年版,第289页。

根斯坦的看法,维特根斯坦断言"主体不属于世界,而是世界的一种界限"(5.632)。① 可见,康德哲学仍然活在现代西方哲学之中。

康德的批判哲学,揭示了"理性心理学"包含这样一个错误的三段论推理:

> 凡只能作为主词才能被思维的东西,亦尽作为主体而存在,所以,亦即是实体;现在,思维的存在,就其自身来看,是只能作为主体来思维;所以,它就是作为实体而存在。(B411)②

康德指出,这个三段论犯有四名辞的错误。"只能作为主词才能被思维的东西"这个主词,在大前提中与小前提中的含义不相同。在大前提中它是指一般的思维对象,包括直观的对象,但是,在小前提中它只能被思维为主词,这是同作为思维形式的自我意识的关系上来理解的,不是就同直观对象的关系来理解的。因此,这就绝不可以推出,实体范畴能够应用于这种意义上的主词。因为,作为纯粹自我意识的自我,不是在直观中给予的,可见,它不能成为范畴应用的"候选人"。

应该注意的是,大前提和小前提,分别各就其自身来说,康德并不怀疑它们各自的真理性。因为,在康德看来,这两个前提就其自身来说,都是分析命题。例如,小前提中的"思维的存在",纯粹就其自身来看,是被理解为纯粹统觉的"自我",从分析上言,它是真命题,亦即它只能作为主词被思维。但是,"主词"这个术语,在大前提中,则不是在相同的意义上来使用的,我们没有权利推演出综合的结论,即,纯粹统觉的"自我"是作为实体而存在。

康德对于"理性心理学"的批判,其关键所在,是批驳永恒的"自我"作为实体而存在;否定了永恒"自我"的实体性的存在,也就摧毁了"理性心理学"的根基,其他关于永恒"自我"的种种论断,其不可能性也就无须赘言了。

---

① 维特根斯坦:《逻辑哲学论》,郭英译,商务印书馆1985年版,第79页。
② 康德:《纯粹理性批判》,邓晓芒译,杨祖陶校,人民出版社2004年版,第295页。

康德对于永恒的"自我"之实体性存在所作的批判,是联系他的先验感性论的直观概念来进行的,永恒的"自我"不是在直观给中给予的,在这一点,也仅仅在这一点上,康德同意休谟的意见,因此,我们不能把实体范畴应用于它。但是,很显然,有人会提出这样的问题:即永恒的"自我"不是在直观中给予的,这个观点有问题。我们完全有理由考虑,康德的直观观念是不是太狭窄了,尽管如康德所解释的,永恒的"自我"不是在直观中给予的。因为,在任何情况下,我们都可以论证说,一切经验的必要条件和前提,正就是一个永恒的"自我"。那么,如果经验是实在的,那么它的必要条件也必定是实在的。如果说,这意味着对范畴的这样使用,是超越了范畴所适用的范围,那么,这种对范畴使用的限制就是有问题的了。

然而,这样的诘难,只能从康德哲学体系之外提出;如果一旦接受了康德的前提,那么,我们就不得不接受由之推演出的他的结论。显然,"先验辩证论"的有效性,在很大程度上,依赖于"先验感性论"与"先验分析论"的有效性。康德从批判哲学的完整体系出发,对传统的"理性心理学"所作的批判,达到了双重的效果。康德论证了一切现象事件都是在因果关系中被规定了的,永恒的"自我"则是在超越经验范围之外的本体实在,这样,康德一方面否定了"理性心理学"的科学地位;另一方面又保存了永恒的"自我"之人文价值,从而为康德后来有可能去设定人的自由。

四

"理性宇宙论"亦即思辨的宇宙论,正是在这一部分,康德提出了他的著名的"二律背反"的学说。

我们已经看到,按照康德理性宇宙论的中心论题是"宇宙"理念。"宇宙",作为理念,是指现象的因果系列的总体性。理性宇宙论学者是通过先天综合命题,凭借思辨的思维,去寻求扩展我们的作为现象总体的宇宙知识。康德的批判深刻揭示了这种做法必然导致"二律背反"。

如果两个矛盾命题,其中每一个都能得到证明,那么"二律背反"就产生了。如果思辨的宇宙论不可避免地导致这种意义上的"二律背反",那么,由此得出的结论必定是:思辨宇宙论的全部目的都是错误的,思辨宇宙论作为科学是不能成立的。事实是思辨宇宙论正是产生"二律背反"的根源。

康德讨论了四种"二律背反",我们分别论述如下。

第一种"二律背反"的对立命题:

正题:宇宙在时间上有开始而且在空间上有限制。

反题:宇宙在时间上没有开始而且在空间上也没有限制。

关于正题的证明可简述如下:如果宇宙在时间上没有开始,那么,事件的无限系列就必定是出现过了。这就是说,在当下的时刻之前,一个无限的系列是已经完成了的。但是,一个无限系列是绝不能完成的,否则就不能叫做无限的系列;因此,宇宙必定在时间上有一个开始。

就这个命题的第二部分来说如果宇宙在空间上没有限制,那么,它一定是一个给定的共存事物的无限的总体。但是,我们若是要把握或经验这个给定的共存事物的无限的总体,我们只有在时间中先后相继地部分加上部分,直到这种连续相加的完成。可是,我们不能承认,这种连续相加或综合是完成了的,除非我们承认,它是在无限的时间中完成的,这意味着取决于一个无限的时间已经消逝过去,而这一点是不可能的,已如上述。因此,我们不能承认,宇宙作为无限的共存事物的给定的总体充满一切可能的空间之中,故而我们只得承认,宇宙在空间上是有限制的。

反题的证明可作如下的表述:如果宇宙在时间上有一个开始,那么,在宇宙开始之前,就必定存在着空无一物的时间;但是,在空的时间中,任何生成或开始都是不可能的。说某物是在空的时间中生成的,这等于说"无中生有",然而,这是不可设想的。因此,宇宙没有开始。

至于谈论宇宙在空间上的有限性,那么,让我们假定,为了论证宇宙在空间是有限的,是受到限制的,这就必推出,存在着虚无一物的空的空间,在这种情形下,宇宙对于空的空间必定有一种关系。但是,虚无一物的空的空间是虚无,是非存在,而对于虚无的一种关系其自身就是虚无,因此,宇宙不能是有限的,空间上不能是受到限制的。

初看起来,康德对于"二律背反"正反两方的命题所做的证明或论述,不无矫揉造作之处,然而,我们不应忽视它所包含的深刻意义。康德是要指明,正反两方命题的证明,都是建立在虚假的设定之上的。正题所依赖的设定是,我们能够把纯粹理性的原理应用于"自在之物",亦即它设定了,如果有条件的事物是被给予了的话,那么,条件的总体即无条件的,也就是被给予了。反题的证明则是建立在如下的设定之上:现象世界就是自在之物的世界。例如,它断定空间是一种客观的实在性。给出了所要求的假定,那么证明就是有效的。但是,事实则是,两个矛盾命题的每一方都能得到证明,这表明,它们的假定都是没根据的;因此,康德指出,必须对于现象与自在之物作出原则的区别。只要我们采取批判哲学的立场并且抛弃独断的理性主义和非批判的常识这两种立场,我们就能够避免"二律背反"。这就是康德实际上想要表达的观点。

第二种"二律背反"的对立命题:

正题:世界上一切组成的实体都是由单一的部分组成,而且除了单一的东西或者由单一的东西所组成的东西之外,任何地方都再没有任何东西存在。

反题:世界上任何组合的东西都不是由单一的部分所组成的,而且在世界上,没有任何地方存在着任何单一的东西。

正题的证明采取的论证形式如下:如果组成的实体不是由单一的不可分的单元组成的,那么,我们在思维中扬弃了(即逐步分割)一切组成,于是剩下的就只能是虚无。但是,这种可能是被排除了的,因为,组成只是一种偶然关系。所以,组成必定是由单一的部分组成的,由此得出的结论是:存在的一切事物,必定或者自身是单一的或者是由单一的部分组成的。

就反题来说,它能采取的证明方式则是:组成的实体是占有空间的,这个空间必定是由诸多部分组成的。恰如组成的实体中的诸多部分。因此,后者的每一部分都占有一定的空间。但是,凡是占有空间的事物,必定是由许多部分组成的,这其中的每一部分也占有一定的空间,由此可见,它本身包含着诸多部分,这样可以无限地推下去。可见,由单一部分组成的复合事物是不能存在的;同样,任何单一的事物也不能存在。

在这组"二律背反"中,正题表述了独断的理性派的立场,所有复合的物体都是由单一的实体组成的,这种单一的实体就是莱布尼兹的"单子"。反题则是表述了经验主义者对于独断的理性派的反驳,因而形成"二律背反"。康德指出,正题是把本体当做现象来对待,当做在经验中给予的现象;而反题则是把现象当做本体来对待,从而扩大了物体概念。但是,无论正题的立场或反题的立场,都是没有分清现象与自在之物的原则区别,这就是产生"二律背反"的根源。因此,走出"二律背反"的迷误,只有采取批判哲学的立场。

第三种"二律背反"是与自由的因果律有关。其正题与反题可分别表述如下:

正题:按照自然律,因果规律不是推导出现像世界的唯一的因果律,要说明现象世界,还必须设定另一种因果法则,即通过自由的因果法则。

反题:不存在自由,世界上一切事物都是唯一地按照自然法则而发生的。

正题的证明可以表述如下:让我们假定,只存在着一种唯一的因果法则,此即与自然法则相一致的因果法则。在这种情形中,一个给定的事件是由先在的事件规定了的,这种规定一环扣一环地永无止境。这样,就不存在最初的开始,因此因果系列就不能完成。但是,自然法则的要求恰恰是没有一个先天的充足的规定的原因,那么,就不会发生任何事物。如果每个原因的因果联系其自身只是一个先在的原因的结果,那么,这条法则就不能实现。因此,必定存在着一个绝对的自发的原因,它是本原地产生出服从于自然的因果联系的现象系列,此即为自由的因果律。

反题的证明如下:自发的自由的因果规律预设着一种因果状态,在这种状态中,一个原因与先前的状态没有因果联系,即是说,它不是先前状态的果,但是,这种假定是与自然的因果法则对立的,它将使经验的统一性不可能。因此,自由是不能在经验中找到的,它只是思维的虚构。所以,正题的论断不能成立。

在这组"二律背反"中,正题的证明很自然地提示我们,康德是在设想一种由第一因发动的自发的因果系列的本原性,亦即是完全是自发性的因果活动,这就是说,存在着一种自身不再依赖于一个先前的原因。在正题的考察中,康德明白地向我们表示,在他心目中是想到了世界或宇宙的本原问题。但是,他由此进而要辩证的是,如果存在着现象的因果联系的完全系列的自由因,那么,就得承认,我们是证明了,在世界或宇宙之内,存在着不同于现象系列的自由因。这种设想对于康德的哲学体系具有重要的意义。

就反题来说,很自然地要把这种自发的因果规律理解为是与人类的自由有关。"自由因"至少可以使我们有意义地去谈论人类主体的一种状态,这种状态在因果联系上是受另一种状态规定的。但是,从反题的立场来说,要在这些状态之间提出对于上帝的因果联系问题,则是没有意义的。在康德对于反题的考察中,引入了存在于世界之外的自由因概念。他解释说,即使我们承认这种自由因的存在,我们仍然不能承认,自由因是能存在于世界之内的。因此,从康德对于这一组"二律背反"的正题与反题的考察,可以看出,康德认为,它的正题与反题是分别涉及不同的领域,于是,"二律背反"就可以得到解决。然而,在这种意义上,就不会存在"二律背反",除非正题与反题是关涉同一事物。这种情况似乎表明,第三种"二律背反"在很大程度上超出了康德"二律背反"的一般类型。

然而,以上所说并不能否认康德的批判哲学对这一组"二律背反"所做考察的意义。至少可以争论的是,康德的论述表明,对于自由因的承认,摧毁了经验统一的可能性;当我们明确采取批判的观点,那么,正题所证明的,假如被当做涉及现象完全系列的自发因,这就是对于宇宙这个先验理念的错误使用。

而反题则是要否定自由因,康德指出,这只是在现象领域之内,才被理解为是有效的。所以,对于康德,留下的道路就是,人,在本体上是自由的,在现象上是不自由的。如果我们采取这种观点,就能说,正题与反题在被正确地理解时,则都是真理。正题是说,符合于自然法则的因果律,不是唯一的因果律,这是真理。反题是说,不存在自由,如果它被认为是涉及现象世界的话,这也是真理。

对于康德,只有当我们采取批判哲学的立场时,我们才能在正题与反题之间,从错误之中挑选出真理,从而提升到矛盾对立之上的平坦大道;而理性正是由于它自身的独断的运作才使它自身陷入这种矛盾的迷误之中。

第四种"二律背反"是考察必然事物的存在,其两相对立的命题可分别表述如下:

正题:有一个绝对必然的存在属于这个世界,或者作为世界的一部分,或者作为世界的原因。

反题:在世界之中,没有一个绝对必然的存在,在世界之外,也没有一个绝对必然的存在作为世界的原因。

简要地来说,正题是这样证明的。就一个必然事物的存在来考虑,这依赖于假定的事实,即无条件的系列是以条件系列的完成从而达到无条件者为预设前提的,这无条件者就是必然的存在。于是,康德论证说,这种必然的事物是不能作为超越感性世界的存在而被思维的,所以,它或者就是与全部宇宙系列同一的,或者就是这系列的一部分。

反题的证明则依赖于指明,在世界之内或之外,都不能存在一个必然的事物;在变化的系列中不能有一个其自身是必然而又不再有原因的第一因。康德的证明是这样:如果我们假定世界本身是必然的,或者在世界之中有一个必然的存在者存在着,那么这有两种可能,而我们必得选择其一。一种可能是,在变化的系列中有一个绝对必然的开始,而它不再有原因;另一种情况是,这系列本身没有任何起头或开始,而且就其各部分来说,这个系列虽是不必然的又是受条件制约的,可是作为一个全体来说,却是绝对必然而无条件的。但是,就前一种可能说,它和时间中一切现象之确定的力学规律相冲突;就后一种可能说,它是自相矛盾的,因为,如果一个系列的各部分之中没有任何一部分是必然的,那么,由这些部分组成的系列的存在也就不能是必然的。

再者,如果我们假定,在这世界之外,存在着这个世界的一个绝对必然的原因,那么,这原因作为世界中的变化的原因系列的最高一项,就必定是这些变化系列的创始因,然而,这种创始因本身必须开始活动,因而其因果作用就必得是在时间之中,而这样它也就会属于现象的总和,亦即属于这个世界。于是,得出的结论就是,这个原因本身不能存在于这个世界之外,但这个结论恰恰跟我们的假定相矛盾。所以,在这个世界之中和这个世界之外,都没有任何必然的存在者。

应该注意到,第三种二律背反与第四种二律背反之间,存在着相互交叉的情况。诚然,第四种二律背反是使用了必然性与偶然性的范畴,这是第四类范畴,即样式范畴,但也使用了因果范畴,而因果范畴则属于第三类范畴,即关系范畴。这表明康德把二律背反排列为四种,不无矫揉造作之处。

若是总体上来看康德的二律背反,一般说来,正题是表述着独断的理性派的形而上学观点,而反题则是代表着经验派的立场。然而,康德的立场是什么呢?康德认为,对于经验主义,只是在它批评独断的理性派的形而上学之僭妄即仅凭借概念去扩大我们的知识时,那么,经验主义的看法是正当的;只是在这一点上,康德才同情经验主义者的观点。但是,更为重要的是应理解,康德不让自己去犯极端经验主义哲学的错误。康德认为,经验主义哲学虽然在消极地批评思辨形而上学方面,有正当的理由,但它自身也是一种独断论的系统,这表现在,它是独断地把本体性的实在限制在现象界域中,由此而把现象界就当做是自在之物去对待。这也是一种独断的僭妄。在康德看来,在承认经验主义者对于形而上学论题的正当的批评时,我们就已经把我们自己提高到独断的经验主义哲学的狭窄的眼界之上了,从而为本体性的实在留下了余地。这就是说,康德认为,拯救形而上学要在知识之外去寻求支持,即要到道德和宗教中去寻求支持;作为科学知识的形而上学是不可能的,然而,形而上学却在道德和宗教中有它的根源,作为道德的形而上学或作为宗教信仰的形而上学,不仅是可能的而且是应该追求的。因为,在康德看来,形而上学代表着人类生活的一种境界。应该指出,这表明康德比现代西方实证主义者高出一筹,这也是康德哲学的理论深度所在。在康德的"批判哲学"中,康德的主张是,我们既可以克服传统形而上学的错误,又可以避免极端的经验主义哲学的机械论,我们凭借把知识限制于它正当的领域即现象界而可以超脱于二律背反之上,与此同时,我们也就为建立在道德经验上的实践的信仰留下了余地。例如,人类的自由,这是不能在现象领域内被认可的;但是,它在另一个领域中可以是实在的,进而,康德又在自由的基础上提出了道德法则的必然的公设。

五

纯粹理性的第三个先验理念,康德称为先验的理想。从本原上说,这个理念是一切可能的宾词全部总和的理念,它先天地包含着一切可能的质料。所谓"理想",康德指出,乃是指一个个别的存在概念,但它是被看做理性理念的一个现实的实例。可是,理性的理念是不可能体现在一个可以感觉经验的对象上的,然而我们可以设想或者满足谈论理念全部含义的个别的对象。这个别的对象具有一切积极的肯定的宾词。这就是说,这个理念是一个集合的观念,这是一切可能的尽善尽美的总和。当这种观念被思维为一切特殊的完美性之无条件的条件时,那么,它就是一种原型或典范,一切特殊的完美性是被思维为从这原型推演出来的,并逐渐地向这原型趋近。但是,原型不是把一切特殊的、经验的完美性加以总和的抽象概念;原型是被思维为实在的存在、确实最高的存在、最高的完美性的存在;亦即是最高的实在观念。这种最高的

康德对传统形而上学的批判

实在,不能被思维为仅是经验的有限的并且常常是互相排斥的完美性之机械的总和或相加(并列)。它必须被理解为是在一个单一的存在中的无限制的纯粹完美性的统一。康德指出,这就是宗教中的"上帝"观念,理性神学正是以这种上帝观念作为它的研究对象,而它的核心论题则是要证明"上帝存在"。

可见,康德关于纯粹理性的运作程序的概念是十分清楚的。理性寻求一切可能的宾词之无条件的统一,它不能在经验的完美性的集合之中发现这种统一,而必须超越有条件的东西,于是,它就把它所寻求的不确定目标客体化成为一个"最高的完美性",进而实体化为一个"最高的实在",最后,它被人格化为神论中的"上帝"。可是,凭借这种客体化的运作程序,理性则超越了一切可能的经验。我们没有权利断言,存在着一个最高的存在,它是最高的完美性与最高的实在的结合,它对应于一个一切可能的完美性之总合(即大全)的表象。即使理性进而解释说,我们只能具有一个类似的或象征性的"最高存在"的知识,然而这种把最高完美性之"大全"的观念客体化的事实则是意味着,我们这样做是把范畴扩大到超出了它的合法使用的正当领域之外去了。

显然,按照康德所说,理性神学中任何关于上帝存在的证明都是不可能的。但是,康德希望能够明白地指明这种不可能性,亦即指出关于上帝存在的每一种证明都是虚妄的、令人失望的。

在康德看来,思辨形而上学中,理性神学关于上帝存在的证明,只有三种方式,此即所谓"本体论的证明""宇宙论的证明"以及"自然神学的证明"。在这三种证明方式中,根本的或核心的证明,是"本体论的证明",其他两种证明最后都要援引或归结到"本体论的证明"。因此,康德对于理性神学的批判,最主要的工作是考察"本体论的证明"。

在历史上,"本体论的证明",最初是由公元11世纪的安瑟伦提出来的,他被称为:"最后一个教父和第一个经院哲学家。"他提出的论证是相当思辨的;简要说来,即是从上帝的观念推演出上帝的存在。本体论证明的一般形式,在康德看来,可以陈述如下:在一个最完美的事物的概念中,是包含着存在的。因为,如果它不存在,那么,这个概念就不能是一个最完美的事物的概念。所以,如果这个事物是可能的,那么它必然是存在的。因为,存在是包含在它的可能性的充分的补充之中。现在,一个最完美的事物的概念,是一个可能的事物的概念,因此,这样的事物必定是存在的。康德指出,本体论证明的要害或迷人之处,在于它强调申述,如果否定上帝的存在,那么就会导致我们的上帝观念的自相矛盾。康德认为这种说法是毫无意义的。康德论证说:"如果你取消它的存有,你也就把该物本身连同其一切谓词都取消了;这样一来,哪里还会产生矛盾呢? 在外部并没有任何会与之相矛盾的东西,因为该物不应当是由外部而必然的;在内部也没有,因为你通过取消该物本身,已把一切内部的东西都同时取消了。……所以你已经看到,如果我把一个判断的谓词连同主词一起取消掉,则永远不会产生一个内部的矛盾,而不论该谓词是什么。"(B623;A595)[①]康德的反驳是一针见血的,击中要害的。本体论的证明,依据上帝的概念或观念来推证上帝的存在,这是已经把存在纳入观念之中了,显然,这是逻辑上的一种丐论,即用未经证明的东西来做论据。因此,本体论的证明是不能成立的。

康德的理论依据是,一切有关存在的命题都是综合的,没有任何一个有关存在的命题是分析的。因此,任何有关存在的命题都能被否定而不产生矛盾。所以,康德得出结论说,在著名的本体论证明或笛卡尔学派的对于最高存在的证明上所花费的精力与劳动,定全是徒劳无益的。一个人期望在知识上更为富有而仅求助于观念的帮助,这就正如一个商人想通过在他的账本上多划上几个零来增加他的财产一样,都是徒劳的。因此,康德告诫说,我们不要再把我们的聪明才智浪费在形而上学的思辨之上了。

---

① 康德:《纯粹理性批判》,邓晓芒译,杨祖陶校,人民出版社2004年版,第473—474页。

六

我们从康德对于传统形而上学的批判之中可以得到那些教益呢？

第一，康德对于传统形而上学的批判具有完整性、系统性和坚强的理论依据，因此，他的批判确实是彻底地埋葬了旧的形而上学，是哲学史中的一场深刻的革命，自此以后，若要谈论形而上学，是不能置康德于不顾的。所以，康德的批判推动了西方哲学的发展和前进。

第二，关于形而上学康德提了两个问题，这就是：(1)形而上学作为人的一种自然倾向如何可能？以及(2)形而上学作为一种科学如何可能？在康德的"批判"中，对于后一个问题给予了否定的回答，对于前一个问题，康德则试图作出肯定的回答，这就是康德对于纯粹理性的先验理念之规范性的使用所作的论述。康德认为，形而上学作为一种自然的倾向之所以是可能的，这是因为人类理性的本性使然。理性给自身提出的问题，是由于它的本性在于寻求知性的经验知识的统一。这种追求系统的统一是理性的自然的冲动，它导致产生不同形式的无条件的统一的理念，这些理念的正当的功用，仅在于规范性的作用，亦即是"内在的"作用。这种功用为人类的道德行为提供了形而上的根据。因此，康德的"批判"引导至道德形而上学的确立。对此究应作何评价，是否应予完全的否定，在我看来，这是值得进一步深入探讨的；康德对于确立道德形而上学的努力，至少是向我们提出了道德行为的根本问题，诸如责任、自由以及对永恒与不朽的追求与信仰，这都是人类生活中有价值有意义的问题。现代经验主义者或实证主义者只知道简单地拒斥形而上学，而康德则与此不同，他不是简单地认为形而上学是毫无意义的。应该说康德对于形而上学所持的这种"审慎的"态度是比现代经验主义者高出一等的。

第三，现代西方哲学，从19世纪下半叶直到20世纪80年代的发展历程，其间出现了众多的各种各样的学派和思潮，但贯穿其中的主线或主线之一，就是拒斥形而上学。但是,就在现代西方哲学中反形而上学的呼声甚嚣尘上之际,当代的美国哲学家、"实用主义分析哲学"的重要代表奎因却提出了"本体论的承诺"这个命题,对现代经验主义即逻辑经验主义提出了挑战,这在英美哲学界引起了一场持续十多年的论战,终于迫使逻辑经验主义的反形而上学的态势有所减弱,从而改变了某些传统观点。从这个事例中可以看出康德哲学并非是完全死去了的哲学,从康德对于传统形而上学的批判中,我们应该可以看到未来21世纪的西方哲学的一线曙光。

21世纪将是"形而上学复兴"的世纪吗?但是,我们绝不可以忘记康德。

康德的范畴理论

康德的《纯粹理性批判》一书是对于人类天赋的认识(知识)能力的"解剖",其任务是在于发现认识(知识)的基本要素和原理,以此来说明人类认识(知识)所以可能的先天条件,进而阐明这种认识(知识)的先天条件对于人类精神的重大意义(从知识论到形上学)。

人类天赋的认识(知识)能力,就是康德所说的"理性"(广义的);这(广义的)理性包含有三个环节,即感性、知性与理性(狭义的)。(狭义的)理性是人类认识(知识)能力的三个组成部分之一,它是最高的认识(知识)能力。

这里,我所说的"解剖"一词是从动物学或解剖学借用的,其意思是说,就像动物学家或解剖学家那样解剖或分解动物或人体的各个组织或器官,以察知它们的功能和作用规律。康德对"理性"所作的批判考察,也是分析、分解"理性"的功能,以便察知它的构成要素及其作用规律,在此基础上,又综合地阐明"理性"作为完整机能的运作规律,从而为理解人类的精神生活提供逻辑的和形上的根由。

由此,康德分析出人类认识的先天条件:在感性,有先天的直观形式,即空间与时间,这是获得感性认识的先天条件;在知性,有范畴,即知性的先天概念,这是建构科学知识的先天条件;在理性(狭义的),有理念,此为理性的必然概念,这是追求理想或形上学的逻辑根由。

要注意的是,康德所说的"先天的"(apriori),不是从生物学上说的"天生的"或"与生俱来的"意思,也不是笛卡尔理性派所说的"清楚明白"或上帝

"印入心灵中的"等。康德既反对理性派的独断,又反对经验派的僭妄。康德在总结理性派与经验派争论的基础上,做了有原则的"折中"而创立了他的"先验唯心论"或"批判的唯心论"。这是理解康德的知识论(包括范畴理论)的基本背景。

康德认为,所谓"先天的",其特征乃是"必然性与严格普遍性"。范畴就具有这种"先天性"的特征。康德的范畴理论就是对这种先天概念(范畴)的来源、作用与应用领域作出的哲学认识论的阐明,并从而厘清人类理性自身的困惑。

一、什么是范畴?初步的界定

1987年出版的《中国大百科全书》哲学卷(1)第200页上"范畴"条目是这样写的:范畴是"反映事物本质属性和普遍联系的基本概念,人类理性思维的逻辑形式"。[①] 这是中国当代哲学家的观点。但是,康德的范畴理论与此不尽相同,就是说,似乎有一些共见,但分歧却是更为根本、更为深刻的。康德认为,范畴是知性的纯粹概念,它对于经验认识具有"必然性与普遍有效性",它的功能是"综合",即把一个统一的意识带给感性杂多,以形成科学知识或康德所说的"经验"。因此,今人对于范畴的理解,即认为范畴具有普遍联系的作用以及范畴是理性思维的逻辑形式,这种看法似乎与康德有共同之处,但是若要进一步追问,范畴是从哪里来的以及为何具有这样的功能,那么深刻的分歧就立刻表现出来了。这种深刻的分歧就是康德的"先验唯心论"与现代反映论的根本分歧。今人是以反映论来回答问题的。今人的范畴理论是以反映论为哲学基础的。

---

① 《中国大百科全书哲学1》:中国大百科全书总编辑委员会《哲学》编辑委员会,中国大百科全书出版社编辑部编,中国大百科全书出版社1987年版,第200页。

二、范畴的来源(范畴是从哪里来的)

康德认为,范畴是知性的纯概念,它是知性功能的表现,知性的功能就是意识的综合统一性,而这是通过知性的"判断"作用实现的。因此,必须在知性的判断功能中去发现范畴。

康德在寻找范畴时,参照并改进了亚里士多德的传统逻辑与范畴理论。亚里士多德把范畴分为十类,即实体、性质、数量、关系、地点、作用、姿态、状况、作用、遭受。康德认为,在这十个范畴中,地点、时间和姿态,不是纯粹的思维形式,它们属于感性直观,因而不能当做范畴,再者,作用与遭受也不是纯粹的概念,它们显然是因果法则的一个特例或特殊的情境,同样,"状态"也不符合纯粹思维形式的品格,因此,它们也都应该排除在范畴之外。

另外,康德觉得,亚里士多德在制定范畴时,似乎未能把范畴与逻辑判断形式联系起来考虑。因此,亚里士多德只是从经验中寻找范畴,没有一条可遵循的确定的思维原则,这在很大程度上就有偶然性。康德则要求,范畴是在一条确定的原则下推导出来的,这样,范畴有多少以及分为几类,才有必然性和客观性,而不是任意人为的。康德提出,这条原则就是:一切思维活动,无论是分析的或综合的,都必定是判断,即它是由思维的自发性而产生的意识的统一形式。分析性的思维是处理抽象概念,综合性的思维则是处理感性要素。思维加工的对象材料虽然不同,但是思维加工的方式都必然是相同的。这种思维活动的加工方式就是知性的基本结构,它表现在知性的判断功能之中。所以,康德是要从知性的判断功能中推导出范畴,这表现了从传统逻辑到康德的先验逻辑之变化和进展。

我们把康德的思考,条陈如下:

(1)传统逻辑把判断分为普遍的与特殊的。例如,"所有的人都是有死的",这是一个普遍判断,就是说,主词的量是作为普遍地或作为全体来把握的,而宾词"有死的"则是被断定为适用于全体的每个成员,亦即主词是周延的。又如,"有些人是有智慧的",这是一个特称判断。因为主词"有些人"与"人"这个类的外延是不相同的,主词是不周延的。在全称判断与特称判断之外,康德加上了单称判断。但是,在传统逻辑中,单称判断与全称判断在形式上是不加区别的。因为,两者的主词在量的周延上没有什么区别,也不必作出区别。但是,康德指出,当我们把它们应用于有实在内容的判断时,我们的思维功能就必然要作出区别,我们应该把单称判断作为一种独立的形式,它是对于个别对象的认识,而不是对于全体对象的认识,这里表现出,康德是要建立有内容的逻辑,而不仅仅是考察认识的逻辑形式。

(2)从判断的质来说,传统逻辑把判断划分为肯定的和否定的两种。康德认为,在传统逻辑中,一切先天的判断分类都是依据二分法,然而这是不完善的。康德依据上述的同样理由,在肯定的与否定的两种判断之外,加上了不定的(或译无限的)判断。什么是不定的判断?可用下述判断来例示:如"灵魂不是有死的",将这个否定判断表述为不定判断则为"灵魂是不死的(不朽的)"。在康德看来,这个判断不仅不同于"灵魂是有死的"这个肯定判断,也不同于"灵魂不是有死的"这个否定判断。前者只是肯定"灵魂"是"什么什么",后者只是否定"灵魂"不是"什么什么"。但是,"灵魂是不死的"这个不定的判断,则是既肯定又否定,就是说,它肯定"灵魂"是"什么什么"又否定是"什么什么"。在"灵魂是不死的"这个不定判断中,它一方面否定了"灵魂"属于"有死的"这个类;同时另一方面它又肯定了"灵魂"是属于"不死的"这个类。可见,一个不定的判断其特征是:它把认识对象从一个类中排除出来,又立即置放于另一个对立的类之中,它是前两种判断的合题。这里也表现出,康德的先验逻辑是要以"三分法"来改进传统逻辑的"二分法"。康德认为,从认识的内容来说,不定判断有其独立的意义。

(3)在传统逻辑中,关系判断划分为三种,即直言的、假言的和选言的。康德认为,这种划分符合他的要求,因而就加以利用作为他的范畴分类的依据。

（4）在传统逻辑中没有样式判断。康德提出了样式判断,因为,康德是把逻辑与认识论、逻辑与形上学联系起来考察。康德提出样式判断,是着眼于从最一般的关系来考察认识问题。这有三种情况:第一,表象对于主体的关系;第二,表象对于作为现象的客体的关系;第三,表象对于作为一般思维客体的关系。这表明,康德实际上是引入了主体与客体的最一般的关系来讨论现象的逻辑联系。这样,就把纯粹理性的逻辑形式的演绎提高到世界观的高度,从而把知识可能性的逻辑演绎与形上学的理性思辨结合起来,从讨论知识的可能条件深化到批判形上学的存在根据。

总而言之,在判断分类问题上,表现了康德的先验逻辑与传统逻辑之不同。传统的形式逻辑抽去了一切内容,只是考察思维的纯粹形式,但是,康德的先验逻辑只是抽去一切经验的内容,并不抽去纯直观的内容。这种纯直观的内容其特征,康德已在先验感性论中作了论述,它是由空间时间的规定性构成的,先验逻辑要受到纯直观内容的限制。这就是康德说的,"在它面前摆着先天感性的复杂内容。"亦即,先验逻辑只及于现象界而与自在之物无关。

从以上所述,可见康德是参照并改进了传统逻辑,在此基础上,康德提出了他的先验逻辑的判断分类,进而由此推导出他的范畴分类。现在列表如下:

1. 判断的量　全称的、特称的、单称的

2. 判断的质　肯定的、否定的、不定的

3. 判断的关系　直言的、假言的、选言的

4. 判断的样式　或然的、实然的、必然的

由此,康德推导的范畴表如下:

1. 量的范畴　统一性、多数性、全体性

2. 质的范畴　实在性、否定性、限制性

3. 关系范畴　实体与属性、原因与结果、作用与反作用的相互作用

4. 样式范畴　可能性——不可能性、存在性——不存在性、必然性——偶然性

若是对范畴表做进一步的观察,有两点值得我们注意。

第一点,康德把这四类范畴分为两组,分别称为数学的范畴与力学的范畴。数学的范畴包括量的范畴与质的范畴。数学的范畴是与"直观的对象"关联,它们是把各种要素综合为个别的整体而表述经验对象的最初的结构。直观要素就它们自身来说,只是杂多。通过思维凭借量的范畴的综合活动,它们就被结合在这些范畴之下,于是就产生了一个单一的对象性的意识。例如,以纯直观为例来说,统一性的范畴把直观要素规定为统一的单元,多数性范畴把直观规定为杂多的,全体性范畴把直观规定为一个整体。康德认为,只是全体性范畴,才构成经验的对象,其他两个范畴只不过是全体性范畴的低级层次。例如,一条线要能成为思维的对象,首先,线的诸部分或直观要素必须一个跟着一个给予我们,凭借想象力表象为一个整体,并被思维结合为一条单一的线的意识。康德说数学的范畴是关涉到直观的对象,其意在此。第二组是力学的范畴。它包括关系与样式两类,它们不是处理单个对象、单一的联系或关系。例如,关系范畴至少是考察两个对象的关系或对象的两个层面的关系;而样式范畴则更为复杂,它们不是处理仅就客观存在上来说的相互依存的对象的关系,而是上升到考察对象对于认识它们的主体的关系。因此,力学的范畴不仅是关涉到作为相互关系的对象的存在,更是关涉到作为对知性(认识主体)的关系的对象的存在。关系范畴是考察相互有关联的对象,而样式范畴则是考察与知性的关系。

第二点,康德的范畴表的四类范畴中,每一类都是三个范畴。传统逻辑是以二分法来划分概念,而康德的先验逻辑则是以三分法来划分概念。这在前面已有所论述。这里要再为强调的是,康德认为,每一类范畴由三个范畴组成,这三个范畴构成一个有机的统一,在各类范畴中,第三个范畴都是前两个范畴的综合,这些想法在康德的范畴理论中尚处在潜在的萌芽状态,但是,后来却为康德的后继者费希特和黑格尔所继承,以更为系统的方式和更为明确的意识加以发展。实际上,在这里已经表露出构成黑格尔逻辑学全部基础原则的萌芽状态。黑格尔正是在此基础上发现了"三一律"原则,以此原则把每类范畴表述为对立的统一。而且黑格尔认为,这一原则乃是生命力的原则,黑格尔以此原则作为推动力创造了从最简单的到最复杂的范畴的运动进展。可见,康德关于思维功能之完全而系统的说明,其理想是被黑格尔以更为一致更为彻底的方式实现了。但是,这对于康德哲学来说,究竟是好还是不好,这个问题尚值得我们进一步研究。

三、范畴的先验演绎(如何证明范畴应用的客观有效性)

证明范畴应用的客观有效性,康德称为范畴的"先验演绎"。为什么会产生这个问题?因为,按照康德,范畴是知性的先天纯概念,它们不来自经验,而且独立于经验,那么,范畴如何能够客观有效地应用于经验?亦即是范畴怎样能对经验有客观的效准呢?这就是康德的范畴的先验演绎所要解决的问题。

所谓"演绎",亦即辨明或证明自身的正当性或合法性。康德指出"法学家在谈到权限和越权时,把一桩法律诉讼中的权利问题(quid juris)和涉及事实的问题(quidfacti)区别开来,而由于他们对两方面都要求证明,这样,他们把前一种证明,即应阐明权限或合法要求的证明,称为演绎(A84/B117)"。[①]康德把"演绎"这个名词移用到他的范畴理论中来,康德的问题是:范畴不来自经验怎样能用于经验?怎样能同经验对象发生必然的联系呢?其根据何在?合法性何在?这需要证明,亦即需要进行"演绎"。但是,对于范畴不能作经验证明或经验演绎,因为,前面已经指出,范畴不是经验概念。经验演绎是以经验为根据,对经验进行归纳思考而获得概念的过程,以此来说明概念的产生,这讲的是事实问题。而康德所说的"先验演绎"则与此根本不同。范畴

[①] 康德:《纯粹理性批判》,邓晓芒译,杨祖陶校,人民出版社2004年版,第79页。

用于经验,范畴具有客观的经验有效性,这已经是事实,现在是要寻求它的根据,要从人的理性中寻找根据,寻找它的合法性,这不是经验演绎所能说明的,它要求"先验演绎"。

康德说:先验的"这个词并不意味着超过一切经验的什么东西,而是指虽然是先于经验的(先天的),然而却仅仅是为了使经验知识成为可能的东西说的"。① 康德的范畴是先天概念,说明范畴何以使经验知识可能,因而是"先验演绎"。康德对于范畴的"先验演绎",在《纯粹理性批判》中,第一版(又称 A 版)与第二版(又称 B 版)的侧重点有所不同。第一版侧重于从"主观的"方面去说明问题,而第二版则侧重从"客观的"方面去说明问题。这两版的不同,不是相互对立的而是相互说明的,我们应该结合起来加以理解。

康德自己认为,范畴的先验演绎是最困难的问题,也不易为人理解,因而,康德在《纯粹理性批判》的第二版中做了改写。可是,康德对于这个问题的行文和论述,仍然是十分艰难晦涩的。为了对这个问题的要旨能有所把握,我们要寻找一个较好的切入点。

我个人觉得,从以下三点出发比较可以适当便捷地切入康德的范畴理论。

第一,从休谟的因果概念的理论出发。

休谟的经验论代表了经验论哲学发展的极端。休谟认为,我们所能把握的就是我们主观的观念,观念都是一些分离的、孤立的感觉表象。所谓因果联系,只不过是在习惯中形成的表象之间的经常性的主观上的联结,实际上,这种联结的客观性和必然性,我们是无法知道的。因此,在休谟看来,因果法则并不是先天概念,也并没有客观必然性。康德认为,休谟否定因果范畴以及其他一切范畴的客观必然性,这将导致否定全部科学知识,若是否定人类的科学知识,这将必然否定人类的社会文化,显然,这个结论与我们人类社会的生活实践是根本矛盾的、对立的。它受到了我们生活实践的批判和否定。因此,因

---

① 康德:《未来形而上学导论》,庞景仁译,商务印书馆 1978 年版,第 172 页。

果范畴和其他一切范畴的客观必然性是不能否定的。应该说康德的这种分析和批判是有力的、可以成立的。可是,康德又认为,休谟的因果理论中有一点是正确的,这就是休谟认为感觉表象中不存在客观的必然的联系,于是,康德就要解决这种"联系"是从哪里来的问题。

第二,从理性派的先天论出发。

在思考"联系"的客观性和必然性的问题时,康德的目光转向了理性派的先天论。康德接受并改造了理性派的先天论,论述了因果等范畴都是知性的先天概念,只是经验可能性的逻辑条件,具有普遍性和绝对必然性。但是,康德批判了理性派的独断论立场,否定范畴超越经验的绝对的应用。康德认为,知性的先天概念只对感觉表象有效,不能用于非感觉表象的东西。

第三,从现象与自在之物的原则区别出发。

把以上两点结合起来,形成了康德自己的哲学立场,这就是作为他的"批判的唯心论"体系之理论基础的"现象与自在之物"的原则区别。也正是以这条原则,康德才能把理性派与经验派的对立,从中调和起来。康德认为,我们所认知的世界不是在我们的意识之外独立存在的客观世界,而是依存于我们主体的,它是我们的感觉表象,康德统称为"现象"或"现象界","自在之物"与"现象"根本不同,它超越于我们的感觉表象,是我们的认识不能达到的,因而不能成为我们的认识对象。范畴不能超越"现象界"而及于"自在之物"。

我们在理解康德的范畴理论时,把上述三点记在心中,这样,我们就能比较容易地把握康德的思路。

康德在第一版中所做的范畴的"主观演绎",其基本思路可以概括如下:首先由"经验"的界定开始,什么是经验?经验不外乎是现象及其联结与统一,这可由经验在主体中建构的过程得到说明,即康德所分析的"三重综合";由"三重综合"的分析,逻辑地推演出一个毕同的"我思",而这"我思"与其所思维的表象是处在必然联系之中,康德说,"'我思'必须能够伴随着我的一切表象;因为否则的话,某一种完全不可能被思考的东西就会在我里面被表象出来,而这就等于说,这表象要么就是不可能的,要么至少对于我来说就是无"(B132/133)。① 由此继而分析出"我思"的功能就在于作判断和给予形式,即应用范畴。因此结论是:范畴为一切可能经验之先天的必然的条件。于是范畴的客观有效性得到说明,此正是范畴演绎的任务。

在 1787 年《纯粹理性批判》第二版中,康德对于第一版中的范畴的"演绎"部分全部删除,重新改写。康德自己认为第二版的改写比第一版更好。他在第二版"序言"中写道:"至于这个第二版,那么我当然不想放过这个机会来尽可能地补救那些有可能产生误解的晦涩难懂和模糊之处,思想敏锐的人们在评价这本书时偶然碰上的这些误解,也许我是不能辞其咎的。"(BXXXVIII)②

在第二版中,重新改写"产生了好多误解"的地方,正是范畴的"主观演绎"。在第一版中,范畴的演绎,其特点是侧重于主体;第二版是从"客体"入手,从客体的逻辑基础入手。其基本思路的要点可以概述如下:

第一,什么是客体(object)？或什么是对象？按照康德,客体是意指对于直观中的感性杂多之统一性的意识,其中包含有"联系"或"结合"(conjunction)。因此,必须追问这种联系是从哪里来的。显然它不能来自感性,它乃是知性的自发活动,这种活动就叫做知性的"综合"。正是这种知性的自发活动即"综合",它在客体中建立起"联系"或"联结"。所以,知性的"综合"活动是任何对象性意识中绝对不可缺少的要素。

第二,统觉之原始的综合统一性。

这种综合的统一活动是包含在纯粹的自我意识之中。康德认为,凡是不能在一个单一的自我意识之统一性下面结合起来的东西,它们就不能进入经验中来。因而,我们不但必须意识到各种各样的规定性,亦即不但必须意识到各种感性杂多的内容,而且还必须能够意识到这些规定性或杂多的内容同时伴有"我思维这些规定性"这个意识。这个意识就是"统觉之原始的综合统一

---

① 康德:《纯粹理性批判》,邓晓芒译,杨祖陶校,人民出版社 2004 年版,第 89 页。
② 康德:《纯粹理性批判》,邓晓芒译,杨祖陶校,人民出版社 2004 年版,第 26 页。

性",亦即"我思"。但是,"我思"不能是给予主体的东西,它必定是来自主体自身的自发活动,因为它是在任何对象性意识方式里必然被预先设定的普遍形式,它是第一性的条件,亦即原始的条件,没有它,就不可能有任何的自我意识,在我们的经验里也就没有统一性。在意识的每个形式里,"我思"是或隐或显地预先设定了它的位置。所以,"我思"是绝对先天的,因此,它有理由被称为自我意识的先验统一性,没有这种自我意识的先验统一性,就不可能建立先天综合判断,亦即不可能建构知识。可见,自我意识之绝对统一性是一切对象性意识的最高条件。

第三,自我意识之客观的统一性。

自我意识的客观统一性与主观统一性是有区别的。自我意识的综合统一性是对象性意识的最高条件,这乃是客观的统一性。因为,所谓"对象",不是指直观中各种各样的可变动的感性要素,而是指那些我们知性用来结合这些感性要素的固定方式或结构。如前所述,没有意识的综合统一性,就没有任何对象;因此,必须把意识的"客观的统一性"和"主观的统一性"加以区别。"客观的统一性"同直观要素在其特殊性质上的规定无关。不论在这些感性要素里有什么变动,按照知性的规则,思维把它们结合起来的种种方式,是不能变动的,这些方式是永远不变的,这就是自我意识之客观的统一性。

第四,统觉之客观的统一性通过一切判断的逻辑形式而得以实现。

这个问题涉及康德的先验逻辑对于判断的特别理解。康德指出,传统逻辑通常把判断定义为"两个概念的关系的意识",这个定义未能触及知识的真理。显然,它不能概括所有的判断,比如,假言判断或选言判断,就不是两个概念的关系,而是判断之间的关系。更为重要的是,它没有揭示联系词"是"的实质。在传统逻辑的判断定义中,主词与宾词是"未完全决定的",它们的位置是可以调换的。然而,在先验逻辑中,判断是表象统属于统觉之客观统一性的方式。换言之,判断就是表象在一个自我意识里被结合起来的方式,这就是判断的联系词"是"所真正表达的含义。这种判断是要表达现实对象的性质,而不是个人心中表象的主观联结,只有这样的判断才是经验判断或知识判断。正是在这样的判断中才实现了统觉之客观的统一性。所谓"人给自然界立法",仅是此意。

第五,一切感性表象都从属于范畴,而范畴亦只能用于经验对象。

感性直观的各种因素必须服从统觉之原始的综合统一性,否则不能有一个对象的意识,要实现这一点,有赖于判断的运作,即作判断,而判断乃是范畴的功能,所以,要建立对象的意识,就必定从属于范畴。

而范畴亦只能应用于经验对象。范畴就其自身来说,它们只是思维形式,是综合统一的作用,只是一些以某种固定的思维结构把所予的感性要素结合起来的一种能力而已。范畴绝不能规定对象的特殊的感性的性质,一切对象的具体感性要素都是给予的,只是这些要素的综合才是服从于统觉之综合统一性的。这就是说,我们的认识对象不是自在之物,只是现象,范畴才能有先天的应用,只有在这个限界以内,我们才可以说,对象服从于自我意识的综合统一性。所谓"人给自然界立法",仅是此意。

所以,康德说:"一般可能经验的先天条件同时也就是经验对象的可能性条件。于是我认为:上述那些范畴无非是在一个可能经验中的思维的诸条件,正如空间和时间包含有对同一经验的直观的诸条件一样。所以,范畴也是一些在现象上思维一般客体的基本概念,因而它们先天地拥有客观有效性;正是这一点是我们原来想要知道的。"(A111)[①]

我以为,这段引文,可以作为康德范畴理论的主旨和范畴演绎的最后结论。

---

① 康德:《纯粹理性批判》,邓晓芒译,杨祖陶校,人民出版社2004年版,第122页。

康德的伦理学

《实践理性批判》与《道德形而上学原理》是代表康德伦理学的两部主要著作。

自由概念是康德伦理学的起点。康德有一句名言:"应为蕴含着能为(Ought implies can)。"在康德看来,正当的行为必然是可能的,也就是说,我必然总是自由地去执行它。

自由概念成为康德伦理学的主要问题不是偶然的,这是康德所生活的时代提出的问题,这个问题是当时时代精神的表现。康德所处的时代正是欧洲社会从封建专制制度向自由资本主义转变的伟大革命的时代。这时,新兴的资产阶级和广大的劳动人民都迫切地要求从封建专制主义的枷锁下解放出来,自由的呼声响彻云霄。法国大革命的口号就有:"不自由,毋宁死。"这种民主革命的要求对历史产生了极为深远的影响。匈牙利的革命诗人裴多菲也为自由而歌唱:"生命诚可贵,爱情价更高,若为自由故,二者皆可抛。"自17世纪以来,"自由"一直是一个敏感的、激动人心的问题。但是,自由的真正含义是什么,对于不少人恐怕是不甚清楚的,因此,罗曼·罗兰曾经慨叹道:"自由,自由,许多人在你的口号之下,做尽了坏事!"康德伦理学的重大意义就在于从哲学的高度探讨了自由概念,回答了时代的挑战,而且康德的回答不仅对当时而且对以后的哲学、政治思想以及社会发展都产生深远的影响。

康德在伦理学中探讨的自由问题构成了他的哲学体系的一个重要环节。康德在《纯粹理性批判》中论证了自然界是为自然的因果法则所统治的,而在

《实践理性批判》中则是要解决人作为实践理性的体现者,作为道德行为的主体,则享有"超越的自由",并以此来对抗自然的必然性,这就是人的道德尊严。康德在《实践理性批判》一书的结尾处写道:"有两样东西,人们越是经常持久地对之凝神思索,它们就越是使内心充满常新而日增的惊奇和敬畏:我头上的星空和我心中的道德律。"①正是此义。

一、康德伦理学的基本立场

康德既反对中世纪禁欲主义的宗教道德,也不赞成18世纪法国唯物论所主张的经验主义的幸福论。在18世纪法国启蒙运动时期,禁欲主义的宗教道德受到了猛烈的抨击,资产阶级的功利主义和幸福主义的伦理学说得到了广泛的传播并产生了深远的影响。康德正是在这样的思想背景下思考他的道德理论的,因此,康德特别对经验主义的幸福论的伦理学说进行了分析。康德认为,经验主义的幸福论是不能自圆其说的理论。康德提出,什么叫幸福? 有没有一个大家一致同意的客观的标准?

18世纪法国百科全书派的著名代表人物之一霍尔巴赫说:"人从本质上就是自己爱自己,设法使自己的生存幸福。所以,利益或对于幸福的欲求就是人的一切行动的唯一动力。"②同时期的爱尔维修又说:"利益支配着我们对于各种行为所下的判断。……把它们看成道德的或罪恶的……""如果爱美德没有利益可得,那就决没有美德。"③

康德指出,如果是从个人经验上的利益或欲求规定幸福概念,那么,就不能有一个大家一致同意的客观的幸福标准,因为人们在利益或欲求方面是有

---

① 康德:《实践理性批判》,邓晓芒译,杨祖陶校,人民出版社2003年版,第220页。
② 霍尔巴赫:《自然的体系》上卷,管士滨译,商务印书馆1964年版,第273页。
③ 北京大学哲学系外国哲学史教研室编译:《十八世纪法国哲学》,商务印书馆1963年版,第456—457、512页。

很大差异的,有时甚至是相互对立的。比如——康德说——"正是同一个人,他可以将他只到手一次的一本对他富有教益的书未经阅读就退还,以免耽误打猎,可以在一场精彩讲演的中途退场,以免迟误进餐,可以抛开一次他平时很看重的理性话题的交谈,以便坐到牌桌的旁边,甚至可以拒绝他平时乐意接济的穷人,因为他现在口袋里刚好只剩下要用来买一张喜剧门票的钱了",①可见,"获得幸福必然是每个有理性但却有限的存在者的要求,因而也是他的欲求能力的一个不可避免的规定根据。……而是一个由他的有限本性自身纠缠着他的问题,因为他有需要,而这种需要涉及他的欲求能力的质料……"②所谓幸福,对于同一个人来说就是不确定的,对于不同的人来说就更加如此,对于一个人可能认为是幸福的,对于另一个人来说可能是恰恰相反。然而,康德也反对中世纪的禁欲主义的道德力量,他指出这是一种虚伪的理论。康德承认,人有理性的方面,但也有感性的方面,因此,人们要照顾到感性方面的要求,这是自然的、合情合理的。所以,道德与幸福不能也不应该对立,问题是在于怎样恰当地理解二者的关系,故而康德认为,不能把幸福与道德简单地等同起来,以幸福取代道德,真正的问题应该是:人如何才配享受幸福?这才是伦理学的真正问题。康德认为,只是有道德的人才配享受幸福,道德并不依赖于幸福,而幸福(感性物质上的利益)却要服从于道德。康德的立场是动机与效果的统一,而这种统一的基础、根据或原则是在于动机;康德的基本立场是以动机为根据或准则的动机与效果的统一论。那种把康德的伦理学判定为只讲动机不讲效果的观点是片面的。

二、"善良意志"

那么,什么样的动机才是道德的呢?

---

① 康德:《实践理性批判》,邓晓芒译,杨祖陶校,人民出版社2003年版,第28页。
② 康德:《实践理性批判》,邓晓芒译,杨祖陶校,人民出版社2003年版,第30—31页。

康德指出,在自然界的一切事物中,人是一种特殊种类的存在,这表现在唯有人是有理性的存在;正因为人是有理性的,所以,人有"按照原则去行动的能力",①其他一切自然的事物都只是顺应着原则而活动的。比如:"水流湿,火则燥",而人却能够"明知山有虎,偏向虎山行"。康德所说人有"按照原则去行动的能力",即是说,人能够依照原则而行动,这就是人的意志的表现,而这即是人的行为的动机。只有出自好的动机的行为才是好的行为,亦即道德的行为。所以,好的意志或"善良意志"是行为道德价值的决定性因素。

什么是"善良意志"?

康德说:"在世界之中,一般地甚至在世界之外,唯一除了一个善良意志(guter Wille)以外,根本不能设想任何东西有可能无限制地被视为善的。知性、机智、判断力及像通常能够被称作精神上的才能的东西,或下决心时的勇敢、果断、坚毅,作为气质上的属性,无疑从很多方面看是善的、值得希求的;但它们也可能成为极其恶劣和有害的,假如想运用这些自然禀赋并由此而将自己的特有性状称为性格(Charakter)的那个意志并不善良的话。"②其他一些优越的品质之为善为恶都取决于有无一个"善良意志"。而"善良意志"是绝对无条件的善。"善良意志并不是因为它产生了什么作用或完成了什么事情,也不是因为它适合于用来达到某个预定的目的而是善的,而只是因为它的意愿而是善的,即它自在地是善的,……假如它尽了最大努力却对此仍然一无所获,只剩下这个善良意志(当然绝不是一个单纯的希望,而是用尽了在我们所能支配的范围内的一切办法),那么它毕竟会像一颗珠宝一样独自闪闪发光,它是某种在自己自身内就拥有其完全价值的东西"。③ 善良意志的价值并不取决于它能否带来什么外在的效果,它本身就具有自为的内在的价值。善良意志具有的绝对的无条件的善,它本身就具有自为的内在价值;这就是康德所

---

① 康德:《道德形而上学奠基》,杨云飞译,邓晓芒校,人民出版社2013年版,第40页。
② 康德:《道德形而上学奠基》,杨云飞译,邓晓芒校,人民出版社2013年版,第11页。
③ 康德:《道德形而上学奠基》,杨云飞译,邓晓芒校,人民出版社2013年版,第13页。

说的"善良意志"。

人类生物是被富有理性的,从实践方面说,理性是能够对意志施加影响的。因此理性的真正使命就是去产生"**在其自身就是善良的意志**"。这就是康德所说的"实践理性"。

康德进而提出,"义务概念"是善良意志概念的体现。康德区分了"出于义务"的行为与"合乎义务"的行为。比如保全生命是每个人自己的义务,每个人对此也有一种直接的爱好。但是,对于大多数人,保存自己的生命只是合乎义务,而不是出于义务。康德说,"如果厌憎和悲伤绝望已使生命整个地索然无味;如果这个不幸的人意志坚强,面对他的命运奋起抗争,而不是怯懦或消沉地想要去死,却仍保持他所不爱的这个生命,不是出于爱好或恐惧,而是出于义务:这时他的准则就有了道德内涵"。① 康德对于行为的动机要求极为严格;只有那出自极为纯洁的动机的行为才具有道德价值,这就是"出自责任"的行为。因此,康德提出,"(道德的第一个命题是:只有出于义务的行为才具有道德价值。)第二个命题是:一个出于义务的行动,其道德价值不在于它所应当借此来实现的意图,而在于它据以被决定的准则,……第三条原理,作为以上两个命题的结论,我将这样表述:义务是由敬重法则而来的行动的必然性。"②

这样,康德就提出了他的"绝对命令"(又译"定言命令")作为规定道德行为的规律或准则。

三、"绝对命令"

这里所说的"命令"是指人的行为以之为根据的规律、原则或准则。人的行为是受意志或动机支配的;一个人所以采取这个行为而不采取那个行为,总是有所考虑的,这就是他行为的动机,并且他认为这种动机是正当的,而作为

---

① 康德:《道德形而上学奠基》,杨云飞译,邓晓芒校,人民出版社2013年版,第18页。
② 康德:《道德形而上学奠基》,杨云飞译,邓晓芒校,人民出版社2013年版,第21—22页。

他行为的根据。因此,康德问道:"但是一种什么样的法则有可能成为这种法则,它的表象即便对那从中期待的结果不加考虑,也必定能规定意志,以便这意志能被绝对地、无限制地称为善的?"①这就是说,规定"善良意志"之所以为"善良意志"的"命令"是什么?

康德区分了人的行为所遵从的两种形式的命令:一种叫作"假言命令",一种叫作"绝对命令"。像"假如你想身体强壮,那么你就要进行体育锻炼";又如,"假如你想碰碰运气,那么你就去买张彩票",这些都是假言命令。假言命令的形式就是:"假如……那么……"可见,假言命令是有条件的,而不是无条件的;它是相对的,相对于某一目的而发的,而不是绝对的;因为,在假言命令中,后件是为前件服务的,后件是用来满足或实现前件中所陈述的欲望或需要的手段。在假言命令中,前件与后件的关系是目的与手段的关系。当然,这种假言命令也可以客观上证明是正当的,但是,从根本的意义上说,它们是不具有真正的客观性的。因为,它们所提出的行为的理由只是在于实现人们在前件中所陈述的欲望,因此,它们所产生的动机的力量只依赖于主体的现实的欲望。

然而,"绝对命令"则与此不同。绝对命令完全与特定的欲望或需求无关,它完全不依赖于经验的条件。它的表现形式不是"假如……,那么……"而是"你应当这样做!"在绝对命令中,行为主体不承认任何作为行为前提的利害。这里"应当"二字所表示的,绝对命令也可能得不到有效性,然而,确实是坚持了这个命令。绝对命令表明了一种真正的客观性,即它不依赖于(或说独立于)理论理性,它表明主体不受他的现实欲望的束缚。

可是,这种"绝对命令"如何得到辨明呢?于是,康德就着手分析"实践理性"的结构与特有的任务。绝对命令是依赖实践理性的某些原理而得到辨明的。所有这些原理都可以从一条占支配作用的原理派生出来,或者都可以等同于这样一条占支配作用的原理。这样一条占支配作用的原理,康德就把它

---

① 康德:《道德形而上学奠基》,杨云飞译,邓晓芒校,人民出版社2013年版,第24页。

叫做"绝对命令"。康德曾经用几种不同的方式来表述"绝对命令",但是其中最主要的表述形式则为:"你要仅仅按照你同时也能够愿意它成为一条普遍法则的那个准则去行动。"①这是实践理性的前提条件,就如同因果法则是科学的前提条件一样。

绝对命令还可以用不同的形式来表述,康德声言,这些形式都是等价的,是同一个哲学洞见的不同表述。其中较为重要的两个表述形式是:"不要按照任何别的准则去行动,除非它能够同时作为一条普遍法则而存在,所以只是这样去行动,这个意志能够通过其准则把自己(目的王国中的每个立法者)同时看做普遍立法的";②"你要这样行动,把不论是你的人格中的人性,还是任何其他人的人格中的人性,任何时候都同时用做目的,而绝不只是用做手段"。③扼要说来,前一种表述方式意味着在陈述行为的原理时,一个有理性的存在不得不假定一种理想,在这种理想中,或者说,在目的王国中,凡是存在的,都是应当的,而凡是应当的,也都是存在的。在所设定的这个领域中,以及作为这个领域的组成部分的行为者本身,他把其自身与其他有理性的存在之间的关系看作具有相同的重要性,完全在理性的基础上,相互给予尊重,而不受会产生他们之间的差别的经验条件的影响。后一种表述方式所包含的原理是说,一个有理性的存在,根据理性,必然不使他人从属于他自己的目的,亦即必然不奴役、虐待或剥削他人,并且承认其他人们在他们自身之中就包含有他们自己存在的正当理由,以及他们自主的权利,这些原理构成了康德哲学中有生命力的思想,这就是:道德法则乃是建立在对人的尊重这个基础上,并且也是表述了对人的尊重。

现在要提出两个问题加以讨论。第一,绝对命令的客观性何在?第二,如何来捍卫绝对命令?绝对命令的客观性在于三方面不同的性质:其一,它与个

---

① 康德:《道德形而上学奠基》,杨云飞译,邓晓芒校,人民出版社2013年版,第52页。
② 康德:《道德形而上学奠基》,杨云飞译,邓晓芒校,人民出版社2013年版,第71页。
③ 康德:《道德形而上学奠基》,杨云飞译,邓晓芒校,人民出版社2013年版,第64页。

人的欲望或需要无关,除了合理性概念本身,此外别无所涉。因此,它在有理性的行为者之间不造成任何差别,而是普遍地应用于服从理性命令的人们。其二,有理性的行为者,根据理性,必定要接受绝对命令,因为这种命令本身就是实践理性的基本法则,正像矛盾律是思维的法则一样。而不接受绝对命令,就是在实践上不承认理性。因此,就像矛盾律一样,在理性上它是不能被否弃的。其三,承认这样一条原理就是获得一个指导行为的动机,这动机就是说服人们去**服从**。由于这个命令与任何欲望无关,而只涉及理性功能本身,因此,若是这三方面的要求能得到支持,那么,实践理性就能给行为提供一个动力。这样,休谟的怀疑论的根据就被摧毁了。休谟的怀疑论认为,理性是无活动力的,一切实践的推理只不过是对欲望的顺从。绝对命令具有客观的必然性,这是通过排除一切需求和欲望、一切"经验的规定"而达到的,它表述了行为者仅由于是有理性的存在而固有的本性。

对于第二个问题,康德的道德哲学未能作出清楚明白的阐述。康德断言,我们认知绝对命令先天的有效性,然而同时他又承认,与科学的知性所作出的断言比较,在实践理性中作出的这种断言是不很充分的,它仍然要求证明,就像在科学思维的前提概念的情形中由先验的演绎所提供的证明一样。但是康德却不曾提供这种先验的演绎;代替这种演绎的,康德是把他的第二个《批判》①用来考察形而上学的问题。形而上学问题有巨大的影响,然而,这种问题却在康德的形而上学与他的道德理论之间掘下了一道鸿沟。代替先验演绎的这种考察,康德所关心的是自由、理性和自律等概念。

四、自由与理性

康德争辩说,若是不假设自由,那么,道德法则,甚至实践理性,就都是不

---

① 西方学术界通常把康德的《纯粹理性批判》《实践理性批判》和《判断力批判》分别称为第一《批判》、第二《批判》和第三《批判》。

可理解的。康德认为,只是一个有理性的存在才能是在道德意义上是自由的。那么,自由究竟何所指呢？与斯宾诺莎、休谟等人不同,康德不是从支配宇宙的法则中推导出自由。康德认为,自由的行动者具有一定的特征,就是说,自由并不是指没有任何约束,相反,自由的行动者却为一种特殊性质的约束所支配,即他是受到理性的约束,他乐于接受道德法则。自由是从属于道德法则的,与承认道德法则的必然性以及它对道德行动者的行为的绝对权威相比较,自由并没有更多引人注目的东西。

为了说明这个道理,我们必须区别按照法则的行为与出自法则的行为。一个人可以由于恐惧、压迫或由于图得报偿而按照法则去行为。在这些情况下,法则就不是他行为的动机,就不是支配他行为的准则。这时,法则似乎是一条命令,但是事实上,它是一个假言命令。出自法则的行为乃是出自承认绝对命令本身的行为,这样,对绝对命令的承认就是行为的动机。由于这个动机内在于绝对命令自身之中,那么,它也就是仅仅从理性发出的召唤。因此,一个有理性的行动者,在出自法则去行动时,同时也就表现了"意志自律"。他的行动是从他自己的理性的反思中发生出来的,这种理性的反思有充足的力量来产生出他的行为的动机。在深层的意义上说,他的行为是他自己的决定,这种决定来自对他作为一个有理性的存在整体现实的反思,而不是来自由这种或那种欲望所限制的任意的经验的规定。

与这种自律相对立的是"他律"。所谓他律,是指行动者的行为不是服从于理性的要求,而是受制于情绪、恐惧或图谋报偿。他律的行动者脱离了纯洁道德的约束而沦为外在规定的奴隶。他的行为不是屈从于自然的本性就是屈从于某种更高的力量。他可能由于宗教上的考虑而装成一个有道德的人,这就使他由于恐惧或希望而按照道德法则去行动。但是,就他自身而言,他并不能达到自律,自律只是要求尊重有理性的存在,而他却是处在道德秩序之外,他是不自由的,是屈从的,他降低了他的人格,并且没有尊重他自身。

五、自由的"二律背反"

在确立了自由、理性与自律三者之间的联系时,康德进而考察了"自由意志"问题。在这种考察过程中,康德开始部分地收回了他对思辨形而上学的责难。在第一个《批判》所论述的"纯粹理性的二律背反"之中,康德曾经以各种方式指明,纯粹理性总是试图要超出限界,超出经验观察到的限于时间中的世界,从而去把握那无条件的、不受制约的、永恒的"本体"世界。在那里,康德要证明的是,任何企图去把握那"无条件的""可理解的"秩序的方式都要产生矛盾。

然而,在康德看来,宇宙论的矛盾之一则是需要得到解决的,这个矛盾就是"自由意志"与决定论之间的矛盾。因果范畴以及由它而来的原理表明:每一事件都有一原因,以这种方式把经验世界安排成为有秩序的,这样就没有给无条件的事件留下余地。然而,人类的自由似乎要求我们要把我们自身思维作为我们行为的"原始发动者",而处在自然的进程之外。这种自由是我们已经不容置疑地直观到的东西。于是,二律背反就困扰着康德。康德不能接受休谟的观点,而休谟认为这里不存在真实的矛盾。可是,康德也不能接受他自己的法定的理论,这种理论认为,这样的二律背反是人类理性的必然产物,因为人类理性不可避免地要去思维那超出自然界的存在,要去把握那绝对的和无条件的东西,而不愿把自己限制在现象世界之内。所以,康德努力要寻求一种解决自由意志问题的办法。

康德提出,对于我们自由的直观的知识是原初的和本源性的,它是任何实践问题和任何实践推理的预设前提,由此可以达到对自由意志问题的解决。自由意志对于实践理性的关系就正如统觉之先验的统一对于理论理性的关系,就是说,它是毋庸置疑的前提,没有这个前提,那么,就既不存在这个问题,也不存在对这个问题的解决。但是,实践的知识与理论的知识不同。实践的知识的目的不在于理解自然,也不在于阐明和预言,而是在于要发现行为的理由,要确立合理行为的法则。在把我自身思维为自由的时,我是"从能动作用方面"来思维我自身的。这样来看待我自身时,就不是把我自身看做是对象世界中的一个客体,从而服从于因果法则,而是看做一个主体,即我的世界的创造者,他的态度是积极的,他的法则是自由法则。这种自由法则唯有对于实践理性才是可认知的。

康德要说的是,我是以两种方式来认识我自身,即理论的和实践的方式。前一种认识方式把握自身认作自然界的一部分,后一种认识方式把我自身认作是一个能动者。与这两种形式的知识相关联的是两种形式的法则:自然法则和自由法则。自由法则就是我们前面考察的"绝对命令",这就是很自然的了。康德采取的步骤是,既要取消第一个《批判》的结论,而且也要鼓舞德国哲学界的后来者以此同样的方式来取消第一个《批判》的结论。康德断言说,在第一种形式的知识中,我把我自身认作为现象,而在第二种形式的知识中,即在实践的知识中,我把我自身认作本体。尽管康德似乎确立了这样的理论:本体对于知性在本质上是不可认识的;可是,通过乞助于"实践"知识这个古代的概念,康德又提出了本体如何可以被认知的图景。康德认为,一个有理性的存在的意志,就其属于感性世界来说,它承认它自己如同一切其他的有效因一样,必然服从于因果法则,然而,若就实践的事务方面来说,就它的其他方面而言则是一个自在之物,它意识到它的经验在一个理智的事物秩序中是可以规定的。这就是说,本体世界的大门对于理性毕竟是敞开的,但是,这不是理性在其理论的使用中,而是在其"实践理性"的形式中,这才是唯一合法的形式。康德进而论证说,甚至在这种形式中,它也为我们提供知识。现在,我们进而考察的问题就是:这种实践理性所产生的知识是什么内容和地位。

六、实践理性的公设

　　实际上,正是"实践理性"引导我们达到了那些至关重要的形而上学原理;这些原理在第一《批判》中却是受到拒斥的。这些至关重要的形而上学原理就是:本体世界的存在,灵魂的不朽,积极自由的肯定以及上帝的存在。而灵魂不朽、意志自由、上帝存在是康德作为"理性的公设"而被认识的。

　　理性的能动者的积极的自由在于以下事实之中:理性的能动者意识到他自己是作为"自在之物"而存在的,并且,他不是从时间条件来了解他的存在,……他自身只是由法则来规定的,这种法则是他通过理性而给予他自身的。在这个存在中,在规定他的意识之前是不存在任何东西的。人类生活的完善性是无限期的,因此,就要求能尽可能久远地持续下去,以便实现完善性,于是,灵魂不朽就被假定为是这种思想的必然结论。上帝存在也是由绝对命令转而肯定的,并且以之作为一种保证,因为,没有这种保证,目的王国的必要假设就将在逻辑上是不可设想的。

　　对于康德哲学的这些理论,人们是不能提出一个满意的说明的。在把理论理性和实践理性进行分离时,这就造成前者的领域是判断,后者的领域是行动,于是,不可避免的就是:对真理的要求属于前者,而后者则必然是对于要求权利、义务和职责的考察。所以,实践理性不能假设上帝存在或灵魂不朽是理论的结论。它不能引导我们去说,事物如何是这样,最好的情况也只能说,事物如何应当是这样。

　　然而,要使康德的思想成为可理解的,一个办法是在于:上帝存在和灵魂不朽不能作为理论的判断来被证明,否则就是超出了人类理解力。可是,在服从于道德法则而行动时,我们不是把它们作为真理而是以某种别的方式来认识它们的。我们"认知上帝"作为一种本体的存在;我们具有我们不朽性的某种暗示。但是,由道德秩序感受所加于我们的这些熟知的情感并不能转变成科学判断的语言,因此,也就不能作为语词真理来给它们派定什么价值。

康德的美学与目的论

康德的第三个《批判》即《判断力批判》出版于1790年。这时,康德已是66岁的老人了。《判断力批判》是康德研究美学与目的论的著作。《判断力批判》的出版标志着康德哲学体系的完成。《判断力批判》在康德哲学体系中具有特殊重要的地位,因为它调解了前两个《批判》中所论述的自然的必然性与先验的自由之间的对立,在理论理性与实践理性之间架起了一座桥梁,是前两个《批判》的中介,从而完成了他的"批判哲学"的体系。因此康德在《判断力批判》的序言中这样说,"于是我就以此结束我全部的批判工作。"①

一、什么叫"判断力"

什么叫"判断力"?简言之,乃是指判断的能力或功能。康德的批判哲学体系把人的精神或整个心灵区分为三种不同的机能:(1)认知能力;(2)对于愉快的或不愉快的情感的感受能力;(3)欲望。与此相应地,康德把人的"理性机官"(广义的)亦区分为三种:(1)理解力或知性;(2)判断力;(3)意志。《纯粹理性批判》主要论述了理解力(知性)的一些先天原则,并且论证了这些先天原则如何为经验知识制定法则。《实践理性批判》指出了实践理性的一

---

① 康德:《判断力批判》,邓晓芒译,杨祖陶校,人民出版社2002年版,第4页。

条先天原则,并且阐述了这条先天原则如何规定"意志"成为"善良意志",从而论证了道德主体的自由,而《判断力批判》中则是要考察"判断力",从而阐明它所起的中介作用,以使批判哲学体系达到圆满完成。

一般说来,所谓"判断力"乃是在普遍与特殊之间寻求联系的一种功能。但是,这二者的联系有两种不同的情况。一种是知识论里讲的判断力,这种判断力乃是认知某一特殊事物是否属于某一普遍规律的能力,在这里,普遍规律是既定的、现成的、给予了的,问题是在于把它具体地应用于当前某一待规定的特殊事例。这种判断力,康德称之为"决定的判断力"。另一种情况的判断力,康德称为"反思的判断力",这种反思的判断力是从特殊出发去寻求普遍。由这种判断力所作出的判断,就是审美判断和目的论判断,它们与知识判断是不同的。

康德认为,正是这种反思的判断力能够把分割了的"理论理性"与"实践理性"联系起来,能够起到中介的作用。因为,反思的判断力乃是内在的合目的性的活动,所以它能够克服自然的必然性与先验的自由之对立,而达到知识与道德的和谐统一,从而把现象界和本体界沟通起来。康德的《判断力批判》一书就是对于这种反思的判断力的分析与考察。因此,《判断力批判》一书由两大部分构成,第一部分是对于审美判断力的批判,第二部分是对于目的论判断力的批判。康德认为,我们可以用两种方式来考察自然形式的合目的性:一种方式是审美的;另一种方式是目的论的。

二、美学思想

在《纯粹理性批判》中,康德提出了四组范畴:质的范畴、量的范畴、关系范畴和样式范畴。在《判断力批判》的第一部分"审美判断力的批判"中,康德根据这四组范畴提出了四个命题来说明美的本质。相应于质的范畴,我们得到的一个审美判断是:"鉴赏是通过不带任何利害的愉悦或不悦而对一个对象或一个表象方式作评判的能力。"①这种使人愉快的对象就被叫做"美的"。要把握这个命题的意义,我们必须能够区分不计功利的愉快与由实用的功利而带来的愉快;只有不计功利的愉快,才是审美愉快。与量的范畴相对应,我们得到的审美命题是:"凡是那没有概念而普遍令人喜欢的东西就是美的。"②这里强调的是愉快的普遍性,它是由对美的事物的观照而唤起的,而这种"普遍性"也是由审美的愉快的不计功利的特点而来的。然而,我们必须注意到,尽管康德是说,审美判断是普遍的,但是,这种普遍性是主观的,不是客观的,即不是在逻辑判断上所说的客观的意义,因为逻辑判断是凭借概念而形成的。当我们说,我们所看到的东西是一朵玫瑰花,这时,我们按照一条法则来作出判断,即我们是按照玫瑰花这个概念来作出这个判断;我们的判断是真或假,这取决于判断的主词是不是在客观上从属于这个概念之下。然而,当我们说,我们所看到的东西是美的,这时,我们则不是按照一条法则来作出这个判断的。因为,在康德看来,一个特定的对象是美的,并不存在可用来证明的法则、理由或原理。相应于关系范畴,我们得到第三条审美命题:"美是一个对象的合目的性形式,如果这形式是没有一个目的的表象而在对象身上被知觉到的话。"③比如是一只表是有目的的,因为它的构造以及它的各个部件及其功能是被设计者和制造者安排好的,用来达到计时的目的。因此我们可以说,表是有目的的东西,它的设计者和制造者也是有目的的。然而,康德在这里用来说明美的本质的"合目的性"这个概念却是十分不同的。事实上,康德是把心灵的状态叫做"合目的性"的,虽然这并不是说是由于意识到目的而产生的,因而,这是一种"无目的的合目的性"。尽管我们不是断定一个实际的有意识的目的,但是,对于一种形式或结构,如若不承认它们似乎是由一个意志所产生的,我们就不能理解这种形式或结构的可能性时,这时就存在着"无目的的合

---

① 康德:《判断力批判》,邓晓芒译,杨祖陶校,人民出版社 2002 年版,第 45 页。
② 康德:《判断力批判》,邓晓芒译,杨祖陶校,人民出版社 2002 年版,第 54 页。
③ 康德:《判断力批判》,邓晓芒译,杨祖陶校,人民出版社 2002 年版,第 72 页。

目的性"。康德坚持,严格说来,鉴赏判断所关涉的只是对于美的事物的形式因素的观照,它完全排斥感性的或情绪的因素。与第四组范畴即样式范畴相对应,我们得到的第四个审美命题是:"凡是那没有概念而被认作一个必然愉悦的对象的东西就是美的。"[①]这里所强调的是审美愉快的必然性。于是,我们应该注意到,在康德的批判哲学中曾提到两种类型的哲学必然性。一种是理论的、客观的必然性,它属于先天的认知判断,例如,"凡事皆有原因",就是这种类型的必然性。另一种是实践的必然性,它是与道德紧密相连的。这两种必然性都是无条件的。但是,这里所说的审美愉快的必然性则有它自身的特点。审美愉快的必然性既不能是偶然的,但也不是那种理论类型或实践类型的客观的必然性。康德认为,审美判断是期待着普遍的同意;因为,审美判断是建立在情感或感受的基础上的,那么,审美判断就必须是建立在"共同情感"的基础之上。这种共同情感是一个理想的准则。

在对美的概念做了这样的分析之后,康德总结说,鉴赏或审美是一种判断机能,它是从一个对象按照法则与想象力的自由和谐来判断对象。这时,想象力是自由地、自发地活动着的,而不像在感觉—知觉判断中那样受制于一个确定的形式;审美愉快是在于我们精神机能的自由而无任何确定目的情况的一种活动和舒展,这时的感受就叫做美。此时,理性是服务于想象力。因此,对于审美活动所做的批判的考察并不能去发现判断自然美或艺术美的法则;康德认为,它所能做的并且必须做的乃是去发现在作出审美判断时的那些支配着知性与想象力的内在作用与关系的法则。这就是批判哲学的一个组成部分。因为,想象力是一种显示自由的机能,而知性则是揭示与法则的一致,因此构成鉴赏活动的主观的判断能力必定依赖于使自由的想象力同具有法则规定性的知性互相一致起来的可能性。这必定是一种特殊种类的一致性,它与在日常经验判断中所出现的一致性有根本性质的不同。任何经验的判断是包

---

① 康德:《判断力批判》,邓晓芒译,杨祖陶校,人民出版社2002年版,第77页。

含着直观与概念的结合,在这种判断中是不存在任何自由的。只有当想象力自由地激发起知性,以及知性不用概念而使想象力合乎规则地游戏时,表象本身所传达的就不是思想,而是合目的的心灵状态的一种内在的情感。总之,一个对象是美的,这种判断不是从人和对于存在对象的利益或欲求推演出来的,这种利益与欲求是绝不能产生审美判断的。可见,康德的美学思想是欧洲近代形式主义美学理论的先驱。

三、康德的目的论

恩格斯曾经批判过莱布尼兹-沃尔夫学派的那种"浅薄的目的论"。康德也反对莱布尼兹-沃尔夫学派的目的论而提出了自己的目的论理论。康德认为,他的目的论与莱布尼兹-沃尔夫学派的目的论根本不同:一种是内在的目的论,一种是外在的目的论。猫要吃老鼠,而老鼠就是为了给猫吃的,这是外在的目的论。

首先,我们要阐明康德所说的"目的性"这个概念。康德把目的性区分为"主观的目的性"与"客观的目的性"两种。所谓主观的目的性乃是指自然对于我们的认知机能的适应。自然界是有主观的目的,这个命题是非经验的,因为,它是不能用归纳法合法地证明的。然而,它也不是先天的,因为,它既不能被直观到,也不能得到演证,而且也不能作出先验的证明。所谓客观的目的则是指部分对于整体的适应以及诸多对象对于它们环境的适应。

康德把一个对象描述为具有一个内在的自然的目的时,这是说,这个对象实现了下列诸条件:(1)为了说明这个对象的形式以及这个对象诸部分的相对位置,我们必须涉及整体并且要考察在维持这个整体时各个部分的作用。(2)诸部分依赖它们的相互作用而互相产生并互相保持着。(3)这个对象必须有能力吸取外在的物质并能转化之,从而以此来建立和保持着整体。(4)尽管这个对象自身有可能消失,然而它有能力生产出另一个对象,这对象也如它自身一样具有一个内在的自然的目的。

康德提出,有生命的有机体就是我们所知道的具有这种内在的自然的目的的实例。上述的四个条件,无疑是从对于有生命的有机体的考察而提出来的。

可是,有机体是只是自然界的一小部分,那么,我们如何能说自然界作为一个整体是具有目的的呢? 在解决这个问题时,康德提出了要区分"自然之目的"与"自然的目的"。在我们考察了任何有机体的内在组织结构时,我们就能了解有机体是有自然的目的的。但是,当我们提出一个东西是否为**自然之目的**时,事实上就是在探究自然界的目的性问题,因而,我们就必须考察它在自然界中与其他东西的关系。于是,这个问题就成为:"要么看作目的,要么看作其他原因的合目的的运用的手段。"①

当我们来考察自然界以及作为自然界的组成部分的人时,显然我们是不能这样来看待的。作为动物中之一种,人也服从着与其他生物相同的条件。并没有任何标志来说明,其他生物作为动物有机体是为人造就的。假如我们要设想一个东西具有终极的自然之价值,那么,我们就必须承认它具有**内在的价值**。康德认为,除了有理性的存在,其他任何东西都不具有内在的价值。而有理性的存在所致力的活动,是它相信这些活动本身就是具有正当性的。

如果说,存在着一个最后创世的目的,那么,它就必定是这种生物的活动和存在。从物质世界这个意义上说,自然界是被创造的宇宙的一部分;如此来看,人类也具有动物性的机体、感觉与冲动,这些都是与动物相同的。但是当我们不是把人仅当做动物中之一种时来考察,而是当做也具有理性并且能够指导他的行为时来对待,我们就能说,人是地球上终极的自然之目的。

于是,我们就能够提出这样的问题:假如我们把人看做是终极的自然之目的,自然界中的其他事物则是为了人的利益而设计的手段,那么,我们必须承

---

① 康德:《判断力批判》,邓晓芒译,杨祖陶校,人民出版社2002年版,第215页。

认的自然界被设计来提供给人的利益是什么呢？对于这个问题，康德提出了两个可能的回答：(1)自然界是被设计来给人提供幸福，或者(2)自然界是被设计来给人提供手段使人用之开发和展现他的**功能**。康德否弃第一种回答，而肯定了第二种回答。因为，自然界是不能使我们成为有德性的。但是自然界能够并且确实为我们提供了种种机会，使我们获得了技术和理智的训练，并且使我们可以控制和组构我们自身。这种幸福就存在于我们同自然界进行斗争的历程之中。在这种斗争过程中，我们学习着理解我们自己、理解我们的伙伴以及外界的事物。并且学习着训练我们自己和按照我们的意志来转变外在的自然界。这是必要的条件，没有这个条件，我们就不能成为自由的、有道德的行动者。

归结起来，康德是认为，如果我们把有限的事物，包括我们自身、动物、植物和无机物，作为整体的世界来看待，我们便可以发现，就这个世界总体本身来说是没有什么有价值的东西的，唯一有价值的就是那种能够自由地服从于自我制定的道德法则的有理性的生物。那么，现在我们假定，我们把这个整体世界思维为是一个智慧存在者的精心制作的产品，这样，我们所能合理地归于这个智慧存在物的终极目的就只能是产生、保存和发展这种自由的有理性的生物，自然界中的其他一切事物都要为这个目的服务。然而，人是有理性的生物，他们也是动物，因而亦是自然界的一部分。于是，在地球上，自然之终极的目的，就必须用做一个训练基地，使人们通过尝试与错误，愈来愈像有理性的生物那样去行动，并且愈来愈少地像那种非理性的动物去行动。不加改悔的人类本性是决不适应于伟大而持久的幸福的，在外在的自然界中没有任何东西告知我们，存在着适应于造成人们幸福的东西。但是，当自然界失败于不能使我们幸福时，它却可以很成功地训练我们成为有德性的行动者。

现在要进而考察的，是目的论判断的性质与使用。康德指出，很显然，在自然界中存在的有生命的有机体，它们是具有内在的目的的。而且，还存在着一种目的论的实践的公理，一切生物学家，不论他们具有怎样的理论观点，在事实上都使用这个公理。这个公理的形式可以陈述如下:"它是自己产生出自己,在类中它一方面作为结果,另一方面作为原因,而不断地自己被自己生产出来,同样又经常性地自己生产着自己,这样作为类而持久地保持着自己。"①康德说,在一定意义上,这个公理是从经验中推导出来的。但是,这个由特殊的经验事实所提示出来的公理却超出了这些特殊的经验事实。它所说的目的论现象,当我们从外表上来观察有机体时,我们就面对着这种目的论现象。生物学家不仅在事实上按照这个公理来活动,而且,这个公理一再地得到证实,并且正是依据这个公理,已经作出了许多发现,否则,这些发现就成为不可能的。

可见,目的论判断在自然科学中具有完善的合法的地位。康德认为,对于任何有生命的有机体,我们若是仅用力学、物理学、化学和其他无机科学去解释,是不能作出完全满意的说明的。

概括以上所述,康德在"目的论的判断力的批判"中是考察"自然之目的"。康德规定了,假如一个事物同时自身是因又是果,它就是一种自然之目的。具有生命的有机体就是这种自然之目的。通过对于生命有机体的研究,康德揭示出它的三大特征:第一,一个事物成为自然之目的,首先要求它的各个部分(不论存在或形式)都只是有与其整体相关才可能。第二,要求它的各部分结成一个统一整体,以使它们各部分彼此互为因果,互为手段和目的。第三,它要具有自组织的功能,能够自己再生产。康德曾经说过,给我以物质,我可以创造出一个世界,但是不能创造出一个毛毛虫。这就是说,自然界除了机械性的因果关系之外,还有另一种非机械性的具有生物特征的关系;这种关系不是力学的机械性的因果关系所能充分解释的,必须进而从目的论原理来了解它们。康德说,"所以有机物是哪怕在我们单独看它们而不与别的东西发生关系时也必然只有作为自然的目的才能被设想的自然界唯一的存在物,所

---

① 康德:《判断力批判》,邓晓芒译,杨祖陶校,人民出版社2002年版,第220页。

以它们首先给一个并非作为实践的,而是作为自然的目的的目的概念带来了客观实在性,并由此而为自然科学取得了某种目的论的根据,即按照一个特殊原则对自然科学的客体作某种方式的评判的根据。"①康德所说的目的论原理并不是用来取消自然的因果法则,而是对它的补充。从目的论原理来观察自然,会提高并加深我们的认识,开拓我们的视野,这对于我们探究自然界的奥秘是大有帮助的,它扬弃了自然的因果法则所加于的机械性。因此,康德的目的论原理成为辩证法的总体观点或全局观点的思想准备,它克服了17、18世纪机械论的自然科学给哲学思维带来的局限性。康德的目的论原理在哲学史上是有其积极作用的。

---

① 康德:《判断力批判》,邓晓芒译,杨祖陶校,人民出版社2002年版,第225页。

重读康德的理性概念

——德国古典哲学的一种现代意义

一、当代理性危机:重读康德的意义

19世纪中期以后,随着黑格尔绝对唯心论哲学体系的解体,西方哲学界兴起了一股强大的反理性主义思潮。这种思潮来自两种不同的立场,一种是从神学的神秘主义立场出发来反对理性,如谢林、基尔凯郭尔以及雅斯贝尔斯;另一种是从世俗的感性生活出发来反对理性,如叔本华、尼采、柏格森等人。两种思维方式的共同特征都是割断理性与经验的联系、理性与生活的联系,从而把意识功能中的某一因素片面地绝对化,导致反理性主义或非理性主义,这恰恰是倒退到康德以前的形而上学独断论去了。

进入20世纪,理性似乎陷入了更深的危机,当代西方学者对"工具理性""科学理性""技术理性""目的理性"等提出了种种批评和质疑。势头强劲的后现代主义更是走向极端,从根本上否定或拒斥理性。在他们看来,启蒙时代以来社会历史发展的种种失误和问题似乎都是由于崇尚理性而造成的,都是启蒙带来的祸害。

我并不认为以上种种对理性的批判与质疑是毫无意义、纯粹消极的,相反,我认为应当予以重视。理性在当代确是出了毛病,但不能因此就不作分析地否定理性。当代理性何以陷入危机?这一现象应当促使我们认真地检讨我们的理性概念,反思理性在复杂的历史实践中的具体作为。当前的理性危机使我们犹如陷身于莽莽的哲学丛林之中,难以辨明方向和找到出路。在此情境之中,重新阅读康德的著作,可能会使我们获得一些启发,从迷茫中走出来。康德可能会为我们提供一条"林中路"。

二、康德的"批判理性"是近代启蒙精神的完成

在西方理性思想的发展史上,笛卡尔、康德、黑格尔是三个里程碑式的人物。在考察康德的理性概念时,往前应该追溯到笛卡尔,往后应该与黑格尔对比,这样方可较好地理解康德。

笛卡尔是西方近代哲学之父,是近代理性主义学派的第一个代表和创立人,他的思想对康德产生了直接的影响。

在《方法谈》和《形而上学的沉思》两书中,笛卡尔比较深入地探讨了他的理性概念。笛卡尔的论述可以概括为四点:1. 理性是人之为人的本质;2. 理性是先天的,是人生而具有的;3. 理性就是思想,思维(包括怀疑、理解、肯定、否定);4. 理性也是意志(愿意、不愿意),甚至还包括想像和感觉。[1]

可见,在笛卡尔那里理性概念的含义尚是相当宽广的,可以说含有"十分诗意的光辉",放射出生命的气息。只是在笛卡尔的后继者尤其是莱布尼茨——沃尔夫学派那里,理性概念才被弄的愈来愈片面、愈来愈狭隘,走向形而上学,成为独断论。但是,笛卡尔的理性概念虽然宽广,还没有断然割断理解、思想与感觉的关系,也还没有完全排斥想像的作用,但却是朴素、原始的。这些因素在他的思想中并没有形成一个内在的有机的联系,相反,笛卡尔比较强调理性的思维和理解的作用。笛卡尔是在意识活动的心理基础上描述理性概念的,他对于知识(理解)、意志、情感三者各自不同的特点以及它们之间的区别与联系、对于理性与感觉经验的区别与联系、对于理性的先天性之所以

---

[1] 北京大学哲学系外国哲学史教研室编:《16—18世纪西欧各国哲学》,商务印书馆1975年版,第137、138、162、163页。

然、对于理性是人之为人的本质之所以然等等这些重大的问题,都未能作出更为深入的思考。这些问题是等到康德才予以解决的。

在康德之后,黑格尔是西方哲学史上最后一位伟大的理性主义者。他的绝对理性哲学影响复杂而深广。为了更好地把握康德的理性概念,还应当把康德与黑格尔作一比较。

自20世纪50年代以来,我国理论界在研究康德与黑格尔的关系问题上局限于一种片面的思维模式——"从康德到黑格尔"被奉为唯一的经典性的理论模式。这种表述模式所预示的,不仅是时间性的历史联系,而且是真理发展的必然规律,在这发展历程中,真理是愈来愈多、愈来愈高、愈来愈全面,到黑格尔则集其大成,黑格尔哲学是绝对真理的完成。今天我无意完全否定这个表述模式,但是我认为,不能把它奉为唯一正确的模式,它只不过是百花园中的"一花"而已。语言既开显存在的意义,但同时又遮蔽存在的意义。今天我们需要转换视角,转换话语。我们要重读康德,重读康德与黑格尔的关系。我们不能唯一地谈论:"从康德到黑格尔""from Kant to Hegel";而更要建立新的命题、新的话语:"康德对黑格尔""Kant versus Hegel"。要看到康德与黑格尔更有对立的一面,这种"对立"值得去探究、去琢磨。在理性概念上即是如此。

黑格尔在谈到康德的理性概念时说,康德"在灵魂的口袋里尽量去摸索里面还有什么认识能力没有;碰巧他发现还有理性"。[1] 黑格尔指责康德对于认识能力的考察"完全经验地予以接受,而不是根据概念[或按照逻辑的必然性]去发展它们"。[2] 对理性的看法,黑格尔与康德的立场是不同的。康德是从人的认识能力的经验事实出发,上升到对于理性概念的哲学反思;黑格尔则是从思辨理性自身演绎出发,凭借辩证法的逻辑推演,建立他的"绝对理性"概念。黑格尔的唯心辩证法就其完成形态来说,完全是一种辩护论或"神正

---

[1] 黑格尔:《哲学史讲演录》(第4卷),贺麟、王太庆译,商务印书馆1983年版,第275页。
[2] 黑格尔:《哲学史讲演录》(第4卷),贺麟、王太庆译,商务印书馆1983年版,第263页。

论"。康德与黑格尔的不同,反映了康德的唯物主义倾向与黑格尔的绝对唯心主义的对立。康德的理性是人的理性;黑格尔的理性是神的理性。

在这样的历史映照中,可以较好地凸显出康德理性概念的丰富内涵及其伟大变革。我们要注意它的三个要点:第一,要从广义与狭义两个方面来把握。广义的理性又有两层含义:第一层含义包括理论理性与实践理性;第二层含义是指理论理性自身,因为理论理性自身又区分为感性、知性和理性,这里的理性是狭义的理性,它与感性、知性相区别、相对待。第二,要领会理性的批判精神。正是出于这种批判精神,康德反对独断论的理性,并且把实体性的理性概念改造为功能性的、结构性的。第三,把握康德所说的理性是人的理性而不是神的理性,这一点亦极为重要,因为正是人的有限性及其对无限的完善性的追求与向往,人的理性才显示为自身划界而又自身超越的特征,表现为理性对经验的依赖而又超越,这是理性的超验性。要而言之,康德的理性是结构性、功能性、超验性的。我们对此将作进一步的申论。

康德认为,通过感性,我们获得了感觉材料,而知性是建构的,它使实证知识得以成立。理性是辩证的或超越的,它使我们了解到实证知识的局限性,必然去追求超出经验之外的存在即自在之物,但这不是理论理性所能胜任的,因此我们必须迈向实践理性,只有依赖于实践理性,才能使我们通向自在之物的领域,实现人之为人的价值,所以康德说:"故我发现其为信仰留余地,则必须否定知识。"[1]康德这句话备受世人诟病,人们认为康德是从前门赶走了上帝,又从后门把上帝请回来,即从理论理性到实践理性的过渡是一个大倒退。这样的解读使我们陷入了严重的误区。其实,蓝公武的中译"否定知识"是根据斯密的英译"todenyknowledge"而来的,康德在原德文本中用的是"aufheben",韦卓民据此译为"扬弃知识"[2],我觉得似也不妥,因为"扬弃"一词颇有黑格尔哲学的意味,模糊了康德的面貌,并不比蓝公武译得好。我们若是从康德批

---

[1] 康德:《纯粹理性批判》,蓝公武译,三联书店1957年版,第19页。
[2] 康德:《纯粹理性批判》,韦卓民译,华中师范大学出版社2000年版,第25页。

判哲学的完整体系出发来领会这句论断,似乎不难求得正解。从启蒙思想出发,康德并不否定或拒绝知识的重要性,而是认为知识的进步对于社会发展和人的发展具有极为重要的意义,这是康德与18世纪其他启蒙思想家如伏尔泰等人立场相同之处。可是康德的立场又有与他们不同之处,这是因为康德通过对理论理性的批判考察,认识到知识总是实证性的,尽管在经验领域、在现象界知识可以无限发展、无限进步,但是这种无限永远只能是"恶无限",它永远不能达到"理性的理念"所提出的无限性的要求,因为只要超出经验界、超出现象界,理论理性就无力企及。这是18世纪其他启蒙思想家不能达到的见识。然而,康德的"理性批判"学说又阐明了:对于理性理念的追求是人之为人的本质要求,是人对自身价值和意义的肯定,是人文精神的发源地;这不是实证知识所能解决的,所以康德说要否定知识,为信仰留余地。(我认为还是译为"否定知识"较好,或者译为"限定""贬低"亦可)。这里的"信仰"一词德文为"glaube",它的词义不是专指"宗教信仰",它还有"信念""信任""信赖"以及一般非宗教的"信仰"等等含义;即使指宗教信仰,就其理念来说,也是一种善的价值,因此也应该得到肯定和尊重。总之,它是指人的一种高尚的精神追求、情操。因此,"否定知识,为信仰留余地"这句话的正解应该是:对于人的精神境界的追求,实证知识是无能为力的,必须从理论理性上升到实践理性,正是实践理性才打通了自然与人文的阻隔,实现了从知识到价值的转化、从知识主体到实践主体的转化。这种转化的重大意义就在于人的主体性的确立。人的主体性不仅仅表现在对自然的认识,更表现在自身对自身的规范,这才是康德"主体性"的真正含义。从18世纪的启蒙立场来看,康德并不认为社会的发展与人的解放可以唯一地依靠于知识的进步,康德更强调了人的道德进步与精神成长的重要意义。康德认为,理性的启蒙不仅仅是去认识自然、获得知识,更为重要的是理性要对自身启蒙,即也要批判地对待自身,从而发现知识的有限性,由此扩展到对人自身的意义及其在世界中的地位的领悟。只有知识与人文携手并进,才能实现社会进步与人类解放。这使康德比伏尔泰等人高出一等,正是在这个意义上,我认为康德的批判理性不同于一般的启蒙理性,康德的批判理性克服了启蒙理性的片面性与独断性,使18世纪的启蒙思想、启蒙精神达于完成。

三、康德的实践理性是交往理论的哲学基础

在现代性与后现代的争论中,哈贝马斯认为,由启蒙思想产生的现代性是一个未完成的理想,一项未竟的事业。他提出的交往理论或交往理性,就是为促进、实现这一事业而做的努力。这样,在理论上就必须摆脱主体性哲学的禁锢而转移到"主体间性"的理论上。

"主体间性"不是一个虚构的概念,也不能用"主体之间"的关系这种生活语言来代替。"主体间性"是当代西方哲学思潮走向的一个关键性概念,体现了当代西方哲学内在发展的逻辑。然而,这种内在发展的逻辑也是起源于康德哲学。

主观与客观的关系或者说主体与客体的关系,即使在今天仍然是一个哲学问题,而在近代西方哲学中,更是一个基本问题。在这个问题上,康德造成了"哥白尼的转向",可以说直到今天,西方哲学仍然是在朝着康德这一转向的方向前进。

康德根本颠倒了常人所说的主观与客观的关系。黑格尔评论说:"康德似乎把习用语言中所谓主观客观的意义完全颠倒过来,……通常意义总以为那与自己对立、感官可以觉察的(如这个动物,这个星宿等),是本身存在,独立不依的,反过来又以为思想是依赖他物,没有独立存在的。"[①]康德把它完全颠倒过来,即感觉的东西是主观的,思想的东西却是客观的。黑格尔认为,康德这一颠倒是完全对的,这种颠倒开拓了一条内在化的客观性的道路,而不是

---

① 黑格尔:《小逻辑》,贺麟译,商务印书馆1987年版,第119页。

去论证独立于感觉知觉之外的客观性。现代实证主义正是沿着这个方向来建立他们的科学理论与语言哲学。他们用主体间的有效性取代了"客体"或"对象"概念,消解了唯物主义者的"客体"概念,但是这种做法主观唯心论色彩太浓,陷入唯我论,从而把主体抬高到绝对霸主的地位。这种绝对主体观在社会哲学研究中更是造成了严重危害,于是,必须解构唯我论,消解主体的绝对性,从"主体间性"来规定主体性。这样就既坚持了主体的地位,又克服了主体的绝对性,把主体性哲学推进到"主体间性"哲学。"主体间性"理论排除了主体的独断性,为主体间的平等交往开拓了可能性。

但是,仅仅依靠"主体间性"来建立交往理论,这在理论上是不充分的,因为"主体间性"还需要有自己的客观根据,这就必须推进到康德的"主体间性"赖以成立的先验原则。哈贝马斯意识到这个问题的意义,在他的交往理论或交往行为理论中讨论了伦理道德的重要性,提出了"言谈伦理学"或曰"商谈伦理学"。人们认为,这是对康德伦理学的重构,但是哈贝马斯自己却声称:"言谈伦理学的方向是从黑格尔的认识理论中获得对于绝对命令的主体间的解释,但又不让伦理生活中的道德性在历史性中消融掉。"[1]这里表现出哈贝马斯的思想混乱。黑格尔是历史主义者,在黑格尔的绝对理性的辩证法中,道德意识没有绝对的价值,个人只不过是绝对精神(或宇宙理性)的工具。各个民族都有自己的道德戒律,并视之为"金规"(golden rule),它们都是具有绝对意义的道德命令,但是黑格尔却以辩证的分析对它们进行了解构和消解,使之失去了绝对意义和普遍性。例如对于"每个人都应该说真话"这条道德命令,黑格尔分析说,在宣布这条道德命令时必须有一个前提条件,即"如果这人知道什么是真话"。黑格尔作了辩证的推导并且得出结论说:"命题想要说出的普遍必然的或自在有效的东西反而转变为一个纯粹的偶然性。"[2]于是这条戒

---

[1] 哈贝马斯:《辨明与应用》,转引自《西方哲学英汉对照辞典》,人民出版社2001年版,第265页。
[2] 黑格尔:《精神现象学》,先刚译,人民出版社2013年版,第257页。

律"陷入自相矛盾之中,"①于是这条"金规"便不能成立。我认为,只有回到康德、由康德再出发,才能为"言谈伦理学"确立坚实的道德形而上学的基础,否则伦理生活中的道德性就会在历史中消融掉。

只有康德的实践理性才能为交往理论提供坚实的道德支撑。康德在《实践理性批判》以及其他有关伦理学的著作中,论述了实践理性所建立的"目的王国"是人(作为理性存在者亦即理性的主体)在共同法则下形成的一个和谐系统的主体间的联合体。它是一个理想的世界,在这个世界中,每个人都是作为理性的主体而被联合在一起,构成一种主体间性的关系,支配这种关系的乃是绝对的道德命令,即每个人都被视为目的而不是仅仅作为实现目的的手段。正是这条法则确立并规范着"目的王国"中的"主体间性"的关系。它是一条先验原则,是用来检验实践准则的规则。康德说:"所有理性存在者都服从这条法则:他们中的每一个都应当绝不把自己和所有其他的理性存在者仅仅当做手段,而是在任何时候都同时当做自在的目的本身来对待。但这样就产生出理性存在者通过共同的客观法则而形成的一种系统的联合,即一个王国,而由于这些法则的意图正在于这些存在者互为目的和手段的关系,这个王国就可以叫做目的王国(当然这只是一个理想)。"②实践理性就此把主体性推进到"主体间性","主体间性"是一种客观的、必然的"理想"。

在人们的交往行为中,只有以这个理想为检验的标准,才能实现人与人之间、主体与主体之间的相互尊重、平等与自由,也只有在这样的"主体间性"的关系中,个人才得以获得尊严与人格独立。"目的王国"是主体间和谐共处的领域,是和谐统一的世界,是一种人生的"理想",虽然在现实生活中不能完全实现,但在现实生活中却不能没有这种"理想",因为它是解决、协调现实生活中各种纷争、矛盾、冲突的绝对尺度、客观准则,只有依照这个尺度或准则,才

---

① 黑格尔:《精神现象学》,先刚译,人民出版社2013年版,第257页。
② 康德:《道德形而上学奠基》,杨云飞译,邓晓芒校,人民出版社2013年版,第70页。

不至于使矛盾、冲突恶性发展而导致共同毁灭。

哈贝马斯认为,交往理性表达了隐含在人类语言结构中并由所有能言谈者共享的理性。我认为,这种"所有言谈者共享的理性"只能是康德的实践理性,康德的实践理性是交往理论的形而上学的基础。

马克思说:"理论只要能说服人,就能掌握群众;而理论只要彻底,就能说服人。所谓彻底,就是抓住事物的根本,但人的根本就是人本身。"康德的实践理性就是抓住了"人的根本"、抓住了"人本身",所以它是能够说服人的。以实践理性为基础的交往行动理论,在新的世纪、在或者存在或者不存在的抉择中,终究会被人们认可。康德的实践理性为人类架设了一座从现代性通往后现代的金桥。

费希特"自我意识"的哲学

约翰·哥特利勃·费希特(1762—1841年)生于德国萨克森的一个乡村拉美诺。他的主要著作有:《全部知识学的基础》(1794年)、《略论知识学的特征》(1795年)、《知识学原理下的自然基础》(1796年)、《知识学原理下的道德学体系》(1798年)、《人的使命》(1780年)。

费希特继承并发展了康德哲学。1790年,费希特在莱比锡初次接触到康德哲学,立即就被康德哲学所吸引了,这是他一生中最重要的转折点。他认为,这时他才找到了他的思想所在想的真正问题和原理,并且认为,这个问题将要对时代产生极其重大的影响。此时的费希特在给他的未婚妻的信中写道:"这种哲学特别是他的道德部分(但这部分如不先读《纯粹理性批判》是不可能弄懂的),对于一个人思维方法的影响,是无法想象的。"[①]于是,1791年,费希特带着他匆匆写成的书稿《对一切启示的批判》前去哥尼斯堡拜康德(此书是按照康德批判哲学的理论对天启宗教的批判,它把康德的哲学原理应用于考察宗教,而这在当时却是康德尚未做的工作)。这本书深受康德的赞赏,并推荐给哈雷出版社出版。1792年,这本书发表时漏印作者的姓名,哲学界一度认为是康德本人的著作,后来真相大白,于是,费希特遂被公认为是最重要的康德主义者。

[①] 费希特:《全部知识学的基础》,王玖兴译,商务印书馆1966年版,"译者导言"第2页。

一、费希特的知识论

费希特对于哲学所做的最重大的贡献,就是他的"知识论",它是以知识的最本源的形式来讨论知识问题。

费希特提出,哲学应当成为一门科学,也就是说,哲学应当是一个命题的体系,在这个体系中,诸多命题形成一个体系的总体,其中每一个命题都在一种逻辑秩序中占有着它自己的恰当的位置。而且,这种作为科学的哲学,它包括的命题必定是基本的或在逻辑上是先天的命题。然而,怎样来建立这样的哲学呢?为此,费希特从康德的"自我意识"出发,而抛弃康德的"自在之物"。费希特说:"物自身是一种纯粹的虚构,完全没有实在性。物自身并不出现在经验里,因为经验的系统不是别的,而是有必然性感觉伴随的思想。"[1]因而,费希特宣布,"那个物自身乃是无","物自身成了彻头彻尾的虚构物"[2]。于是,独断论的全部大厦就和物自身一起崩溃了。费希特否定"物自身"是为了彻底贯彻批判哲学的精神。在费希特看来,康德的"**批判**哲学的本质,就在于把一个绝对的自我陈述为绝对无条件的、不能被任何更高的东西所决定的,如果这种哲学根据这条原理作出结论,它就成为知识学了"[3]。这样的"知识学"就是费希特所要求的科学的哲学,它是要说明一切经验的根据,是要为一切知识确立基本原理。

进而,费希特提出,要确立这种知识学,不外乎两种可能的立场:一种从知识客体解释知识主体,以外物说明意识,这就是独断论,亦即唯物论;另一种从

---

[1] 北京大学哲学系外国哲学史教研室编:《十八世纪末—十九世纪初德国哲学》,商务印书馆1975年版,第188页。

[2] 北京大学哲学系外国哲学史教研室编:《十八世纪末—十九世纪初德国哲学》,商务印书馆1975年版,第190页。

[3] 北京大学哲学系外国哲学史教研室编:《十八世纪末—十九世纪初德国哲学》,商务印书馆1975年版,第183页。

认识主体解释认识客体,以意识说明外物,这就叫唯心论。可是,这两种立场之间的对立或争论的意义何在呢?费希特认为,"唯心论和独断论之间的争论,本质上就是,为了自我的独立性,是否应当牺牲物的独立性?或则反过来,为了物的独立性,是否应当牺牲自我的独立性?"①费希特是坚定地选择了唯心论,他的知识学是唯心论的。他认为只有唯心论才是可能的哲学。那么决定作出这种选择的根据是什么呢?费希特说:"人们将选择哪一种哲学,这就要看他是哪一种人,因为一个哲学体系不是一个人们可以随意放弃或接受的死用具,反之,一个哲学体系因占有这个哲学体系的人的精神而充满生气。一个天性萎缩的或是由于精神的奴役、博学的奢侈与虚荣弄得萎缩了和歪曲了的性格,将永远不能把自己提高到唯心论的程度。"②费希特的唯心论哲学也表现出费希特的人格特征:费希特的一生是为自由、民主和民族独立而战斗的一生。

因此,应当注意的是费希特的唯心论有它的特点,它与以往的唯心论不同,例如,他就不同于贝克莱的唯心论。费希特说贝克莱的体系是一个独断论的体系,并不是一个唯心论的体系。费希特的唯心论的特点是在于:"唯心论从理智的行为中说明意识的规定。在唯心论看来,理智只是能动和绝对的,而不是被动的。理智不是被动的,因为按照它的设定,它是第一性的东西和最高的东西,没有什么先行与它的,可以说明它们是被动的东西。……在唯心论看来,理智是**一行动**,绝对不再是什么。"③于是,费希特提出,哲学的任务就是:"现在应当从这种理智的行为中引申出**规定了**的表象来;引申出一个世界的表象来,也就是说,引申出一个没有我们的助力而存在着的、物质的、占据空间

---

① 北京大学哲学系外国哲学史教研室编:《十八世纪末—十九世纪初德国哲学》,商务印书馆1975年版,第191页。
② 北京大学哲学系外国哲学史教研室编:《十八世纪末—十九世纪初德国哲学》,商务印书馆1975年版,第193页。
③ 北京大学哲学系外国哲学史教研室编:《十八世纪末—十九世纪初德国哲学》,商务印书馆1975年版,第199页。

费希特"自我意识"的哲学

的世界等等的那些表象,大家都知道这些表象是出现在意识中的。……因此唯心论的前提将是:理智行动着,但是由于它自己的本质,它只能以一定的方式行动着。"①因为,费希特所建立的知识学,作为一种科学的哲学,它的任务是在于指出经验的根据,而根据必然是在被论证的东西之外的。这种东西是一个通过自由的、但合乎规律的思想而产生出来的结果,就是说,知识学要引申出全部经验并从理智的必然的行为里去说明它。这样做时,有两点分别应加以注意:"(1)被要求的思维行为;这种行为将通过自由来实现,而谁不实现它,谁也就完全看不见知识学所指示出来的那些东西;(2)以及必然的方式,即如何实现这种思维行为;这种新方式的根据在理智的本性中,而且是不以意志为转移的;它是某种**必然性的东西**,但这必然性的东西只出现在一个自由的行动里,而且只有在自由行为的情况下才出现;它是某种**被找到的东西**,但这种寻找是以自由为条件的。"②要进行这种自由的而又有必然性的思维行为,首先是要寻找一切知识的第一原理。它是出发点,而这个出发点就是并且只能是"自我"或"自我意识"。费希特说:"注意你自己,把你的目光从你的周围收回来,回到你的内心,这是哲学对他的学徒所做的第一个要求。哲学所要谈的不是在你外面的东西,而只是你自己。"③在费希特看来,说到"事物""客体"或"经验",都不能没有知觉它们的"意识",事物的存在要依赖于"自我意识",而"自我意识"却是不依赖于"存在"的。对于客观存在的事物,费希特问道:"究竟谁知觉到它是哪个物呢?凡是懂得这个问题的意义的人,就不会回答说,它自己知觉到,人们还必须把一个知觉到这个物的理智设想进去;相反

---

① 北京大学哲学系外国哲学史教研室编:《十八世纪末—十九世纪初德国哲学》,商务印书馆1975年版,第199页。
② 北京大学哲学系外国哲学史教研室编:《十八世纪末—十九世纪初德国哲学》,商务印书馆1975年版,第203页。
③ 北京大学哲学系外国哲学史教研室编:《十八世纪末—十九世纪初德国哲学》,商务印书馆1975年版,第183页。

地,理智必然自己知觉到它自己是什么,对于理智,就不用再设想什么东西进去。"[1]费希特坚决反对从"存在"到"意识"的唯物论的观点,他争辩说,"你们如果不把理智作为第一性的东西、绝对的东西设想进去,就得不到理智,你们想解释理智与那不依赖于它的'存在'的结合,真是万难的事。"[2]于是,费希特得出结论说,一切知识之绝对在先的、无条件的根据是"理智""意识""自我"。正因为自我是第一性的、绝对的和无条件的,因而就不是被规定的,而是自行规定的。知识论由之出发的基本假定就是:在自我中存在的一切东西无不是自我自身活动的产物。康德是从意识中给予的感性杂多出发而回溯到包括一切的统一性,而费希特则采取了相反的方向,他是从本原性的自我活动出发,由此去推演出各种特定形式的感性杂多。因此,第一原理就不能是关于事实的陈述,而只能是关于一种活动的陈述。笛卡尔提出的"我思故我在",康德提出的"综合",就是这样的陈述。

这种原始的活动(即纯我)只能借助于反思而被发现,只有紧紧把握住那种不受任何限制的自由的活动观念才能被发现,在这种原始的、自由的活动中,主体与客体、行动与结果之间的对立尚不存在。我们自身的这种最内在的活动本质只能通过自身规定的精神能力而被发现。但是,这种自我规定的精神能力并不是如一般人所容易设想的那种可以离开身体而存在的"灵魂"。费希特坚决驳斥这种"灵魂"概念,他指出,这是一个有害的概念。于是,费希特提出的第一原理就是:"自我设定它自身"。但是,精神活动的这个第一原理作为意识中的一切事物的源泉,它并不说明那种在自我之外的事物是如何在意识中被设定的。因此,第二原理就必须是:"自我设定一个非我。"如同第一原理那样,这第二原理也是通过对于在意识中被给予的东西之反思而被发

---

[1] 北京大学哲学系外国哲学史教研室编:《十八世纪末—十九世纪初德国哲学》,商务印书馆1975年版,第195页。

[2] 北京大学哲学系外国哲学史教研室编:《十八世纪末—十九世纪初德国哲学》,商务印书馆1975年版,第196页。

现的。然而,接着提出的,必须有一个有效的综合把这两个命题结合起来,这个综合是正题与反题的联合。这样做之所以可能,只有确立第三个原理:"自我设定一个有限的自我,以与一个有限的非我相对立。"通过这个综合,我们回到了我们的直接意识,这种直接是既不能依赖假定自我是绝对地被设定的,也不能依赖假定非我是绝对地被设定的来得以说明,而只有依赖假定一种相互限制或制约,即自我与非我之间一种相互作用或活动,才能得以说明。

费希特所应用的方法,可以叫作对立面的方法。首先被断定的命题,它产生真理的一个本质的环节,继而,第二个命题是表述一个对立面的环节,它是不能从第一个命题推演出来的。最后,我们达到这两个命题的联合,在对立的命题之间寻找联合的必然性就包含在第一个原理之中;第一个原理是说,意识中的一切事物都是由于一个不可分割的精神活动引起的,由此就必然得出,对立关系不能是根本性的。

这种方法具有巨大的价值,但是在费希特的具体应用中则显得任意和武断。费希特的目的是要推演出那些康德在图式化中所提出的形式和原理。费希特发现同一性原理就包含在他的第一原理之中,即 A = A 这个命题,是纯粹自我的自身同一的,真正本原的永恒活动。当自我的区别活动(即设定自我,设定非我)时,这时就产生了时间形式,它表现于二者以一种确定的秩序相互依存的方式之中,当设定了非我的不同规定性时,这时就产生了空间形式,因果法则包含在第三原理之中,第三原理是要求相互限制,即自我与非我之间的相互作用。当非我的不同规定性同时设定为是彼此相互依存着时,真正属于自我的活动概念,就必然要转化为非我。然而,费希特只能推演出,经验意识的一般形式,而不是它的特殊的经验内容,这就是费希特想做的。按照费希特的观点,我们在把世界作为整体来描绘时,这就是通常意识所做的,这时我们是以不自觉的活动得到的产物,我们是抛射出时间、空间、逻辑的同一性以及因果法则。同样,我们也抛射出感觉质料。但是,由此我们不推断,世界图景是一个幻象,"幻相"概念只能在与实在对立的意义上来使用,但是这里没有这种对立;而且,真正的实在就寓于活动之中,正是这种活动才创造出我们意识中的世界图景,这种活动是一种必然符合于法则的活动。我们必须细心地把哲学的反思与我们日常的实践的意识加以区分,只有哲学的反思才能发现这种深层的、潜藏的能力,它就活动在每个有限的自我之中;就是凭借这种发现,我们才能理解每个自我是如何形成相同的世界图景的。这就是费希特对知识论问题的解答。

人们常常把费希特的知识学的方法等同于黑格尔的辩证法,这实际上是一种误解。当然,费希特的方法是德国唯心论辩证法发展的一个环节,但不能因此把它与黑格尔的辩证法完全等同起来。因为在费希特的方法中,第二原理是绝不能从第一原理推演出来的,这就是费希特的对立面的方法与黑格尔的辩证方法之差别所在。正是由于这种差别导致他对于纯粹理论所做出的限制。因为,对于费希特来说,知识学中提出的问题是:自我或纯粹自我为何要在它自身之内产生或设定一个非我,纯粹的同一性的活动为何被打断了?本原性活动的直线为何变成为曲线?费希特认为,从理论上说,这些问题是得不到解答的。要说明这种"抗阻"或"弯曲",就必须假定在绝对的力量之外,还有一种力量;但是这种假定是一种自身矛盾。我们只有依靠我们道德意识之光才能理解抗阻或弯曲,就是说,为了成就伟大的目的,而达到最高的善,道德意识必须促使我们去斗争、劳动和积极活动。而劳动就预设了限制、抗阻和斗争。由此可见,我们面对的一个非我世界、客体世界,这一事实的伦理意义是在于它使劳动和斗争成为可能的。自然界是我们履行职责的材料。客体或对象的意义就在于是某种反对我们的东西,也就是说,它是和我们对立的。没有一个有限存在的体系,就不可能有道德生活。我们最高的目的是自由和自我依存,但是,这是依靠同抗阻我们自我的对立物的斗争而赢得的。于此可见,实践才是理论的关键所在。

和理论哲学相同,实践哲学是以预设第一原理为前提的,在确立这个原理时,费希特所强调的是本原性的活动,这种活动是我们存在的终极要素,它对于伦理学具有特殊的重要意义。存在着一种原初的冲动,它推动我们为行动而行动,完全与外在的动机无关。这种冲动本身既可以在良心中,又可以在自然的本能中被感受到。费希特指出,康德提出的绝对命令,他本人没有给他找到说明,因此,只有凭借导向活动的本原性的冲动,才成为完全可理解的。这同一个冲动也说明了那种难以控制的感性本能。在自然界中呈现出的个体事物或客体,对于我们开始只是作为手段,或者只是对于满足我们较低级的或较高级的冲动的限制。我们的世界概念最初开始就是实践的。所以,费希特说,我们观念的整个体系都依赖于我们的冲动和我们的意志。费希特是以"自我"为出发点,但是他承认有一个外在世界即非我世界的存在,可是,这个外在世界是通过我们的理智所认知的外在世界。这个外在世界或"非我"是引发外在感觉的原因,但经过认知、记忆和意志来解释后,则是一种由理智构成的概念;因此在这个意义上说,主体和客体均是自我的一部分,而自我以外的世界则是不可认知的了。由此,费希特断定,意志是自由的。自由意志是人类的本质,它使人成为明辨是非的道德行为者而自由地遵守道德法则。费希特的这些观点,对后来的叔本华产生了深刻的影响,从而使叔本华建立了"唯意志论"的哲学流派。

二、费希特的伦理学

费希特哲学的主要目的,在于为伦理道德的观念寻求坚固的基石,求知不是根本目的,求知是为实现道德目的,而不是单纯出于好奇心。

费希特提出人就其具有自然本性来说,他是要追求享受的,而享受则使人屈从于或依附于对象。然而对于人的意识或反思来说,却使人在面对一切给定的对象面前具有独立自主性,这是那种在主体中存在的追求或活动的无限性的表现。这就是我们的自由。这同一个原初的冲动,它一方面在自然本能中肯定它自身;另一方面又在反思和欲求自由之中肯定它自身,这种自由能使我们解除对感性的依附。但是,自然本能与欲求自由并不是必然的相互对立的,每一种自然的需求都可以用某种方式得到满足,从而使之成为手段,以达到更大的自由和独立。这就给我们提供了一条伦理学法则:"每一个特殊的行动必须构成一系列行动的一部分,这一系列行动引导我们去完成精神的自由。"无限的自我就以这种方式在经验世界之中得到实现,这样,被设定的限制就被超越了。当然这是一个无限的目的,然而是可以连续不断接近它的,因为每个我们达到了的目的转而又成为新的出发点。当表现在自然本能与欲求自由这两种形式中的原初的冲动,达到相互和谐时,我们就得到了一种自尊的情感,一种由自由感性所提供的享受的特殊愉快的情感;而在与此相反的情况中,我们得到的则是一种自我羞辱的情感。我们就是把对这种情感的感受能力叫作"良心"。只有发自良心的行为才是道德的。因此,服从于权威的行为是没有良心的。于是第一条命令就是:"按照你自己职责的信念去行动。"道德上的恶是懒惰的结果,即没有进行反思的倾向,而是沉溺于在当前给定的行为倾向之中,懒惰导致怯懦和虚伪。但是,当自由尚不存在时,如何有可能去激发出对于自由的欲求呢?回答是在合乎理性本能原理中找到的。在某些人中,本原性的冲动极为强大,从而提升到感性所给予的事物之上,这些人具有一种"德性的天赋"。他们是作为理想来为他人服务的,他们鼓舞并推动他人前进,正是基于此,费希特发现了对于实证宗教的起源的解释。这些个人天赋地具有这种深刻的精神力量,并在他人的人格的影响之下,其他人们就把这种力量看作是一种奇迹,当这种奇迹唤醒了沉睡的能量与注意力时,信仰这种奇迹就不是没有意义的。因此,一个重大的结论就是:人应当生活在其他人们之中,只有生活在其他人们之中,他才是一个人。众多的个体都具有一个唯一的目的,即实现自我的观念。从伦理学的观点来说,我的人格并不是我的最高的善。但是,它是唯一的手段,通过这个手段,我才能为最高的善而工作。也只有当别人的行为是有道德的时,我的目的才是达到了。假如每个人都遵照他的信念去行动,那么一切活动就会有助于发展最高的和最深刻的自主性,有助于在一个自由人的公社中实现理性。宗教中所说的"圣徒公社"也就是在有理性存在的总体中纯粹自我的表现。与这种无限的目的相比较,个人只是手段,只是工具,因此个人要消除他的个体性,以便为永恒的目的而积极工作,纯粹的自我要压制经验的自我。费希特要为他的伦理学体系寻求一个绝对的基础,把伦理学与他的思辨理论联系起来,但是最终,这种联合只是造成了他的伦理学的残骸。

在费希特的应用伦理学中,他把教会设想成是激发和加强伦理信念目的的个体之间的联合。这种联合的纽带是在于象征、图画的形象,最高的思想通过它们才能对所有的成员发生影响。只有凭借这些象征,普遍的和相互的精神影响才是可能的。因为最高的思想本身是纯粹的、理智的形式,因此,它是不可能指望得到普遍的理解和同意。象征是以它的形象打动每个人,对这些形象的解释是不完全确定的。正是这一点才构成形象的价值。路德新教的精神是要求把一切象征都应发展到更加清楚,更加完善的形式。一切象征,不仅是实证宗教观念的象征,而且那些人格上帝与人格不朽的观念的象征,都只是权宜之计的代用品。象征价值的大小是与它们使较高级的伦理秩序能否更清楚明白和具有更大的生命力成正比的。

每个教会的象征都只是用权宜之计的代用品,同样地,现存的国家也只是权宜之计的代用品,国家只是管理人的外在的本性。因此,费希特认为,应当在权利原理与伦理原理之间作出严格的区别。权利原理所根据的原则是:每个与别人生活在一起的人,都必须以承认别人的自由来限制他自己的自由;权利关系是建立在对这种自由的相互认可的基础之上的。国家的唯一职责就是保障这种关系,而且在必要时,国家必须强迫个人承认他人的自由,这包括人身、财产和自我保存。但是,费希特不曾看到,国家是不完善的,因为国家并不保证这种外在的必要性。费希特的主张是,国家只能要求一切人都承认财产的权利,这样,国家就力图进一步创造条件,使得所有的人都具有财产。每个人都应当依靠他的劳动来生活。在国家之内,既不应当有乞丐,也不应当有懒汉。慈善事业只是一种可悲的和有问题的权宜之计。尽管在权利原理和道德原理之间作出了严格的区别，费希特的国家理论仍然是建立在伦理学的基础之上的。他强调国家只有致力于成为设法使每个人都能获得财产、闲暇和达到较高文化的手段，否则，国家是不能实现它的目的的。

三、费希特的宗教思想

费希特的宗教思想很值得注意。费希特论述了宗教与哲学的关系，这些论述在宗教与哲学的发展中都有重大的影响。1790年，费希特写出了《关于宗教与自然神论的警句》。在这篇论文中，费希特极为清楚地表述了基督教的虔诚与思辨哲学之间对抗关系的意义，或者说，宗教的上帝与哲学家的上帝之间对抗关系的意义。费希特写到，基督教是为心灵而不是为理解创立的。心灵是要寻求一位能够对祈祷者作出反应的上帝，使祈祷者能够感受到同情与爱，基督教满足了这个要求。但是，自然神论则是表达一种对自然的理解，它为我们提供一个不变的必然"存在"的概念，这个不变的必然"存在"是世界上所发生一切事物的终极的原因，基督教给予我们一个具有人格的神的形象，这个形象很好地满足了宗教情感与要求。然而，思辨哲学则是给我们提供了一个不变的确定的原因，提供一个确定存在的系统，这个系统是受决定论支配的。这是对世界所作的理解，这种理解的观念不能满足心灵的要求。因此，费希特摒弃了自然神论，而是遵照康德哲学关于宗教与上帝的理论去考察宗教。在《对一切启示的批判》一文中，费希特企图发展康德的观点。他在宗教与神学之间作出了区别，费希特认为，道德法则可能性的观念要求信仰上帝，但是这个上帝不是统治自然界的最高力量，而是道德理想的完美体现，也可以说，乃是意志的神圣化，这种意志就是完全神圣的存在和最高的善。

《人的使命》代表着费希特后期的哲学思想。在这本著作中，费希特所说的"道德秩序"上升到了本体论的地位，这种立场也对他的宗教思想产生了影响。这时,费希特把道德秩序,看做是永恒的和无限的意志。"这个意志把我与它自身联结起来,这个意志把我与一切同我类似的有限生物联结起来,并且是我们大家之间的共同中介。"①这就是无限的理性,但是,它是意志中创造性的动力学的理性,费希特也把它叫作创造性的"生命"。费希特把他看做是创造世界的力量,加以讴歌,赞颂和崇拜,费希特写道:"崇高的、生动的意志,你不可名状,不可理解!"②于是,费希特把这种"无限的意志"当做信仰的对象。费希特认为,凭借这种"无限的意志"可以使人"超凡入圣"。只要我们信仰这种"无限的意志","这样一来,就在我面前更加光辉地升起了永恒的世界,它的秩序的根本规律明显地摆在我的心灵的眼前。在这个世界中的存在,纯粹是那种在我心灵中的晦暗隐秘处,不为一切世俗眼睛所见的意志,是那种贯穿整个不可见的精神领域的因果链条的首要环节,就像是在非永恒的世界里作为某种物质运动的行动,成为贯穿于整个物质系统里的物质链条的首要环节一样。"③费希特就是从这种宗教信仰的立场来看待人的使命的,"我的全部完整的使命,我不能了解,我应该成为什么,我将是什么,这超越了我的一切思维能力。"④只有依靠"无限意志"之光,我才能领悟我的使命。"人并不是感性世界的产物,他的生存的终极目的在感性世界里是不能达到的。他的使命超越了时间与空间,超越了一切感性事物。"⑤这种超越时间与空间,超越一切感性事物的使命,就是为了在人性中表现出"唯独自身有价值的德行的最高完善性"。

---

① 费希特:《论学者的使命 人的使命》,梁志学,沈真译,商务印书馆1984年版,第198页。
② 费希特:《论学者的使命 人的使命》,梁志学,沈真译,商务印书馆1984年版,第202页。
③ 费希特:《论学者的使命 人的使命》,梁志学,沈真译,商务印书馆1984年版,第181页。
④ 费希特:《论学者的使命 人的使命》,梁志学,沈真译,商务印书馆1984年版,第208页。
⑤ 费希特:《论学者的使命 人的使命》,梁志学,沈真译,商务印书馆1984年版,第208页。

由此可见，费希特的宗教思想，在早期是把上帝看做道德法则观念之所以可能的预设前提，这是尚未完全摆脱康德哲学的影响。而在后期则是把这个无限的意志看作是不可度量的上帝，它是人类生存和行动的本原，是人类信仰和向往的目标。但是，不论是在早期还是在后期，费希特的宗教思想都是企图去解决传统基督教的人格上帝与自然神论的紧张对立。因为传统的基督教使人陷于愚昧的迷信，而自然神论则使人摆脱不了决定论的枷锁。费希特宗教思想的主要特点，是在于把人的理性意志实体化、神圣化，使之成为人的信仰对象。人们信仰这个无限的意志，是为了改变这个不合理的世界，建立一个良好的世界。因此，费希特写道："我们所谓的天堂并不在坟墓的彼岸；它已经散布在我们的自然周围，它的光芒已经投射到每个纯粹的心里。"①可见，费希特的宗教思想中也表现出德国古典唯心论哲学对于主体的能动作用的重视与强调；而且，也不难看出，费希特的宗教思想也就是后来费尔巴哈以人来取代上帝位置的思想先驱。

总结起来，费希特继承并发展了康德哲学，否弃了康德哲学中的"自在之物"，而片面地把"自我意识"的能动作用绝对化，从而建立了自己主观唯心主义的哲学，这种主观唯心主义的特点就在于片面地强调意志与行动的作用。所以，列宁说："在德国古典哲学的发展过程中，紧跟着康德之后就产生了对康德主义的批判，这种批判和阿芬那留斯的批判正好是**同一方向**。在德国古典哲学里，这种方向的代表是休谟的不可知论的信徒舒尔兹——埃奈西德穆和贝克莱主义即主观唯心主义的信徒费希特。"②

---

① 费希特：《论学者的使命 人的使命》，梁志学、沈真译，商务印书馆1984年版，第181—182页。
② 列宁：《唯物主义和经验批判主义》，人民出版社1960年版，第190页。

谢林的哲学

弗里德里希·威廉·约瑟夫·谢林(1775—1854年),生于符滕堡莱昂贝克的一个新教牧师的家庭。黑格尔逝世以后,为了控制德国思想界的局面,他曾应普鲁士国王弗里德里希·威廉四世的邀请,主持柏林大学的哲学讲座。1797年,谢林写出了他的第一本论述自然哲学的著作:《一种自然哲学的观念》。随后又发表了两本关于自然哲学的著作:《自然哲学体系草案》(1799年)、《自然哲学体系导论》(1799年)。1800年,谢林写出了他的主要著作《先验唯心论体系》。

一、谢林的自然哲学

"谢林在近代成了自然哲学的创始人。……谢林的功绩并不在于他用思想去把握自然,而在于他改变了关于自然的思维的范畴;他运用概念、理性的形式来说明自然,例如他就用[理性的]推论形式来说明磁力。他不仅揭示出这些形式,而且还企图构造自然、根据原则来发挥出自然。"[①]黑格尔的这些论断确实抓住了谢林哲学的特征,尤其是谢林早期哲学的特征。

谢林是在费希特的直接影响下开始他的哲学创造活动的,他初期的著作完全是费希特的气味,以后他才逐渐从费希特的形式中解脱出来。费希特基

[①] 黑格尔:《哲学史讲演录》第4卷,贺麟、王太庆译,商务印书馆1983年版,第345页。

本上是处在康德的批判哲学的影响之下,而谢林则是一位典型的浪漫派的哲学家。在谢林这里,我们发现了一种真正的浪漫主义的冲动,这种冲动是凭借直观或象征,而不是由批判的思维获得的。因此,谢林首先是在自然与艺术中激起了狂澜,尔后又在宗教中掀起了骚动。由于这种倾向,谢林虽然开始是费希特的学生和合作者,但是不久他就感到费希特的"自我"是毫无生气和令人乏味的。谢林的心灵的特征是倾向于伟大的、具有象征意义的直观,在这种直观中,存在于事物中的对立立即得到了揭示与和解。首先,谢林要求更加积极地承认自然,而不是像费希特那样仅仅把自然视作一种可能性、一种限制或手段。谢林认为,要想揭开精神世界的秘密,只有在理解了自然并且不再把自然看做一种异的力量时,才能办得到。然而,费希特却认为,自然仅仅是客体,而且这客体只在具有类似主体的本质时,才是可以理解的。这就是说,唯有当自然带有精神的印迹时,才是可以理解的。当我们看到那些在精神中起作用的力已经存在于自然之中时,于是我们就理解,精神是如何从自然发展而来的。这时,自然是被看做精神的"奥德赛",它力图使精神再一次经历它在自然中的外在形式而回到它自身和它的内在性。

近代自然科学曾经寻求把自然中的一切事物都归结为运动,用物质粒子的相互作用去说明一切事物,假如这种努力确是彻底揭示了自然的本质,那么,我们就必定要否弃观念的或理想的东西,或者,必须假定这种观念的东西是从外面渗到自然之中去的。但是,谢林认为,若是把自然解释为是合目的性的,是一个神圣理智的产物,这种理论不是真正的哲学智慧,而是沉迷于虚假的反思。这样做就离开了我们的主要问题。现在,这里提出的主要的哲学问题是:我们是如何设想那形成世界的完整的因果系统的?这个系统是如何对我们产生出来?对于自然科学家,自然乃是给予的实在,然而,自然哲学则是要探究,自然如何才能给予我们。这个问题若用另一种形式来表述,就是自然中感性的起源问题,亦即有机体如何能够成为它自己的客体。

从唯心论哲学或精确科学的立场来说,谢林这里确是提出了一个真正的问题。我们若是想理解存在的精神方面的内容,我们就要能够发现在自然中活动的那些质与力。然而,这些质与力却不是机械的自然科学所认识了的,也不是以它的法则所陈述了的。谢林的解决办法是:一种无限的和有限的力的同一的二重性遍布在整个自然之中。因为,意识生活是建立在矛盾(二重性)之上的,而意识生活是自然发展而来的,因此,整个自然必定表现出诸种对抗的力,或者,借用莱布尼兹的话来说,一切自然的力都以不同等级的能量表现出来。物质是潜在的或沉睡的精神,是均匀分布的精神,而精神则是在形成过程中的物质。可是事实上谢林走得更远。他认为他能够详细描述出自然上升到精神的诸阶段。谢林由之出发的根本立场是:"自然应该是可见的精神,精神应该是不可见的自然。"①谢林所用的方法实际上是一种诗意的和象征性的解释,以这种方法,自然的力与形式逐步地走向意识生活。就像所有的形而上学唯心论一样,谢林的哲学也是依赖类比。谢林极为相信类比的方法,他认为凭借这种方法,他能够构造出一种"思辨物理学"。这种物理学不仅会给自然科学所获得的成果带来新的光明,而且最终会取代它。只有从内部去观察,自然才能被理解,这就是把自然看做是可见的精神。为此,谢林指责波依耳和牛顿糟蹋了物理学,因为他们引入了一种纯粹外在的和经验的立场。谢林竟然认为,数学的天文学是不能使我们认识天体运动的真实本性的,因为,根据施莱格尔的意见,自然现象的最内在的本质是不能用这种外在的方法来加以说明从而被理解的,我们必须在一个共同根据中揭示它们的本原。就是这种共同根据才构成自然的统一。谢林认为,他们对于自然所做的经验的考察未曾注意到自然的象征性的意义,而只看到外在的符号,并且他们以为用这种外在的方法来说明这些符号,就说明了一切。

谢林的自然哲学深受浪漫派的影响,表现出浓厚的浪漫主义的气味,并且转过来又对当时的浪漫派运动起了推波助澜的作用。谢林的自然哲学的

---

① 《自然哲学观念》,《谢林全集》第 2 卷德语版,第 56 页。

浪漫主义的特征,不是表现在他在自然哲学中所提出的根本问题,而是表现在他企图用他自己的象征性的解读"自然"的方法来代替那种通过个别现象的相互的内在联系来说明"自然"的科学研究的劳动。他忘记了,"自然"的统一性正是依靠这种他所轻视的现象之间的内在联系科学地建立起来的。正是这一点构成了谢林的自然哲学与斯宾诺莎和莱布尼兹的对于自然的思辨之间的决定性的区别。斯宾诺莎和莱布尼兹是以这种真实的内在联系作为他们的基本原则。谢林并不认为,为了最终地证实他的系统,必须诉诸经验主义。思辨的建造为我们揭示了一切事物的内在原型,这种原型对于一切事物必定是相同的,因为一切事物都有一个共同的本原。所以,它足够它自身的需要,并且有能力渗透进那些经验由于不可克服的屏障而被排除在外的领域。

谢林力图较为具体地揭示存在于"自然"中的精神。他提出自然中的不同现象和力可以表明是处在一种上升的活动趋势中。完全可以证明,每个阶段、每种力量,在它自身之中都包含着矛盾(两极化)的环节,这种两极化在意识中就表现为主体与客体或自我与非我这种形式。"能力"与"极化"这两个概念是谢林自然哲学的基本概念。依据这两个概念,谢林建构了一个蓝图,在这个蓝图中,不同的自然现象被安排在一定的位置上。在谢林的浪漫主义的向往中,他要建立一种自然的思辨原理,在这种思辨原理中,就像在精确的自然科学中一样,一切质的区别都被归结为量的区别。谢林看到了他自己的自然哲学与原子论原理之间存在着相似性,因而把他自己的理论叫做"动力学的原子论"。而二者之间的差别是在于,机械论的原子论是把一切事物解释为物质事实之间的关系,而"动力学的原子论"则是从诸力之间的关系来说明一切事物。然而,谢林的自然哲学从含义明确和思维的逻辑性来说是远不如原子论理论的。谢林依据"能力"与"极化"这两个概念所建构的一般蓝图是十分武断而任意的,常常是在玩弄语词。因此,"自然哲学"这个名称,在自然科学家听来,是一个难听的、坏的名称,并且感到厌恶。可是,谢林的自然哲学所表述的象征主义却具有历史意义。

绝对原理是"本原性的根据",它是一切事物的基础,也是主体与客体之绝对统一的基础,在自然界的任何一个事物中都不能没有这种统一。但是,这种统一也是有差别的,在自然中,是客体的东西占优势,在精神中,是主体的东西占优势。如果用 A=B 来象征"绝对",这里 A 代表主体,B 代表客体,那么,就可用 A=$^+$B 来象征自然,用 $^+$A=B 来象征精神。这里用的"+"号是用来指示占优势的一极。谢林提出,在自然中存在着三种不同的能力。第一种能力是最基本的能力,这就是**引力**与**斥力**,它把世界建构在一起,这第一种能力的表征就是**重力**。第二种能力是光,还包括磁力、电力和化学过程,它把各种分离的力量联合起来,并且指示出精神领域中的生成过程。第三种能力是**有机生命**,这里得到了一个小的世界,它是一个系统的过程,在其中每一局部与局部之间的关系互为目的和手段。正是在有机生命的性能中,我们感觉到(感性)自然的精神最终打破了它的外壳而显现出来。精神的能力表现为三种活动,这就是**认知**、**行动**和**艺术**。后来,谢林在他的《先验唯心论体系》一书中,把艺术直观视为精神生活的最高形式。艺术是唯一真实的、永恒的器官,同时是哲学的证券。艺术证实了哲学所不能外在地显示的东西,此即行动与生成过程中的无意识的东西,以及它同意识的原始的同一性。正是这个道理,哲学家应当把艺术看做是最高的形式,因为只有艺术才向他显示出那至为神圣的东西,这种东西是永恒的、本原的融合,是光芒四射的、燃烧着的火焰,它被分割为自然与历史,但在生活与行动中则必定永恒地互相消融在一起。哲学家为他本身人为地建构的自然观,对于艺术而言,则是本原的、自然的。对于一位凭借诗意的象征来建立体系的哲学家,由于他宣称艺术是最高的形式,因此就应当结束他的体系,这样做是合乎逻辑的。对于这样一位哲学家,犹如浪漫派诗人诺瓦里斯认为的一样,每个事物就其实在性来说都是诗,自然过程是一首无意识的诗,而对于自在自为的人,它洋溢并奔腾在意识之中。谢林明白写道:"艺术对于哲学家来说就是最崇高的东西,因为艺术好像给哲学家打开了至圣所,在这里,在永恒的、原始的统一中,已经在自然和历史里分离的东西和必须永远在生命、行动与思维里躲避的东西仿佛都燃烧成了一道火焰……我们所谓的自然界,就是一部写在神奇奥秘、严加封存、无人知晓的书卷里的诗。"[1] 谢林的自然哲学对当时德国的浪漫派运动产生极为巨大的影响。海涅对此作了描述:"谢林先生在单单是先验唯心主义哲学的这一部分里始终只是费希特的盲目追随者,然而在自然哲学中,在花卉和星辰之间活动时,他便必然地要心花怒放和光芒四射了……谢林先生的学生们争先恐后地到大自然中去,到那空气新鲜、阳光充足的现实之中去,他们高声欢呼,大翻筋斗,作了一场精彩的演出。"[2]

但是,不能把谢林的自然哲学同近代的进化理论混同起来。谢林并不是说自然是精神的预先发展,而且他也轻视并贬低自然现象的机械的相互联系。在谢林看来,从自然的一个阶段到另一个阶段的过渡,并不是现实的生长过程,而是"自然"或"绝对"之创造性的活动。经验只能向我们表明这种创造性活动的产物或产品,而不能表明这种创造性活动本身。自然的创造性活动只能通过一系列的形式而获得完全的发展。每种特定的形式都起源于无限的产生过程之中。在"绝对"之中,存在着主体与客体的永恒的统一,"自然"与"精神"只是通过经验的中介对于这种统一所作的不同的反思。

那么,究竟应当如何评价谢林的自然哲学呢?恩格斯曾经对旧的自然哲学做过深刻的评论,恩格斯的评论也适用于谢林的自然哲学。恩格斯说:"旧的自然哲学有许多谬见和空想,可是并不比当时经验主义的自然科学家的非哲学理论包含得多,至于它还包含许多有见识的和合理的东西,那么这点自从进化论传布以来,已开始为人们所了解了。"[3]

---

[1] 谢林:《先验唯心论体系》,梁志学、石泉译,商务印书馆1983年版,第276页。
[2] 亨利希·海涅:《论德国宗教和哲学的历史》,梅溪译,商务印书馆1973年版,第140页。
[3] 参见汝信主编:《马克思主义的三个来源》(修订本),人民出版社1985年版,第38页。

二、谢林的"同一哲学"

谢林的"同一哲学"的确立,标志着他从费希特的主观唯心论立场转变到客观唯心论的立场。这时,谢林以"绝对"代替费希特的"自我"作为世界的本原。谢林写道:"整个哲学都是发端于、并且必须发端于一个作为绝对本原而同时也是绝对同一体的本原"。[①]"那个绝对真实的东西只能是一种同一的知识……在这个点上客体及其概念、对象及其表象原本绝对是一个东西,而且不假任何中介。"[②]

谢林指出,从经验意识的立场来说,存在着两种不同的系列,一种是实在的系列,一种是观念的系列,二者是有区别的。自然哲学所考察的是实在的系列,它把客观的东西看成第一位的,表现为使自然现象得到理论说明的努力,完善的自然理论应该说明整个自然可以归结到理智。那死气沉沉的、没有意识的自然产物,只不过是自然企图反映自身的一种遭到失败的尝试。而所谓死气沉沉的自然,一般讲来乃是一种未成熟的理智。先验唯心论所考察的是观念的系列,它是把主观的东西看成第一位的,它的任务是要说明,从这种作为第一位的主观的东西如何产生那客观的东西,这是一个相反的进程。两个进程是很确定地表述出来:一方面是把自然彻底地引导到主体;另一方面是把自然彻底地引导到客体。这是经验意识向我们所表明的。然而,经验意识的立场及其本体论地位是未加说明的。哲学意识则要求揭示这两个系列的共同根据或原始本原。

谢林论证说,这两个系列的结合才构成"宇宙",而"宇宙"作为存在的一切事物之大全,乃是"绝对"。在这绝对之外没有任何事物存在,绝对乃是宇宙本身,它不能是宇宙的外在原因。经验意识的立场是建立在差别之上的,假

[①] 谢林:《先验唯心论体系》,梁志学、石泉译,商务印书馆1983年版,第273页。
[②] 谢林:《先验唯心论体系》,梁志学、石泉译,商务印书馆1983年版,第29页。

如我们要超越经验意识的立场,试图去把握"绝对"本身而不是它的显现,那就只能设想:"绝对"乃是一切差别的消失,即绝对的无差别。谢林说:"绝对者的本质或内在本质只能被设想为绝对的、纯粹无疵的同一性……因此从绝对者本性看来,立刻就可以推出,它是绝对的,而且它又从它的本质内排除了一切差别。"①谢林把这种同一性又称为主观与客观的绝对无别。无别就是本质与形式、无限与有限、肯定与否定的同一性。谢林就是从这种绝对同一性出发,试图把主体与客体、观念的东西与实在的东西统一起来。因此,谢林认为,他的这种同一哲学能够使我们超越实在论与观念论之间的争论。因为,这种争论乃是由于假定了实在的东西与观念的东西之间的差别,并且认为要克服这种差别,只有使一方从属于另一方或还原为另一方。殊不知,我们一旦理解了实在的东西与观念的东西在绝对之中是合而为一的和无差别的,那么,争论就失去了它的根据,因此,谢林又把他的同一哲学叫做"实在观念论"。

对于谢林的"同一哲学",黑格尔的评价是比较中肯的和有意义的。黑格尔指出:"谢林的同一性原则缺乏形式、缺乏证明;他只是初步提出这个原则罢了。"②然而,黑格尔也肯定了谢林哲学的历史意义,他指出,"谢林哲学的主要之点在于它所涉及的是内容是真理,而真理是被了解为具体的,谢林哲学具有一个深刻的思辨的内容,这内容,作为内容来说,也是整个哲学史所从事探讨的内容,思维本身是自由的,但不是抽象的,而是本身具体的:思维把握住自己在自身内作为一个世界。自然的真理性、自在的自然是理智的世界。谢林曾经抓住了这个具体的内容。"③然而,他没有通过概念自身的矛盾必然性来揭示和发展这个内容,黑格尔的这些话,是他从唯心论立场所能作出的最有意义的评价。

那么,谢林所说的"绝对"究竟是物质的东西,还是精神的东西呢?谢林

---

① 黑格尔:《哲学史讲演录》第4卷,贺麟、王太庆译,商务印书馆1983年版,第355页。
② 黑格尔:《哲学史讲演录》第4卷,贺麟、王太庆译,商务印书馆1983年版,第354页。
③ 黑格尔:《哲学史讲演录》第4卷,贺麟、王太庆译,商务印书馆1983年版,第371页。

说绝对就是"宇宙本身",它是实在的东西与观念的东西之统一,也就是物质的东西与精神的东西之统一。可是,宇宙中的东西不外乎这两大类:或者是物质的东西,或者是精神的东西。绝对究竟是物质的还是精神的呢?这个问题是不能回避的。谢林解释说,哲学的立场乃是"理性"的立场,这就是说,关于事物的哲学的知识乃是指事物在理性中的知识;而在这里所说的理性就只能是"绝对理性"。但是,这绝对理性作为主观性与客观性的同一,乃是"自我意识",是绝对的活动,在这种活动中,主体与客体合而为一。然而,绝对理性本身事实上并不是自我意识,它只是在人类意识中并且通过人类意识才达到现实的自我意识,它的中介是世界。可见,谢林所说的绝对或绝对理性不过是放大了的人类意识,或者说,乃是形而上学伪装了的人类意识。所以,谢林所说的绝对仍然是精神性的东西,即"绝对精神"。因此,谢林的同一哲学的基本立场是客观唯心论。可见,谢林声称他的同一哲学克服了实在论与观念论的争论,即克服了唯物论与唯心论的争论,只不过是他的"唯心"愿望而已。

三、谢林的宗教哲学

谢林的哲学活动在早期时醉心于自然与艺术,到晚期时则发生了重大的转变,转向了生活与宗教。在一封致友人的信中,谢林曾经谈到,在他从耶拿离职时,他很少关心生活而是更多地关心自然,几乎完全是以自然为思考的对象。可是,从那时以后,他认识到,宗教、公众信仰、公民生活才是一切事物赖以转动的轴心。据说谢林的一位学生曾经提出,宗教的领域高于哲学的领域,这也曾影响了谢林,使谢林的兴趣转向了宗教。但是,使谢林在晚期由哲学转向宗教,从本质上说,这是由谢林哲学的形而上学的根本特征和当时普鲁士的现实政治所决定的。

因为,谢林的同一哲学宣称,绝对是宇宙万事万物的本原,在"绝对"之中,实在的东西与观念的东西之差别完全消失了,绝对是无差别的同一。于是,就产生了另一个问题,即对立或差别是如何起源的? 事实上,哲学的思辨把绝对同一认作是最高的本原,这种立场不足以建立一个包含着差别与对立的世界。谢林承认,这诚然是一个重大的问题。但是谢林相信,只要哲学扩展它的领域,即把哲学引导至宗教,这个问题是能够解决的;我们没有理由认定哲学与宗教是根本对立的。谢林不能不承认,确实不可能从同一推演出差别,从统一推演出杂多。但他同时又认为,对立(包括差别或杂多)与统一同样都是第一性的本原性的原则。于是,谢林断定,一个真正**有生命的**统一是一个在其自身中包含着对立的统一,尽管对立与统一二者之间存在着紧张的对抗。这就必然要导致确立对于一个创造性的上帝的信仰。在《哲学与宗教》中,谢林承认,在自然与历史中积极活动的各种力量具有极为明显的对立性,而这显然不能从绝对同一的观念中把它们推演出来。这种对立需要通过自然与历史的各个不同阶段的发展才能得到和解。谢林曾经把"自然"叫作精神的"奥德赛",现在他也把历史叫作精神的奥德赛。"历史是按照上帝的精神编写的一部史诗;它有两个主要部分,一部分是人类从自己的中心出发,到离开这个中心最远的地方去,另一部分则是从这个地方回归到人类的中心。前一方面仿佛是历史的伊利亚特,后一方面仿佛是历史的奥德赛。前者的方向是离心的,后者的方向是向心的。整个宇宙的伟大意图就是这样表现在历史里的。"[①]

在谢林看来,自然与历史中无序的与非理性的东西是理念堕落的见证。但是,为了使生命与和谐成为可能,这种无序与对立是必要的。没有对立就没有生命。这种思路在谢林移居慕尼黑以后,通过对古老的神秘主义的研究,尤其是对雅可布·波墨的神秘主义的研究,得到了更进一步地发展并趋于成熟。在这个时期,谢林致力于阐明,假如我们要在"绝对"中设定包含着本原性的对立,我们就只有承认:把上帝设想为一位具有人格的存在,这样做是正当的。这种在其本质中包含着本原性对立的上帝,才使黑暗的、非理性的根据得到了

[①] 《哲学与宗教》(1804年)。《谢林全集》德语版第6卷,第57页。

纯化与和解，这就是"神圣存在"的生命发展的历程。这样，谢林就赋予他的自然哲学以宗教的意义。自然是以它的逐步上升的阶段而获得这种意义的，人格性是在与自然的基础之对立中而发展的，这是以对立力量的冲突为根据的。对于有限的存在，这种对立是存在**于它们自身之外**的。无限的存在若要具有这种人格性，它就必须**在它自身之内**包含这种对立关系。这就是说，在上帝之中存在着某种自在自为的东西，它虽然还不就是上帝，但是它能够成为上帝。因而，谢林认为，一神论能够在自然主义的土壤之中构造出来。然而，从纯粹的一神论，从启蒙时代的理性上帝，或者从通常神学的非自然的上帝方面，是不可能建立"自然"的。**给予的**对立可以被超越，正是这种超越构造出生命，但是，给予的对立绝不能从纯粹的统一得到说明或解释。谢林深受神秘主义者雅可布·波墨的思想影响，也在原始的差别中看到了恶的开端。一切恶都是力图追求返回到混乱，而"自然"的秩序则是从这种混乱中产生出来的。由此，我们就可以理解，自然总是会向我们指示出一种剩余的"残留物"，这种残留物对于理智是不透明的，它不能被归结到确定的法则。但是没有混乱，没有冲突或分解，也就没有真实的统一，没有不和或冲突，爱就不能显示出它自身。因此，上帝若是要防止恶的存在，也就要摧毁它自身的人格性，亦即取消它自己的存在。于是，谢林争辩说，思辨哲学不能达到它的目的，我们就应当承认，批判哲学给知识划定界限是正当的。这样就引进了关于上帝概念的一种新的观念，它指示出在什么条件下绝对无限的存在能够被设想为是具有人格性的。这种观念是反思辨哲学的，而具有一种实在论的性质。按照雅可布·波墨的公理："没有对立，就没有意识。"同样，现在在上帝本性之中所设定的对立，就是把上帝设想为具有人格性的必需条件。这原来是雅可布·波墨的思想，谢林现在又把它复活起来了，使之成为哲学一神论的基础。但是，对于哲学一神论，困难在于，如果对立是内在于神性之中的，即包含在上帝自己本性之中的，而克服这种对立又是上帝人格性的必要条件，那么，这种对立就是不能认真地加以对待的。因为，这种对立的斗争就成为一种游戏，一种神圣的游戏。

谢林的观点是认为,在上帝之中存在着**连续**进展的过程,斗争不是先于和平;在上帝之中没有"最先"与"最末",而只是永恒的圆运动。但是,这就使整体观念成为完全不可思议的;任何人要想去思维这种永恒的圆运动,最终都要感到头晕目眩。

　　谢林把一切哲学还分为两大类,一类是消极哲学,一类是积极哲学。与消极哲学不同,积极哲学不是从作为理念的上帝出发。不是从作为本质的上帝出发,而是从作为纯粹存在的上帝出发。上帝是存在意义上的纯粹行动,它不是一种非人格的理念或本质,而是一个创造性的人格的存在。它是存在着的"主"。这样,谢林就把积极哲学同人格存在的上帝概念联系起来了。在消极哲学的终点,我们只能有一个可能的而不是现实的宗教,即纯粹理性范围内的宗教。只有转变到积极哲学,我们才第一次进入宗教领域。积极哲学是历史的哲学,因此,谢林在他后期著作中致力于研究神话学与天启宗教。他试图揭明上帝自身显示的历史过程和神圣复归的进展活动。谢林对于神话学与天启宗教的研究采用了经验的方法。这就是说,研究题材是由宗教的现实历史所提供的,然而,进行研究的理论框架则是假定了的形而上学的必然演绎。易言之,谢林是要在宗教的历史发展中发现人格上帝的自身启示。因为上帝的统一性不排除它的不同的潜能或发展环节。这样,谢林就毫无困难地从东方古老的神话学到基督教三位一体的教条的宗教信仰的历史发展寻找到这种上帝观念的表现。同样,他也很容易地寻找到堕落与复归这些理念的表现。总之,谢林是企图把宗教意识的全部历史表述为上帝的自身显现。于是,谢林终于走完了他的哲学生涯的全部旅程:由哲学转向宗教,由知识转向信仰,由理性转向神秘主义,最后成为一位基督教的神学家。因此,谢林后期的哲学受到了恩格斯正当的批判。恩格斯指出:"自从有经院哲学家以来,谢林是敢于迈出这一步的第一人。"[1]海涅也对谢林晚期哲学思想的倒退进行了揭露与批判。

---

[1] 《马克思恩格斯全集》,第2卷,人民出版社2005年版,第365页。

在《论德国宗教和哲学的历史》一书中,海涅写道:"这人现在背叛了自己的学说,离弃了他亲自奉献的祭坛,蹓回过去信仰的舍厩,他现在成了一个虔良的天主教徒,并且宣传一个世外的、人格的上帝。"[1]

综观谢林哲学思想发展的全部历程,可以看出,谢林的早期思想是不无积极的历史意义的,虽然未能从根本上摆脱唯心论,它确实是德国古典唯心论辩证法发展的一个重要的和必要的环节。黑格尔的哲学深受其惠,并且是对谢林哲学的直接批判继承和发展。运用谢林自己的话来说就是,"要是没有我,就确实不会有黑格尔和现在的黑格尔派","你们在吃我的面包"。然而,谢林后期的思想则发生了根本性的转变,谢林堕落成为天主教神学家,变成了封建复辟的哲学家。

针对谢林一生思想发展变化的历程,海涅无限感慨地写道:"我相信,巴朗什说过,这是一条自然规律,创始者一旦完成了创始的工作就必须立即死去。啊!善良的巴朗什,这只有部分真实,我可还要主张:如果创始的工作完成了,创始者要么就死去,要么就变节。"[2]当然,只有马克思主义的经典作家才对谢林的思想作出了严肃的理论评价,马克思肯定了"谢林的**真诚的青春思想**",同时也尖锐指出,谢林的后期哲学就是在"哲学掩盖下的普鲁士政治。"[3]

---

[1] 亨利希·海涅:《论德国宗教和哲学的历史》,梅溪译,商务印书馆1973年版,第144页。
[2] 亨利希·海涅:《论德国宗教和哲学的历史》,梅溪译,商务印书馆1973年版,第144—145页。
[3] 《马克思恩格斯全集》第47卷,人民出版社2004年版,第69页。

黑格尔"思辨的反思"

——形而上学的"心灵之梦"

一、没有"反思"便没有哲学,从"反思"到"思辨的反思"

"反思"(德文 Reflexion,英文 Reflection),有时亦译为"反省"。在黑格尔的著作里,"反思"一词出现得很多。可以说,没有"反思"这个概念,黑格尔就无法展开他体系的思辨论述,也无法展示和建构他的宏大的体系。然而,贺麟先生指出"此词很费解"。张世英先生又说:"理解黑格尔的'反思'学说,是理解黑格尔的理性主义和辩证法的一把钥匙。"这些都说明,"反思"一词是一个既费解但又很关键的术语概念,不把握这个概念,就难以进入黑格尔的体系,也就不能领会思辨哲学的特点。

前人的这些思考和研究,搭建了一个较高的平台,使我们见得更广,思得更深。本文意欲把握"反思"概念与黑格尔思辨体系的本质联系,并把"思辨的反思"当做解构其体系的切入点。以此可以揭示黑格尔"反思"概念的形而上学的追求和旨归。

严格地说,黑格尔的"反思"是一种"思辨的反思",它内在地具有辩证的生命力,在黑格尔著作的不同地方,需要联系上下文,结合特定的语境去索解。但是,这种意义上的衍生和发展,并不是任意的、偶然的,而是思辨精神的深化运动,仔细玩味,可以领略思辨方法之奇诡,于无理处似有理,引人入胜,这正

黑格尔"思辨的反思"

是黑格尔哲学的魅力所在。在日常生活中。"反思"一词用得很广,很普通。一般说来,它是指人们对于过去的经历和往事进行回想、回忆、检讨和总结,以期求得感悟和提高。但是,这样的"反思"大都不能超越经验的层面,未能自觉意识到主体心灵自身活动的特征。这不是黑格尔所说的"反思"。

苏格拉底说过一句名言:"不经过反省(或反思)的生活是没有价值的,不值得过的。"苏格拉底要求人们,应该通过"反思",把生活提升到道德层面上来认识。可以说,这是哲学"反思"的开始。应当说,柏拉图的"回忆说"是"反思"的一种原初的形态,但是,这也不是黑格尔所说的"反思"。"回忆是一个笨拙的名词","它带有经验的色彩"(黑格尔)。但是,黑格尔却特别强调,"回忆"这个词还有另外一种意义,"一种从字根衍生出的意义,即内在化,深入自身的意义。这是这个词的深刻的有思想性的意义。在这个意义下我们可以说,对共相的认识不是别的,只是一种回忆,一种深入自身,那在外在方式下最初呈现给我们的东西,一定是杂多的,我把这些杂多的材料加以内在化,因而形成普遍的概念,这样我们就深入自身,把潜伏在我们内部的东西提到意识前面"[①]。

真正说来,没有反思便没有哲学。黑格尔不是第一个使用"反思"概念的哲学家。到近代,笛卡尔最初提出了一种"反思"的思维模式,这就是著名的"我思故我在"的命题。然而,这是种二元对立的反思模式。此后,历经经验派与理性派的对立和争论,以及通过德国古典唯心论哲学的发展,最终在黑格尔哲学中实现了一元化的反思模式。黑格尔的"反思"与前人所说的"反思"大不相同,黑格尔在"反思"概念中注入了"思辨的转向",即思想自身的"内在转向",或曰"思想思想",此即所谓"思辨"之意也。思辨的思维,它根本上不同于"表象的思维方式"。"思辨"是以逻辑秩序代替时间秩序,它是从逻辑上发出追问,追问逻辑的根据、理由,以此来扬弃时间先后的外在性、表面性,而使心灵深入自身,内在化,进入思想(理念)的世界,并且凭借思想自身的逻

---

① 黑格尔:《哲学史讲演录》(第 2 卷),贺麟、王太庆译,商务印书馆 1960 年版,第 184 页。

辑,通过"反思"把握客观思想,并把它组织在一个科学的体系之中。"思辨"就是"思想思想",它是逻辑理念的自身运动,纯概念在运动中的辩证法。因此,黑格尔的"反思"应名之为"思辨的反思"。

二、思想自身具有崇高的价值,精神的本质是思想

在《小逻辑》中,黑格尔提出了对于"思维"可以有两种不同的"估价"。"认为思维为逻辑学的对象这一点,是人人所赞同的。但是我们对于思维的估价,可以很低,也可以很高"①。对思维估价很低的立场认为,思维只是主观的、任意的、偶然的,并不是实质本身。而黑格尔则与之相反,他认为,"我们对于思想,也可以有很高的估价,认为只有思想才能达到至高无上的存在,上帝的性质,而凭感官则对上帝毫无所知。"②思想可以认识上帝,认识精神,这就是具有崇高价值的"思想"。黑格尔是从两个相关的概念来做界定的。其一"是无思想性的感性",它把有限之物当做存在的东西。其二是"固执的知性,它把有限之物当做是自身同一的不自相矛盾的东西"。黑格尔所说的具有崇高价值的"思想",当然不是"无思想的感性",但也不是"固执的知性",而是具有矛盾的具体统一的"思想",它是"精神"的本质。故而,黑格尔说:"上帝精神,我们不可离开精神和真理去崇拜上帝……精神的内在核心是思想,并且只有精神才能认识精神。"而且,"思想不仅仅是单纯的思想,而且是把握永恒和绝对存在的最高方式,严格说来是唯一的方式"③,因为它与精神是相通的,它可以引领我们进入最高的精神境界。黑格尔强调:"精神的内容、上帝本身,只有在思维中,或在思维时,才具有其真理性。"④应当注意,这

---

① 黑格尔:《小逻辑》,贺麟译,商务印书馆1980年版,第66页。
② 黑格尔:《小逻辑》,贺麟译,商务印书馆1980年版,第66页。
③ 黑格尔:《小逻辑》,贺麟译,商务印书馆1980年版,第66页。
④ 黑格尔:《小逻辑》,贺麟译,商务印书馆1980年版,第66页。

里正是黑格尔为传统唯心论的"复辟",提出了新的"证据"。"思辨的反思"乃是阐发"思想"之作为真实本体的内容。黑格尔思辨理性主义的立足点是:"理性乃是思维着自身的,是思想的思想。"

黑格尔宣称,这种具有崇高意义的"思想"才是真实的本体,它是作为"思想的思想"。在《小逻辑》里,黑格尔概述了这种思想本体作为"思想的思想"具有四个基本特征:(1)它是客观的思维,客观的思维是能动的,主动的,它的活动产物是普遍性,即共相;(2)这种普遍性或共相是事物的本质、核心和真理;(3)客观思维是反思的产物,它既是客观的又是主观的;(4)客观的思维是自由的思维。

黑格尔的"思辨的反思"即是"思想思想",它是作为实体的思想自身之辩证的运动和发展。前一"思想"可作动词解,指思想活动,思想的展开和运作。后一"思想"可作名词解,它是作为"思想之思想",是思想实体(本体)之自身。"思想思想"即是作为思想实体自身之展开运作、认识自身、把握自身、实现自身,它把思想的内容与形式统一起来,把主体与客体统于一体,它就是绝对的思想。"思想"只有在"思想(活动)中"才有真理性和现实性。所以,黑格尔说:"反思以思想本身为内容,力求思想自觉其为思想。"[①]只有通过"思辨的反思"活动,思想才可以达到自知、自觉、自明,才能达到自身意识,实现其自身。只有这样的"思想的思想"才具有绝对的主体性,透明性:它就是思辨的真理自身。只有这样的"思想的思想"才具有绝对的主体性,透明性;它就是思辨的真理自身。

三、现实性与合理性矛盾之辩证的推移与转化是哲学的最高命题

立足于思辨理性对"思想"之崇高估价,黑格尔提出了"现实性"与"合理

[①] 黑格尔:《小逻辑》,贺麟译,商务印书馆1980年版,第39页。

性"矛盾对立的命题,以此实现了传统的经验派与理性派对立的古典命题之超越,从而扬弃了近代的"知性的反思"或"外在的反思",实现了西方近代哲学的思辨的"内在转向",把传统的"知性形上学"提升为"辩证的形上学"或"思辨的形上学"。

从笛卡尔以来,一个多世纪的经验派与理性派的争论,经验与理性、感性的东西与思想的东西之间的对立,由于传统的理性派对于思维的立场受制于机械的二元论的形而上学思维方式的束缚,对于经验与理性的契合关系,对于感性的东西与思想的东西之间的一致性问题,难以达到完善的说明,因而也就无法超越经验派与理性派的传统对立。

17世纪以来,经验派与理性派的传统对立可以用洛克与莱布尼兹的争论为代表,作一简明的公式的表述。

洛克(经验派)的原则:在感觉经验中不存在的东西在理智中也不存在,"心灵是一块白板。"

莱布尼兹(理性派)的原则是:在感觉经验中不存在的东西在理智中也不存在,"除了理性自身",心灵不是一块白板,而是一个独立的实体。[1]

莱布尼兹的立场是在认可洛克的原则时,加上了一条限制,即把理智自身作为一种特殊的实体存在,置于感觉经验的领域之外,它超越于感觉经验,它是一个"独立王国",它是一个本原性的实体。这个立场构成德国古典唯心论哲学进步发展的"理论基因"。它也是人类心灵形上学求解的永恒课题。

黑格尔传承并发展了莱布尼兹的立场,当然是经过了康德哲学的中介。黑格尔扬弃了理性派与经验派那种僵硬的对立,他宣称:"没有在思想中的东西,不是曾经在感官中……如果思辨哲学不承认这句话,那只是由于一种误解。"[2]但是,黑格尔所要强调的是:"反过来也同样可以说:'没有在感官中的

---

[1] 文德尔班:《哲学史教程》(下卷),罗达仁译,商务印书馆1987年版,第643页。
[2] 黑格尔:《小逻辑》,贺麟译,商务印书馆1980年版,第48页。

东西,不是曾经在思想中的'……"①黑格尔对于"在思想中"做了"广义的"和"狭义的"两种解释,"就广义讲来,这话是说心灵……或精神是世界的原因。就狭义来讲,这话是说,法律的,道德的和宗教的——这种情绪也就是经验——其内容都只是以思维为根源和基地"②。黑格尔是在根本上肯定了经验与理性是统一的,感官中的东西与思想中的东西在根本上是一致的。以此为前提,再去追问这种统一或一致的根源是什么,二者的统一或一致的根据是什么,这种统一或一致是如何达成的,在解决这个问题时,黑格尔一方面是坚持了莱布尼兹的立场,即传统理性派的立场。认定"理智"是在感觉经验之外或之上的超验的实体;另一方面又修正和发展了这种立场、黑格尔把"理智的思维"概念改造提升为"思辨理性的思维概念","思维"乃是能动的思想(理念),它既是主体又是实体;于是就把形式的片面的"外在的反思"改造为"内在的反思",即"思辨的反思"。

所谓"外在的反思",即是"知性的反思"。黑格尔指出,它的特点就是"用知性的方式去了解理念,这就会陷入双重的误会。第一,它不能把理念的两极端,……正当地了解为具体的统一,而是把两极端了解为统一以外的抽象的东西。……第二,知性总是以为的它的反思……仅是一外在的反思,而不包括理念自身在内"。③ 知性的反思不了解,"理念自身就是辩证法,在这种辩证过程里,理念永远在那里区别并分离开同一与差别、主体与客体、有限与无限、灵魂与肉体,只有这样,理念才是永恒的创造,永恒的生命和永恒的精神"。④ 由此,黑格尔总结说,"当理念过渡其自身或转化其自身为抽象的理智时,它同样也是永恒的理性,理念是辩证法,这辩证法重新理解到这些理智的东西、差异的东西,它自己有限的本性,并理解到它的种种产物的独立性只是虚假的本

---

① 黑格尔:《小逻辑》,贺麟译,商务印书馆1980年版,第48页。
② 黑格尔:《小逻辑》,贺麟译,商务印书馆1980年版,第48页。
③ 黑格尔:《小逻辑》,贺麟译,商务印书馆1980年版,第401页。
④ 黑格尔:《小逻辑》,贺麟译,商务印书馆1980年版,第401页。

相,而且使这些理智的、差异的东西回归到统一"。① 黑格尔以理念自身的辩证法改造了传统理性派的"理性"概念。实现了反思思维的"内在转向",亦即"思辨的转向"。它把知性的"外在的反思"改造为"内在的反思",把 17 世纪以来的"理智的理性"提升为"思辨的理性",即是黑格尔哲学的辩证理性,亦即"绝对理性",以此观点,黑格尔扬弃了理性派与经验派的传统对立而建构了一种新的统一。这种统一是理念实现自身并使现实走向合理化、完善化、理想化的辩证的运动和进展,这种发展过程就是现实性与合理性矛盾对立的推移与转化。黑格尔以现实性与合理性之辩证的矛盾关系取代了传统的经验派与理性派所争论的经验与理性之关系的僵化的对立;黑格尔赋予经验与理性的对立关系以生命而使之活动起来。黑格尔提出了自己的思辨哲学的著名命题:"凡是合乎理性的东西都是现实的,凡是合乎现实的东西都是合乎理性的。"②

简言之,这两个命题就是黑格尔哲学的"两个凡是",它是思辨哲学的秘密所在,它陈述了我们生活世界的真实,并且,它得到了宗教意识的佐证和支持。黑格尔说,"宗教上关于神圣的世界宰治的学说,实在太确定地道出我这两句话的意旨了"。③

黑格尔把主体与客体的关系问题规定为近代哲学的基本问题,在黑格尔看来,这不是抽象的哲学问题,其真实的具体意义乃是理解和说明理性和现实的关系。对于哲学根本任务的把握,黑格尔开始了一个转变。这里需要特别注意的是,黑格尔有意用现实(德文 Wirklichkeit,英文 Actuality)这个概念术语取代了传统本体论的"存在"(德文 Sein,英文 Being)这个概念术语。我们要特别留心思考,黑格尔这里所说的"现实"与哲学史上此前所说的"存在"不是一回事,逻辑上不是等价的。黑格尔哲学特别区分了"现实"与"存在"是不

---

① 黑格尔:《小逻辑》,贺麟译,商务印书馆 1980 年版,第 401—402 页。
② 黑格尔:《小逻辑》,贺麟译,商务印书馆 1980 年版,第 43 页。
③ 黑格尔:《小逻辑》,贺麟译,商务印书馆 1980 年版,第 44 页。

相同的,"存在"不等于"现实","现实"也不仅仅是"存在"。"现实"乃是具有某种品格的"存在",它具有某种程度的理想性和合理性。我们只要联系想一想,就不难理解,任何一个贪官在"东窗事发"之前,都自以为是"存在"的,然而他的"存在"是立不住的、虚假的,因为他们的存在是没有品格的,没有什么合理性的,它够不上"现实"的准则。黑格尔强调,仅仅是感性经验中的"存在",尚不配享受现实的美名,因为,"在日常生活中,任何幻想、错误、罪恶以及一切坏东西,一切腐败幻灭的存在,尽管人们都随便把它们叫作现实。但是,甚至在日常的感觉里,也会觉得一个偶然的存在,只是没有什么价值的、可能的存在,亦即可有可无的东西。但是当我们提到'现实'时,我希望读者能够注意我用这个名词的意义,……我不仅把现实与偶然的事物加以区别,而且进而对于'现实'与'定在'、'实存'以及其他范畴,也加以准确的区别"。① 在黑格尔看来,"现实"所以成为"现实"必然有其内在的合理性。"现实就其有别于仅仅的现象,并首先作为内外的统一而言,它并不居于与理性对立的地位,毋宁说是彻头彻尾地合理的。任何不合理的事物,即因其不合理,便不得认作现实。"②

因此,在黑格尔看来,哲学的任务就是考察现实性与合理性的矛盾关系。这种关系永远是一个发展的动态的过程。考察现实之所以成为现实的客观根据以及其可能向相反方向的转化。亦即考察现实性与合理性矛盾之推移与转化。"哲学的最高目的就在于确认思想与经验的一致,并达到自觉的理性与存在于事物中的理性的和解,亦即达到理性与现实的和解。"③黑格尔把近代哲学的根本问题加以深化了,把哲学的崇高任务规定为在于阐释理性与经验的和解,"在于确认思想与经验的一致",使传统的理性派与经验派的争论淡出了历史舞台。黑格尔开辟了一个哲学的新时代,把主体理性能动性问题提到首位的时代;他把传统的"理性"作了动名词的改造,名之为"合理性",并提

---

① 黑格尔:《小逻辑》,贺麟译,商务印书馆1980年版,第44页。
② 黑格尔:《小逻辑》,贺麟译,商务印书馆1980年版,第296页。
③ 黑格尔:《小逻辑》,贺麟译,商务印书馆1980年版,第43页。

升到"绝对主体"的地位。在黑格尔看来,"现实"不能是自然主义的价值中立的"存在",而是由绝对主体所创造并使之向理想性不断发展的正当性的东西(存在),亦即"现实"(wirklichkeit)。

黑格尔沿袭并充分发挥了宗教神学中关于上帝存在的"本体论证明"的思辨方法来证明绝对主体(理性或精神)的威力和权威性。黑格尔的"思辨的反思"其内在灵魂正是由这种思辨的本体论力量所规定的。"思辨的反思"就是论证或追溯理性或精神必然地铸造经验的现实,而经验的现实也必然地遵循理性以及精神使之具有理想的意义或价值,这正是黑格尔的思辨形上学之不同于传统的理智形上学的力量所在。

四、思辨形上学的特征是理想主义的"理念论"

黑格尔思辨形上学的特征是什么？它与传统形上学的区别何在？它为什么具有使人着迷的魔力？我们需要深入地思考这个问题。

对于我们这一代人——基本上是生活在20世纪的,惯于引用马克思的论点:黑格尔哲学是形而上学的"复辟"。但是,我们大都是从其哲学的政治倾向上来理解这种"复辟",而忽视了从学理方面作更为深入的探讨。这样的理解是不全面,不完全到位的。

黑格尔的思辨形上学是在康德之后重建的形上学,它不同于17世纪笛卡尔等人的形上学。黑格尔特别把自己的形上学与17世纪的形上学作了区别。黑格尔把17世纪的形上学概括为是"理智的形上学",它不是真正"理性的形上学"。这种理智的形上学其特点"是用一些互相排斥的理智的规定和关系,如一和多,或简单和复合,有限和无限,因果关系等,来规定绝对理性的东西"。[1]

---

[1] 黑格尔:《哲学史讲演录》(第4卷),贺麟、王太庆译,商务印书馆1978年版,第188页。

黑格尔"思辨的反思"

简而言之,理智形上学的思维特征是"外在的反思"。黑格尔则是以"思辨的形上学"取代了 17 世纪的"理智的形上学",以"思辨的反思"取代并深化了"外在的反思"。这种"思辨理性的形上学"其特征是什么呢?如果要给他一个恰当的定位,我认为,可以名之为"理想主义的理念论",或"理念论的理想主义"。黑格尔是以对思想的崇高估价作为他的形上学本体论的基础,思想之所以崇高,就在于只有凭借思想,才能把握理念。

正是这种理想主义的理念论才能够使黑格尔"复辟"形上学并产生划时代的影响。它把"思想"提升为崇高的"理想"价值,并以"思辨的反思"来论证"理想"之辩证法,它是心灵内在的本质性追求。

西方哲学的"理念论"最早可以追溯到柏拉图。但是,黑格尔批评了柏拉图的体系,柏拉图的理念论"是一个未完成的体系";对于柏拉图,"理念"是一般,是"共相",但柏拉图不能解决"理念"如何与"个别",与"特殊"相结合;柏拉图"虽然区别了感觉、记忆与理性,但对于精神的这些环节既没有严格的规定,也没有说明它们的联系,它们互相间的必然关系"。[①] 柏拉图的理念论陷入了困境,最终不得不走向神秘主义。在黑格尔看来,"理念"不是抽象的"共相",而是具体的"共相",它有内在的实现自身的力量;因为,它是天地之间的"至善",是"应当",是"道"(logos),它以"至善"来熔铸宇宙万物,使之成为合乎理性的现实,并达至"理想"——理念之圆融境界,诸神的大团圆。黑格尔借助于基督教的"上帝"观念来解读柏拉图的理念论并把二者结合起来。他把"善"或"应当"融合于传统本体论的实体概念之中,建构了一种新型的实体概念,这就是黑格尔的"绝对理念"或"绝对精神",它具有一种内在的驱动力,即既有求"真"之理智冲力,又有求"善"之意志冲力;故而,黑格尔说,真的就是所"应是的"。"这些对象是真的,如果它们是它们所应是的那样,即它们的实在性符合于它们的概念。"[②]"坏人"即是"不真的人""不是应当是的人",即

---

① 黑格尔:《哲学史讲演录》(第 2 卷),贺麟、王太庆译,商务印书馆 1960 年版,第 243 页。
② 黑格尔:《小逻辑》,贺麟译,商务印书馆 1980 年版,第 399 页。

非"存在";顽固地坚持个体的有限性必然地导致毁灭,由存在转化为非存在。因为他的实在性不符合他的概念(理念)。这就是思想的力量,理念的力量,亦即"理想"的力量。

然而,必须把黑格尔所说的"应当"与康德的"应当"加以区分;而且黑格尔还批评了康德的"应当"。黑格尔指责,康德"只提出了一种抽象的'应当'以求解除矛盾……理性并不能认识它……必然性的规律与自由的规律互相乖异"。①

二者的区别其关键在于:如何看待"应当"所包含的内在矛盾。"应当"乃是意志之内在追求,它作为意志求善之"冲力",黑格尔辩证地分析了它的矛盾。意志作为求善之"冲力",它决定使当前的世界符合于自己的"目的",即符合意志可追求的"善";但是意志作为有限的东西,"它又同时以善的目的只是主观的理念并且以客体的独立性为前提",于是,黑格尔指出,"意志活动的有限性因此是一个矛盾"②。这矛盾的两方面是:一方面是意志主观的"善"之理念;另一方面是独立存在的客体,它是意志实现"善"的前提。黑格尔指出,"这种矛盾就被表象为善的实现的无限进展,而在这种过程里,善便被执着为仅仅是'应当'"③。在黑格尔看来,康德限于二元论则不能参透其中的"玄机"。黑格尔的"思辨的反思"之玄妙则在于揭明:"我们的意志不能老停留在这种有限性里,因为意志的过程本身即是通过意志活动将有限性和有限性所包含的矛盾予以扬弃的过程",这样就达到了矛盾的和解,而"回归到理论的理念和实践的理念之统一","世界的本质就是自在自为的理念。所以世界本身即是理念"④。总之,这就是理性认识的正确态度,亦即"思辨的反思"所能获得的正确态度。

这里,黑格尔强调的是,意志的"至善"理念,作为世界的终极目的,它的

---

① 黑格尔:《哲学史讲演录》(第4卷),贺麟、王太庆译,商务印书馆1978年版,第293页。
② 黑格尔:《小逻辑》,贺麟译,商务印书馆1980年版,第419页。
③ 黑格尔:《小逻辑》,贺麟译,商务印书馆1980年版,第419页。
④ 黑格尔:《小逻辑》,贺麟译,商务印书馆1980年版,第420页。

真理性即在于它不断地创造自身,而康德的"应当",由于排除矛盾,否弃矛盾,因此它自身是不能运动和发展的,它永远不能跨越二元对立,不能超越"此岸"与"彼岸"的界限,总之,它不能达到绝对真理的"彼岸"。"至善"作为"应当"是不能完全实现的。而黑格尔则以矛盾运动,永恒发展的思辨观念的辩证法,论证了超越的合理性,他以观念的神秘的辩证法为外衣包装着理念,使绝对至善的"理想"放射出鼓舞人前进的力量。

康德与黑格尔的两种不同的形上学根据,两种不同的矛盾观,导致了两种不同的历史哲学,两种不同的社会革命论。康德和黑格尔的哲学影响,将继续不断地经受历史实践的考验,这是我们在讨论黑格尔的"思辨的反思"时,应取的形上学的视野。

五、"思辨的反思"——作为方法

思辨的反思,作为方法,能否完全"形式化"。对于这个问题,应作分析。思辨的反思,作为方法,不能完全形式化,即并不能像普通逻辑那样片面的形式化。因为二者是不同的逻辑,各自的形上学的根据不同。思辨的反思属于思辨逻辑,它的对象是精神或理念,普通逻辑的对象则是给定的感性经验。可是这并不是说不能从方法论上来考察"思辨的反思",应该说,这种考察也是题中应有之义。但是,这必须从思维的形式与内容的辩证关系来立论,黑格尔的思辨形上学是考察方法的基础。

黑格尔思辨形上学体系是以本体论、认识论与方法论三者一致的原则为根据的。思辨的方法则是聚焦了"三者一致"的原则精神。因为,作为形式来看,"思维范畴、概念既是认识的方法、手段,同时又是认识的真正的唯一的对象","方法不是外在的形式,而是内容的灵魂和概念"[1]。黑格尔特别强调,

---

[1] 黑格尔:《小逻辑》,贺麟译,商务印书馆1980年版,第427页。

方法"是对于理念各环节(矛盾)发展的特定的知识"①。可见,"思辨的反思"既是"心灵在思维",又是"在思维的心灵"。而这就是真理(认识)自身的展示,它是"一中有三"的思维(心灵)的活动。

这种"三者一致"的原则本质上是依赖于黑格尔的精神实体的学说;精神是绝对的主体,它的本质是思维。"精神的运动就是概念的内在发展;它乃是认识的绝对方法,同时也是内容本身的内在灵魂"②。因此,"思辨的反思"作为方法,它离不开概念的运作,这就必须厘清黑格尔的理念与概念的关系,它们之间的相同与不同,这是黑格尔思辨逻辑的特有问题。黑格尔逻辑学中说到的"概念",不同于一般逻辑学中的"概念",因为它与理念有联系和纠缠。什么是理念?黑格尔说,理念是概念与思维对象之综合。理念是要借助于概念来思维对象从而实现自身。但是理念的实现不是一步到位的,它要通过一系列的概念进展的环节。因为,理念是纯粹的概念,它具有绝对的客观性,此即"共相";而概念则是不纯粹的理念,是理念"在途中",亦即在过程中发展着的理念。它只有相对的客观性,所以它是不完善的理念。通俗地说,概念是理念在不同阶段的"化身",此即黑格尔所说的理念发展之各环节(矛盾)的特定知识。

理念发展之各环节(矛盾)的特定知识,从其整体来看,有其内在的一般规律,此即黑格尔所说的"思辨的方法",黑格尔把它划分为三个环节:(a)开始;(b)进展;(c)目的。③

"开始"是直接性的存在,它是自为的。但从思辨的观点看,它是理念的自我规定。

"进展"是将理念的内容展开,发挥成判断,这是理念实现于经验世界的广大领域,这样就成为对"开始"的否定,亦即是对那最初者(直接性的存在)

---

① 黑格尔:《小逻辑》,贺麟译,商务印书馆1980年版,第422页。
② 黑格尔:《逻辑学》(上卷),杨一之译,商务印书馆1966年版,第5页。
③ 黑格尔:《小逻辑》,贺麟译,商务印书馆1980年版,第424—426页。

予以规定。"目的",这是第三阶段,亦即最终的阶段。在"目的"里,那相区别的事物才被设想为像它们在概念里那样。"目的"是对最初的起点"开始"的否定,但由于"目的"与最初的起点有同一性,所以"目的"也是对它自身的否定。因此,"目的"即是统一体,"在此统一体里,……概念以它们自在存在为中介,它的差异,和对它的差异的扬弃而达到它自己与它自己本身相结合,这就是实现了的概念。——这就是说,这概念包括它所设置的不同的规定在它自己的自身存在里。这就是理念"①。

思辨方法的三个环节为"反思"作为方法的可把握性提示了要点:

第一,我们应以动态的整体观念来把握"思辨的反思",三个环节是一个不可分割的整体,它们之间既有区别,又有联系,并且处在运动和发展之过程中。它们的展开分为三个精神性环节,这就是著名的黑格尔之"正、反、合"的"三一体",它是理念内在矛盾的形式化,是精神的样态,在其运动的动态中,体现出整体观念,即精神理念。从形式上着眼,反思作为方法就是这样的三元化的开展结构,它的内容或灵魂则是绝对精神的辩证法。它反映了黑格尔辩证法的真理观和认识论的内在联系。从绝对的整体来说,由"开始"经过"进展"而最终达到"目的",这就是黑格尔完整形上学体系的正反合的"三一体",而在"进展"中则又有无数的次生的"三一体"正反合,它是体系的内在分化,理念的种种表达式(判断)。但是,无论作为整体体系的"三一体",或是作为进展中次生的无限多样、无限丰富的正反合"三一体",它们都具有"反思判断"的特性。从逻辑形式的特征来说,"反思"属于本质领域,"反思判断"不同于"质的判断"。"反思判断的谓词表明其自身与别一事物相联系"②。这就是说,反思的思维乃是思维主体(主词)的一种自返性的规定,一种自我关涉的思维认识。思维主体(主词)通过它物(即谓词)而返回到自身,规定自身。反思活动的形式特征乃是主体通过中介(异化)而实现自身的自返关系。但

---

① 黑格尔:《小逻辑》,贺麟译,商务印书馆1980年版,第426页。
② 黑格尔:《小逻辑》,贺麟译,商务印书馆1980年版,第348页。

是,作为"思辨的反思",其主体(主词)并不是普通逻辑的主体(主词),普通逻辑的主体(主词)是尚未决定的,而思辨逻辑的主体(主词)则是形上学地最终设定了的。"思辨的反思",从形式化来着眼,就是去追踪理念在途中的契机或环节,它从相对的客观性走向绝对的客观性,达到实在与客观性质完全的统一;它是理念自身运动发展的辩证法,是永恒的生命,永恒的创造。这种结局就是诸神的大团圆,亦即理想之实现。追求这种统一,是"思辨的反思"之劳作,也就是哲学自身的神圣使命。

第二,双重的否定性,或否定之否定,亦即马克思所说的"否定的辩证法",它是"伟大的推动原则"。

第一次否定是使"开始"之"自在的"存在转化为"自为的",第二次否定进而使之转化为"自在自为的,"即对于"开始"原点的"否定之否定"而达到"目的",亦即回归"原点",但是在更高的层级上。第一次否定使自在的"原点"跨出自身,进入中介的外在领域,而第二次否定、否定之否定,使原点返回自身,达到自在自为的领域。

双重性的否定不能简化为一次性的否定。即不能把"否定之否定"法则修正为"肯定—否定"法则。第二次的否定至为关键,它是创造新事物的转折点,也是使主体变成浴火重生的凤凰,最终成为绝对主体。否定之否定克服了并扬弃了矛盾双方对立的各自的片面性,而建立更为全面的"第三者"的视野。抹杀或抛弃第二次否定,就是给精神"去势",阉割精神的内在的生命力。也就是否定了辩证法的本质和灵魂。"肯定—否定"不是黑格尔的辩证法的法则而是形而上学机械论。

六、回归"精神家园""心灵自由"

自由是启蒙时代的历史主题,是现代性心灵的内在灵魂。启蒙思想家大都是自由思想家。洛克宣称:"自由是其余一切的基础","我们是生而自由的,也是生而具有理性的。"①但是,当时人们对于自由理念,尚没有坚实的哲学基础。作为启蒙之父的卢梭曾经慨叹,"人生来是自由的,但却无处不身戴枷锁"②。这是真正的"千古一叹",而不是无病呻吟。在现实生活中,人总是时时受到外在必然性的强制与束缚,而是不自由的。卢梭陷入了自由的"迷茫",这是启蒙时代的"迷茫"。

启蒙哲学的伟大奠基人康德,针对卢梭的"迷茫",对自由与必然性的关系,作了深入思考。他探索了人的本质,揭示了人作为有限的存在而却要追求无限这一难解的内在矛盾。由此,他划分了"现象与物自体"的原则区别,为解决自由与必然性对立的问题,奠定了形上学的基础。在其第一批判中,康德对"第三组二律背反"的分析讨论,阐明了卢梭"迷茫"的哲学根源。康德说明,自由是属于先验领域,而经验的自然界则是受必然性支配的。没有康德的"批判哲学"的洞见,则自由无救。

在康德之后,黑格尔"接着讲",他气势宏大而又轻巧地断言,应当把"必然性内在化",以论证自由的先验性和绝对性。

如何"把必然性内在化",这是理解黑格尔自由理论的关键,对于黑格尔,说来也简单,他把"自由"这一生活实践中的根本问题,转化为意识问题,置于观念领域中,在思想层面上来解决。在《历史哲学》一书中,黑格尔阐述了"自由意识"的历史发展和本质特征,通过对意识所作的现象学分析,他指出,"意识中有两件事必须分别清楚:第一,我知道;第二,我知道什么"。但是,"在自我意识里这两者混合为一,因为'精神'知道它自己"。③ "自我意识"就是"精神","自我意识乃是人的自觉,亦即人觉悟到他是'精神'。"自由就是自己依靠自己的存在,而"精神的这种依靠自己的存在,就是自我意识——意识到自

---

① 洛克:《政府论》下卷,叶启芳、瞿菊农译,商务印书馆1983年版,第38页。
② 卢梭:《社会契约论》,李平沤译,商务印书馆2011年版,第4页。
③ 黑格尔:《历史哲学》,王造时译,上海书店出版社2006年版,第16页。

己的存在"。① 可见,自由是"精神"的本质,是"精神"的唯一真理,这是思辨哲学的一个重要结论,它是思辨形上学所追求的"心灵之梦"。

然而,应当区别,形上学之梦并非心理学意义上的梦,二者不可混为一谈。形上学之梦是不能从心理学意义上来判定其真伪虚实的,它不是外在的感觉知觉的实在性所能判定的。因为,形上学之梦虽然是"梦想",但也是一种"理想",因为它是理性遵照自身的纯粹逻辑的发展所论证的无限完善性。说它是"梦想",因为,由于这种无限的完善性是纯粹逻辑的,无条件的,绝对的,它没有在经验上实现的可能性,故而,理想与梦想的根本界限,其关键在于是否可能通过科学知识的中介而与可能的经验相结合。

因此,黑格尔的自由理念虽然是"心灵之梦",但它不是毫无意义的,人生"有梦"比"无梦"为好。黑格尔把自由界定为自我意识的本质,其意义是重大的。既然自由是自我意识的本质,也就是人之为人的本质。能否有"自由"意识也就是能否意识到自身存在的独立性,这种意识就是人的"精神"。人的意识乃是对人自身的觉悟,黑格尔所说的"意识的发展",就是对精神觉悟之追求;黑格尔说,基督教的最大贡献就是使人意识到:一切人在精神上都是自由的;精神的一切属性都是从"自由"而得成立。遵循"思辨的思维"前进,将引导我们到达"精神家园"——"心灵自由"。

---

① 黑格尔:《历史哲学》,王造时译,上海书店出版社 2006 年版,第 16 页。

黑格尔"一分为三"的辩证法

本文主要是从哲学史上来考察黑格尔的"一分为三"的辩证法问题。这里所说的"一分为三也就是黑格尔自己经常所说的三分法",这里所以称为"一分为三",意在着重指出,黑格尔"三分法"之中的"三"是既有区别又有联系的,因此这就构成"三"的内在统一性亦即"一"。黑格尔也常用"三一律""三一体"这样的名称,也是要指出"三"的内在统一性。不过,黑格尔用"三一体"这个名称是着重于从本体论上来提出问题。而本文之所以用"一分为三"则是着重于从方法论上来论述黑格尔辩证法的特征。但是,黑格尔认为,方法并不是外在的形式,而是内容的灵魂和概念。① "绝对的方法是在普遍的东西的它本身中找到并认识了它的规定","绝对的方法不是像外在反思那样对待自身,而是从它的对象本身去采取规定的东西,因为这个方法本身就是对象的内在原则和灵魂"。② 黑格尔这里所说的"绝对的方法"就是黑格尔的辩证法。所以,在黑格尔那里,"方法"不是空洞的外在的形式,它是"内容"自身的外在表现,甚至它是"内容的灵魂"。因此,我们从方法论上来考察黑格尔的"一分为三"的辩证法时,就要考察它的外在方面和内在根据以及二者的关系,只有这样才能对黑格尔的"一分为三"的辩证法形成一个完整的概念。这个完整的概念,在黑格尔看来,就是把握那"思辨的东西","思辨的东西(das-speculative),在于这里所了解的辩证的东西,因而在于从对立面的统一中去把握对立面,或者说,在否定的东西中把握肯定的东西。这是最重要的方面,但

---

① 黑格尔:《小逻辑》,贺麟译,商务印书馆1980年版,第427页。
② 黑格尔:《逻辑学》下卷,杨一之译,商务印书馆1982年版,第356、357页。

对于尚未经训练的,不自由的思维能力来说,也是最困难的方面"。① 在黑格尔看来,只有"一分为三"或"三分法"才能"从对立面的统一中去把握对立面",而这样产生的结果则是积极的肯定的东西,不是消极的否定,不是"无"。这样,就可以从总体上划清黑格尔的"三分法"的理性辩证法与康德的"二分法"的知性辩证法的根本区别,划清积极的肯定的辩证法与消极的否定的辩证法之间的根本区别。因此,本文的主体将由三部分构成:

一、作为黑格尔哲学体系之外在特征的"一分为三"的辩证法。

二、黑格尔"一分为三"的辩证法的内在根据。

三、辩证法:否定的和肯定的或知性的和理性的。

一、作为黑格尔哲学体系之外在特征的"一分为三"的辩证法

大家都知道,黑格尔哲学是哲学史上最庞大的哲学体系,可是,人们并不真正懂得黑格尔哲学体系的意义,相反地,一说到黑格尔的体系,人们却都带有轻蔑的意味,认为不值得认真地对待。这种态度妨碍了我们去探索黑格尔哲学的真正的内在的东西,而且也不符合马克思主义经典作家所教导的科学态度。恩格斯就曾经带着自豪的感情说过:我们德国人有一种非常严肃的Gründlichkeit,即彻底的深思精神或深思的彻底精神,随你怎么说都行。"当我们每个人在阐述他认为是新学说的那种东西的时候,他首先要把它提炼为一个包罗万象的体系。"②同样地,对于黑格尔的包罗万象的哲学体系,我们也应该看到黑格尔的那种"Grundlichkeit"。所以,我们重视黑格尔的体系,正是为了从他的体系入手去探索这种"Grundlichkeit",从而去把握藏于其中的内在的灵魂。但是,这首先就要求正确地认识黑格尔哲学体系的外在特征,只有抓

---

① 黑格尔:《逻辑学》上卷,杨一之译,商务印书馆1982年版,第39页。
② 《马克思恩格斯选集》第3卷,人民出版社2012年版,第358页。

住了现象才能正确地把握本质。

关于黑格尔哲学体系的结构或外在特征,黑格尔自己作了极为明白的阐述。在《小逻辑》中,黑格尔在简明地论述了"理念"的辩证本性之后,他得出结论说:

"因此【哲学】这门科学可以分为三部分:

1. 逻辑学,研究理念自在自为的科学。

2. 自然哲学,研究理念的异在成外在化的科学。

3. 精神哲学,研究理念由其异在而返回自身的科学"。①

结合黑格尔对于哲学体系这三大部分具体内容的展开论述,我们可以把黑格尔哲学体系的结构列表如下:

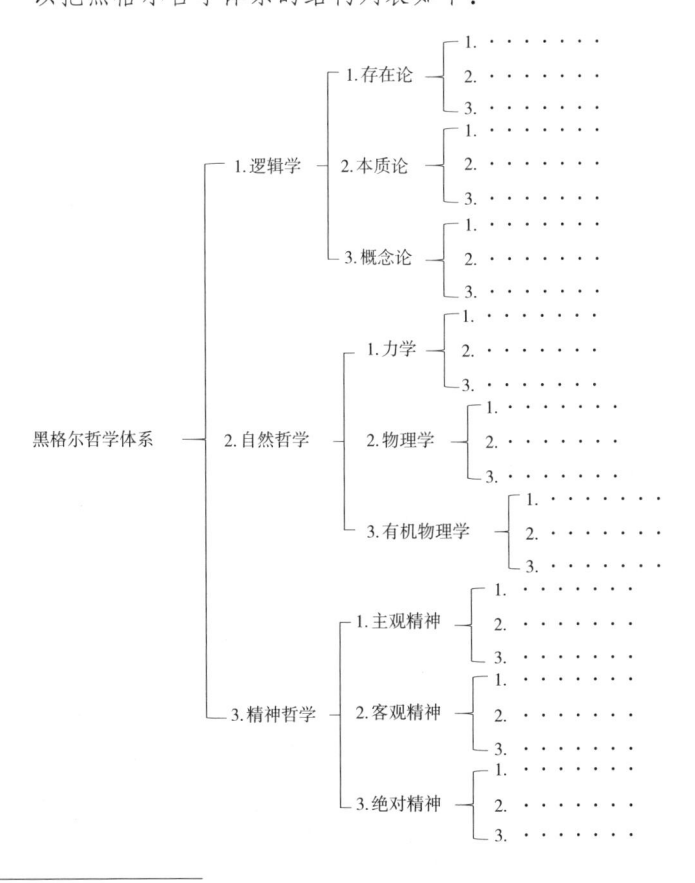

黑格尔哲学体系
- 1.逻辑学
  - 1.存在论：1. …… 2. …… 3. ……
  - 2.本质论：1. …… 2. …… 3. ……
  - 3.概念论：1. …… 2. …… 3. ……
- 2.自然哲学
  - 1.力学：1. …… 2. …… 3. ……
  - 2.物理学：1. …… 2. …… 3. ……
  - 3.有机物理学：1. …… 2. …… 3. ……
- 3.精神哲学
  - 1.主观精神：1. …… 2. …… 3. ……
  - 2.客观精神：1. …… 2. …… 3. ……
  - 3.绝对精神：1. …… 2. …… 3. ……

---

① 黑格尔:《小逻辑》,贺麟译,商务印书馆1980年版,第60页。

从上表来看,黑格尔哲学体系这种完整的"三分法"的形式结构是一目了然的,这一点是无须多作说明的。但是,这里需要特别指出的是,黑格尔认为,哲学科学之所以是这种"三分法"的结构,其根据是在于理念自身的规定性,即理念自身的辩证进展的性质,哲学是对理念自身的这种内在规定性的认识;因此,我们尚须探讨这种"三分法"形式结构的内在根据,才能充分说明"三分法"的辩证法的特征。但是,这里为了确认黑格尔哲学体系"三分法"的形式结构的特征,必须揭示对于黑格尔哲学体系结构的另一种划分方法的错误,这种划分方法是由德国哲学家尼古拉·哈特曼提出来的。尼古拉·哈特曼把黑格尔哲学体系划分为1. 精神现象学——全体系的导言。2. 逻辑学。3. 应用逻辑学。为了便于揭示这种划分方法的不当,把这种划分方法亦列表如下:

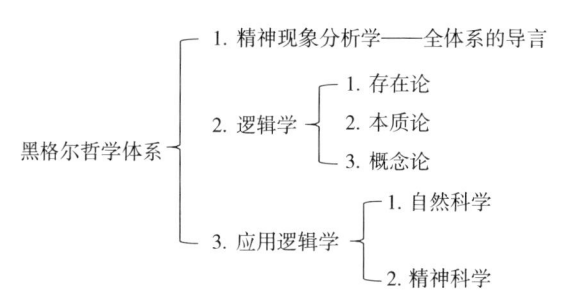

黑格尔哲学体系
- 1. 精神现象分析学——全体系的导言
- 2. 逻辑学
  - 1. 存在论
  - 2. 本质论
  - 3. 概念论
- 3. 应用逻辑学
  - 1. 自然科学
  - 2. 精神科学

尼·哈特曼的这种看法是很有影响的,但是,他的这种看法是错误的。具体说来,这种看法的错误在于:第一,尼古拉·哈特曼不了解黑格尔哲学体系的形式结构是黑格尔根据他自己的哲学理念而建立起来的,而且,一般说来,历史上任何一位哲学家建立自己的哲学体系都是以他自己的哲学概念为依据的;而哲学家的著作(包括黑格尔的著作)则是对于自己所理解的哲学内容的阐述,这往往要受到各种外在因素的影响,根据不同的情况,因而可长可短、可详可略、可分可合。因此,我们就不能把哲学体系所依据的哲学概念和对这种概念内容的外在表述混淆起来,更不能把二者的主从关系颠倒过来。尼古拉·哈特曼的划分方法恰恰不是从黑格尔哲学体系所依据的哲学理念出发,而是用黑格尔的著作外在地拼凑起来的。他不懂得哲学体系所依据的哲学概念以及表述这个概念的内容可能有的多样性与灵活性这二者是有区别的。第二,由于第一点的错误,这种划分方法必然就破坏了黑格尔哲学体系"三分法"的完整形态,其结果则导致歪曲或贬低逻辑学在黑格尔整个哲学体系中的地位与意义。黑格尔的逻辑学是他的整个体系的开端和根据,是构成整个体系的理论基础。逻辑学蕴含了整个体系的全部内容,它不是体系中一个过渡环节。尼古拉·哈特曼把黑格尔的逻辑学列于体系的第二项即反题的地位,这显然未能正确表明逻辑学在整个体系中的地位与意义。第三,在黑格尔的"三分法"的体系中,"自然"居于反题的地位,它在逻辑之后而在精神之前,这里虽然也表现出黑格尔哲学的唯心主义观点,但是却更应该看到,黑格尔的这种划分或排列,正是表明黑格尔把握到了两重对立,即观念与物质的对立,自然与精神的对立并且表明真实的存在正是在于扬弃这样的两重对立面达到对立的统一。这正是黑格尔哲学体系中包含的合理的辩证法思想。可是,尼古拉·哈特曼的划分却把自然哲学与精神哲学排列在一起,一同放在整个体系的第三部分,这样就抹杀了黑格尔体系中关于观念与物质、自然与精神的对立统一的辩证法思想。第四,归结起来,更为重要的是,尼古拉·哈特曼的划分最终必然导致否定黑格尔哲学体系与方法的矛盾,而这是黑格尔哲学的根本特征,它是对黑格尔哲学进行科学评价的依据。以上所述,尼古拉·哈特曼的划分之所以是错误的,就在于不符合黑格尔哲学体系的真实面貌。歪曲了现象也就不能正确地认识本质,尼古拉·哈特曼的划分方法不能引导我们从体系出发进一步去探究内在于体系之中的合理的内容。

恩格斯在评述黑格尔哲学时曾经指示我们:"这些结构仅仅是他的建筑物的骨架和脚手架;人们只要不是无谓地停留在它们面前,而深入到大厦里面去,那就会发现无数的珍宝,这些珍宝就是在今天也还保持充分的价值。"[①]根据恩格斯的这段指示,我们曾先要看清楚黑格尔哲学这座"建筑物的骨架和

---

① 《马克思恩格斯选集》第4卷,人民出版社2012年版,第12页。

脚手架",亦即体系的外在结构,接着(但也是更重要的)就是由此深入进去探寻珍宝。当然,同样重要的是,我们如果看不清楚这座"建筑物的骨架和脚手架",我们亦将不得其门而入,那也就谈不上深入进去探寻珍宝了。

二、黑格尔"一分为三"的辩证法的内在根据

既然"三分法"是黑格尔哲学体系的外在特征,那么,进一步的问题是,必须说明这种"三分法"的形式结构不是偶然的,不是随意的,它是内容的必然表现,它是有着内在根据的。简要地说来,这个内在根据就是事物自身的矛盾性;"三分法"是矛盾的必然表达式。为了深入地阐明这个问题,我们将分为以下几点来展开论述:

(1)在"三分法"问题上,辩证法与形式主义的根本区别;

(2)"三分法"是"精神"的内在规定性;

(3)辩证的否定是"三分法"的契机;

(4)"第三者"(即"绝对者")是根据、目的和真理;

(5)"第三者"(即"绝对者")自身是无限的运动。

现在分别论例如下:

(1)在"三分法"问题上,辩证法与形式主义的根本区别

要阐明"三分法"的辩证法的特征,首先必须批判形式主义对"三分法"的歪曲,揭示辩证法与形式主义在"三分法"问题上的根本区别。黑格尔指出:"辩证法是那些古代科学在近代人的形而上学中以及通过古代人和近代人的流行哲学而最遭到误解者之一"。[①] 面对"三分法"的歪曲和鄙弃就是这种误解的一个具体表现,因此,黑格尔特别批判了对待"三分法"的形式主义的错误。黑格尔指出:"形式主义固然也占取了三分法,并且保持了它的空洞公

---

① 黑格尔:《逻辑学》下卷,杨一之译,商务印书馆1982年版,第537页。

式,近代哲学所谓构成,无非是把那个没有概念和内在规定的公式到处悬挂,并用之于外在的次序安排,这种构成之肤浅无聊和空虚贫乏使得这个形式很讨人厌烦,声名狼藉。但它不会由于这种使用的陈腐乏味而丧失其内在价值,它所找到的理性东西的形态,尽管最初还不曾以概念去理解,但这点总是应该予以高度评价的。"①从这段引文中可以看出,形式主义把"三分法"弄成"没有概念和内在规定的公式",到处悬挂,空无内容,因而使人感到无聊和厌烦,而辩证法的"三分法"则与此根本不同,它是"理性东西的形态",是以"概念和内在规定"为根据的,有其内在的价值,因而应予以高度的评价。这就是在"三分法"问题上,辩证法与形式主义的根本区别。

但是,长时期以来,人们由于没有注意和研究这种区别,因而不加具体分析地对"三分法"采取了否定的态度,把它看做是"表面的方法"。"外在的方法"早在20世纪50年代,苏联编写的哲学辞典就是持的这种态度,它把"三分法"判定为外在的表面的东西而加以完全否定,并且援引了列宁的话作为依据。诚然,在《哲学笔记》的一条批语中,列宁确是这样写的:"辩证法的'三分法'是它的外在的表面的方面。"②可是,苏联哲学辞典的编写者并没有真正理解列宁的这条批语。如果把列宁的这条批语同黑格尔《逻辑学》的有关段落联系起来研究一下,那么,可以看出,列宁的这条批语包含有三层意思。第一,列宁指出,辩证法的"三分法"是有它的外在的表面的方面,它是外在的表现。而且,黑格尔也承认这一点;第二,正是因为这种情况,所以有可能被形式主义加以歪曲,而且也确实是被形式主义歪曲占用了,把它弄成徒具形式的公式;第三,也是最重要的,列宁是要我们"注意","注意"什么呢? 就是要在"三分法"问题上,注意辩证法与形式主义的根本区别,不仅要看到"三分法"的形式,而且要看到这种形式所表现的内容。就是在这条"批语"的下半页的地方,列宁紧接着就摘录了黑格尔对于形式主义占用"三分法"的批判。因此,

---

① 黑格尔:《逻辑学》下卷,杨一之译,商务印书馆1982年版,第545页。
② 《列宁全集》第55卷,人民出版社2017年版,第198页。

列宁的这条批语不能成为用来否定"三分法"的根据,毋宁说,这条批语是指示我们,对"三分法"要作具体分析,批判形式主义对它的歪曲,从而掌握真正的辩证法的"三分法"。所以,怎样看待"三分法"这个问题与对"否定之否定"规律的评价问题是密切相关的。近年来我国哲学界虽有不少文章论证了"否定之否定"是一条辩证法的规律,但是仍然不能明确肯定"三分法"的辩证法的特征,殊不知如果不肯定"三分法"的辩证法的特征,也就不可能彻底阐明"否定之否定"规律。

按照黑格尔的说法,在"三分法"问题上,辩证法与形式主义的根本区别,就在于能不能从"概念和内在规定"来把握"三分法",以及能不能理解它是"理性东西的形态"。因此,应当对此作出具体的阐明。简要地说,这就是指理性自身所具有的矛盾性。"三分法"是理性自身矛盾的必然表现形式。黑格尔说:"形式的思维为自己制定了一个确定的原则:矛盾是不可思议的;但事实上,矛盾的思维乃是概念的本质要素。形式的思维事实上也思考到矛盾,不过它立即把视线移开,并且从矛盾转到仅仅是抽象否定的那条名言。"即"矛盾是不可思议的"。[1] 形式的思维根本不能理解和表述矛盾。黑格尔要确立的辩证的思维或思维的辩证法就在于他矛盾的概念成为可思维的、可理解的,使矛盾的思维成为可论证的、可表述的,从而最终使矛盾成为可把握的。辩证的思维亦即"思辨的思维在于思维把握住矛盾并在矛盾中把握住自身"。[2] "三分法"就是这种思辨思维的方法,它的根据是"辩证理性"或"精神"的内在规定性。"三分法"作为辩证的方法是有内容的。"方法并不是外在的形式,而是内容的灵魂和概念","内容即是理念的活生生的进展",这种进展循着正反合的节奏前进,每一阶段尚须努力向前进展以求达到全体,这种全体的开展,我们就称之为"方法"。[3]

---

[1] 黑格尔:《逻辑学》下卷,杨一之译,商务印书馆1982年版,第543页。
[2] 黑格尔:《逻辑学》下卷,杨一之译,商务印书馆1982年版,第67页。
[3] 黑格尔:《小逻辑》,贺麟译,商务印书馆1980年版,第427、423、424页。

(2)"三分法"是"精神"的内在规定性

现在则是要进一步揭示"精神"的内在规定性的具体内容,并说明为什么"精神"必然表现为肯定、否定、否定之否定这样的"三项式"或"三分法"。

所谓"精神"的内在规定性就是指"精神"的本质。在黑格尔看来,"理性之所以成为精神,在于'知道自己是全部实在性'这一自身确定性已经提升为真理,理性意识到自己就是世界,世界就是自己。——精神的转变过程揭示出了此前刚刚发生的那个运动,在这个过程中,意识的对象,亦即纯粹范畴,已经提升为理性的概念"。① 而且,"精神的这种内在性或自身回复,也可以说是它的最高的、绝对的目的。它所追求的只是这一点,没有别的。举凡一切在天上或地上发生的——永恒地发生的,——上帝的生活以及一切在时间之内的事物,都只是精神认识其自身,使自己成为自己的对象,发现自己,达到自己与自己相结合。精神自己二元化自己,自己远离自己,但却是为了能够发现自己,为了能够回复自己;只有这样才是自由;……当精神回复到自己时,它就达到了更自由的地步,只有在这里才有真正的自性,只有在这里才有真正的自信"。② 所以,黑格尔所说的"精神"的内在规定性乃是指"精神"自身追求自己的自由,自性和自信,而这是通过"精神"的自身分裂和自身回复而实现的;这是"精神"自身的矛盾及其展开为对立并进而克服对立达到统一的辩证的运动过程,它表现为"精神"乃是自身设定,自身分裂面又自身回复的永恒的生命。这种辩证运动"发展的过程亦即是内容、理念的本身。它是其一,也是其他,二者合一,构成其三。因为其一在其他里面乃是回复其自身,并非外在于其自身"。③ 黑格尔对"精神"的内在规定性的这种理解是黑格尔对于哲学科学的独特贡献,正因为黑格尔持有这样的"精神"既念,才使他能够成为"全面地有意识地叙述辩证法一般运动形式的"最早的一个人(马克思语)。然

---

① 黑格尔:《精神现象学》,先刚译,人民出版社2013年版,第269页。
② 黑格尔:《哲学史讲演录》第1卷,贺麟、王太庆译,商务印书馆1983年版,第28页。
③ 黑格尔:《哲学史讲演录》第1卷,贺麟、王太庆译,商务印书馆1983年版,第29页。

而，黑格尔对"精神"的这种独特的理解并不是来自突发的灵感，也不是神秘的"直观"，而是"有巨大的历史感作基础"的(恩格斯语)。它是在唯心主义基础上从历史并且直接地是从哲学史中全面总结出来的；黑格尔的"精神"概念是他的辩证法的真正诞生地。

那么，"精神"的这种特性为什么必然表现为"三分法"或"三项式"呢？这就要从黑格尔哲学体系的"主导原则"不同于哲学史上任何一个哲学体系的"主导原则"的特点来理解。黑格尔认为，历史上的哲学体系赖以建立的"每一原则在一定时间内都曾经是主导原则。当整个世界观据此唯一原则来解释时，——这就叫作哲学系统"。① 这就是说，所谓"主导原则"乃是一个哲学体系中起支配作用的因素。黑格尔的这个见解是正确的、深刻的，它提供了一个把握每一哲学体系的全貌及其特征和历史地位的观点与方法。其次，黑格尔又认为，历史上出现的"每一哲学系统即是一个范畴，但它并不因此就与别的范畴互相排斥。这些范畴有不可逃避的命运，这就是它们必然要被结合在一起，并被降为一个整体中的诸环节。每一系统所采取的独立的形态又须被扬弃。在扩张为多之后，接着就紧缩为一，——回复到'多'最初所自出的统一"。② 黑格尔的这个见解也是很具特色的，它表明黑格尔力图从逻辑的东西与历史的东西之统一出发，把哲学史组织成为有内在联系的、发展的并且是可论证的科学体系。黑格尔就是自觉地按照这样的观点与方法来确立他的哲学体系的"主导原则"，以便总结哲学史的全部内容。这样，黑格尔的哲学体系就成为先前的一切哲学之最后的和大的"统一"，它把历史上的每个哲学系统都归结为一定的范畴而降为"精神"发展的一个环节组织在他自己的体系之中，黑格尔用来实现这个总结并统率其体系的原则就是黑格尔自己的哲学体系的"主导原则"。而要确立这样的"主导原则"，黑格尔认为，"一切的关键

---

① 黑格尔:《哲学史讲演录》第1卷，贺麟、王太庆译，商务印书馆1983年版，第41页。
② 黑格尔:《哲学史讲演录》第1卷，贺麟、王太庆译，商务印书馆1983年版，第38页。

在于,不仅把真相理解和表述为一个实体,而且同样也理解和表述为一个主体"。① 所以,黑格尔所说的"精神"就既是自在的实体又是自为的(能动的)主体,这就是说,它是"实体主体",即它是自在自为的绝对者。这就是黑格尔哲学体系的"主导原则"。马克思敏锐地揭示了这个原则的精神实质。马克思指出,"把实体了解为主体,了解为内在的过程,了解为绝对的人格。这种了解方式就是黑格尔方法的基本特征"。② 马克思的这种评述,为我们指明,"黑格尔方法的基本特征"就不是一种单纯的方法论,它同时是本体论和认识论。或者,严格地说,黑格尔哲学的"主导原则"的精神实质就在于:它以辩证法为基础,把本体论、认识论和方法论三者统一起来了。"精神"作为自在的存在,它就是本体论中的"实体";"精神"作为自为的存在,它则是认识论中的"主体"。而辩证法则是揭示了二者的内在统一性。所以,黑格尔是依赖他的方法把"精神"规定为既是"实体"又是"主体",即"实体—主体"。因此,在黑格尔看,"精神自在地就是运动,就是认识的运动,——就是由自在转变为自为,由实体转变为主体",这是因为,"实体作为主体,本身包含着一种最初内在的必然性,也就是说,实体必须自力更生,把自己呈现为它自在所是的东西,呈现为精神"。③ 而推动着"精神"由实体到主体的运动着的力就是伟大的辩证法。"辩证法是现实世界中一切运动、一切生命、一切事业的推动原则。同样,辩证法又是知识范围内一切真正科学认识的灵魂。"④这就是黑格尔哲学的方法论。因此,在黑格尔哲学中,方法并不是外在的形式,而是内容的灵魂和概念,因为,"精神的运动就是概念的内在发展:它乃是认识的绝对方法,同时也是内容本身的内在灵魂"。⑤ 可见,所谓方法就是这种"精神"的内容本

---

① 黑格尔:《精神现象学》,先刚译,人民出版社 2013 年版,第 11 页。
② 《马克思恩格斯文集》第 1 卷,人民出版社 2009 年版,第 280 页。
③ 黑格尔:《精神现象学》先刚译,人民出版社 2013 年版,第 498 页。
④ 黑格尔:《小逻辑》,贺麟译,商务印书馆 1980 年版,第 177 页。
⑤ 黑格尔:《小逻辑》,贺麟译,商务印书馆 1980 年版,第 291 页。

身之必然表现于外,"因为天地间并没有抽象的外在性","而精神(特别有限的精神)的任务即在于使神圣本质得到自觉"。① "精神"的这种"神圣本质"及其自觉之实现即展开则为自我设定、自我分裂而达到自我复归。所以,描述这个内容的方法或形式就必然表现为肯定、否定、否定之否定;或正题、反题、合题这样的"三项式"或"三分法"。所以,"三分法"就是"精神"内在规定性(即矛盾性)的必然表现,或者说,它就是"精神"的内在的辩证本性的展现。只有"三分法"才能恰当地表现出"精神"的矛盾展开的运动。所以,黑格尔明确指出,"三分法的前两个环节是抽象的、不真的环节,它们正因此而是辩证的,并且通过它们的这种否定性而把自己造成是主体"。② 这里所说的"把自己造成是主体"则是在"三分法"的第三个环节中得到完成的。

(3)辩证的否定是"三分法"的契机

黑格尔确立的"三分法"或"三项式"使矛盾概念成为可思议的,而形式的思维则总是把"矛盾是不可思议的"奉为金科玉律。针对形式思维的错误,黑格尔指出,"形式思维为自己制定了一个确定的原则:矛盾是不可思议的;但事实上,矛盾的思维乃是概念的本质要素。形式的思维事实上也思考到矛盾,不过它立即把视线移开,并且从矛盾转到仅仅是抽象否定的那条名言",即认为"矛盾是不可思议的"。③ 形式的思维就在于不能把握辩证的否定性,"抽象的否定"使形式的思维离开了矛盾。正是借助于"辩证的否定性","第三者"才能成为自觉的"主体"。

"精神"或绝对主体自身为什么会运动以及这种运动为什么必然循着肯定、否定、否定之否定这样的三项式的节奏前进,关键就在于绝对主体自身具有内在的否定性或辩证的否定性,正是这种辩证的否定性是推动绝对主体循着正题、反题、合题这样三项式运动发展的契机,这就是黑格尔所说的,"引导

---

① 黑格尔:《逻辑学》上卷,杨一之译,商务印书馆1982年版,第5页。
② 黑格尔:《逻辑学》下卷,杨一之译,商务印书馆1982年版,第545—546页。
③ 黑格尔:《逻辑学》下卷,杨一之译,商务印书馆1982年版,第543页。

概念自己前进的,就是前述的否定的东西,它是概念自身所具有的;这个否定的东西构成了真正辩证法的东西"。① 这种否定性"是一切活动——生命的和精神的自身运动——最内在的源泉,是辩证法的灵魂,一切真的东西本身都具有它,非且唯有通过它才是真的"。② 正是因为绝对精神自身具有这种内在的否定性,所以才能成为"实体—主体",以及它的自身运动必然"到处都展示为正题、反题和综合的图式。精神作为自身意识着的精神就是按这些方式区分其自身的。"③

黑格尔之所以能够建立这样的"实体—主体"作为他的哲学体系的"主导原则",就在于他把辩证的否定性引入了实体概念之中,或者说,就在于他阐明了实体自身具有这种内在的否定性,而这是通过对于斯宾诺莎的实体哲学的批判改造而达到的。

斯宾诺莎的实体哲学在哲学史上做出了巨大的贡献,他确立的实体概念成为近代客观辩证法的一个重要环节。但是,斯实诺莎的实体哲学又是有重大的"欠缺"的,这就是黑格尔指出的,斯宾诺莎的实体本身欠缺"自身反思",而"自身反思"则是通过"作为自身排斥的,与自身相关的否定性"建立起来的。④

什么是实体?斯宾诺莎的著名定义是:"实体,我理解为在自身内并通过自身而认识的东西,换言之,形成实体的概念可以无须借助于别的事物的概念"。⑤ 斯宾诺莎的这个著名定义揭示了实体概念的绝对性、本原性和普遍性。然而,这个实体若不具有自身的能动性,它如何能够成为绝对的本原;若不是自身中介的,它如何能够成为可理解的东西;若不是自身规定的,它如何能够成为具体的东西。总之,实体如果不具有内在的否定性,那么,它就是一

---

① 黑格尔:《逻辑学》下卷,杨一之译,商务印书馆1982年版,第543页。
② 黑格尔:《逻辑学》上卷,杨一之译,商务印书馆1982年版,第38页。
③ 黑格尔:《哲学史讲演录》第4卷,贺麟、王太庆译,商务印书馆1983年版,第307页。
④ 黑格尔:《逻辑学》下卷,杨一之译,商务印书馆1982年版,第191页。
⑤ 斯宾诺莎:《伦理学》,贺麟译,商务印书馆1997年版,第3页。

种单纯的直接性的存在,就是不可理解的、不可把握的光溜溜的东西,亦即不能成为实体。黑格尔揭示了实体自身具有内在的矛盾,正是这种内在矛盾构成了实体的真理。也正是为了探寻实体的真实性的根源,黑格尔在他的哲学史中特别着重分析了波墨(黑格尔称他是"一个在粗糙的表述中具有一颗具体的、深刻的心的人")对于"否定性"所作的探求。波墨认为,"'否'是对'是'或真理的一种反击(这种否定性是全部认识和理解的原则):有了'否',真理才显示出来,才有某物,共中才有一个Contrarium(对立)……但是却不能说'是'与'否'是割裂开的,是两个并立的东西;它们只是一个东西,但是分为两端,造成两个Centra(中心),各有各的作用,各有各的意愿。——没有这经常在冲突的两面,万物就成了虚无,就静止不动了"。① 黑格尔极为赞赏波墨在揭示真理中对于否定性所起的辩证联系的探讨。正是在前人这些研究的基础上,黑格尔区分了"抽象的否定性"与"辩证的否定性",并把"辩证的否定性"引入实体概念,作为揭示实体真理的不可缺少的契机,这是黑格尔的特有贡献。黑格尔提出,"无论在天上、在自然中、在精神中或任何地方,都没有什么东西不同时包含直接性和间接性,所以这两规定不曾分离过,也不可分离,而它们的对立便什么也不是"。② 正是因为"实体"自身具有"辩证的否定性"或"自我反思",实体才能成为直接性与间接性的统一,才具有内在的推动力使实体由自身肯定经历自身中介(差别或对立)而达到自身复归,成为包含着直接性与间接性统一的真实的存在。这样才能确立"实体—主体"原则。

由此可见,"辩证的否定"就不仅仅是与"肯定"相对待的"否定",而是"否定之否定",黑格尔又把它叫作"绝对的否定性"。正是由于这个道理,黑格尔区分了"第一次的否定"和"第二次的否定"。"第一次的否定,即一般的否定,当然要与第二次否定,即否能之否定的区别开;后者是具体的、绝对的否

---

① 黑格尔:《哲学史讲演录》第4卷,贺麟、王太庆译,商务印书馆1983年版,第51页。
② 黑格尔:《逻辑学》上卷,杨一之译,商务印书馆1982年版,第52页。

定性,而前者则仅仅是抽象的否定性。"①只是由于这第二次否定即否定之否定,绝对自身的生成过程才必然表现为正题(肯定)、反题(否定)、合题(否定之否定)这样的辩证地展开的三项式,才能产生出具体的积极的结果,即对立的统一。因为,第二次否定包容了第一次否定的内容而又扬弃了它的片面性。这就是真正的辩证的否定性,它构成"三分法"的辩证法的一个必然的契机。在"三分法"中,由于内在地包含了"辩证的否定性"作为一个发展的契机,因而它既产生对立而又能克服对立的僵硬性,不至于由对立走向虚无与毁灭,而是在一个更高的统一中去把握对立,从而获得积极的更新的成果。这才能有前进的运动。否则,如果陷于形式主义,"迷失于同一性这个知性的规定之中,它便缺少本质的、辩证的环节,否定性";这样,就不可能有运动,更不可能有走向真理的前进的运动。但是,黑格尔指出,否定性这"后一环节仍然在规定的三分法中出现,因为第三个是前两个规定的统一,然而前两个既然是差异的,它们在统一中只能作为被扬弃的"。② 所以,辩证的否定性构成"三分法"的契机。

(4)"第三者"(即"绝对者")是根据、目的和真理

辩证的否定性必然引导出"第三者",然而要能发现这个"第三者"却需要有辩证法的智慧、形而上学的思维,对于这个"第三者"是"视而不见"的。因为,以形而上学的思维来对待辩证法,就只能产生消极的否定的结果,在这种消极的否定的形式中,"辩证法及其结果,按照这种形式,宣布所着手的对象或所涉及的主观认识,是虚无的,但在对象那里被指出为第三者的那些规定,却相反地未受注意,仍然留下来了,并且本身被当做前提"。③ 这就是说,"第三者"是绝对的客观的存在,不过在形而上学的思维方式中,不能发现并正确地规定它,而是不自觉地作为自己的"前提"。正是由于这个原因,形而上学

---

① 黑格尔:《逻辑学》上卷,杨一之译,商务印书馆1982年版,第109页。
② 黑格尔:《逻辑学》下卷,杨一之译,商务印书馆1982年版,第545页。
③ 黑格尔:《逻辑学》下卷,杨一之译,商务印书馆1982年版,第539页。

思维常常导致关于辩证法的消极的否定的结论,这正是形而上学思维的悲剧所在。

"第三者"是绝对的客观的存在,形而上学思维只是无力发现它,但并不能抹杀它的存在。黑格尔举出形式逻辑的排中律就是一个实例。排中律是说:某物或者是 A,或者是非 A;第三者是没有的。这个命题的含义是,一切事物都是对立物,都是要么肯定地,要么否定地规定了的东西,没有一个第三者。可是,黑格尔却敏锐地指出:"在这个命题本身中,的确就有对于对立漠不相关的第三者,那就是已在那里的 A 本身。"第三者是客观的存在,是不能排除的。但是,黑格尔继续分析,还要揭示出"第三者"的辩证法的特征。黑格尔说,"这个 A 既不是+A,也不是-A,同样也可以既是+A,又是-A"。这样看来,某物 A 对于+A 和-A,就不是漠不相关的了,因此,黑格尔进一步指出,"那应该要么是+A,要么是-A 的基物,因此便和+A 及-A 都相关了,再者,某物既然和 A 相关,它就应该不与非 A 相关,同样,它既然与非 A 相关,就应该不与 A 相关,所以某物本身就是那个应该被排除的第三者"。然而,正是这个"第三者",它既建立+A 与-A 的对立,同时它又扬弃+A 与-A 的对立,转回到反思的统一。这就是黑格尔达到的结论:"由于对立的规定既是在某物中建立起来的,同样又是在这一建立中被扬弃掉;所以第三者这里具有僵死的某物的形态,而更深刻地看来,它却是反思的统一;对立之转回为这种统一,正如它之转回为根据。"①这里,黑格尔正是分析和揭示了形式逻辑排中律的主观局限性,即排中律既要依靠一个"第三者"作为"前提",但又不能发现和正确地规定它,反而要排斥它,这样一来,"第三者"就成了僵死某物的形态,这就导致了消极的否定的结果。可是,黑格尔深刻地揭示了,对立并不是僵硬不动的,而是相互依存和转化的,这就必然引出一个"第三者",对立的规定既是在某物(第三者)中建立起来的,同样又是在这一建立中被扬弃的,因此,对立就转化

---

① 黑格尔:《逻辑学》下卷,杨一之译,商务印书馆 1982 年版,第 65 页。

为统一,这就是"第三者"的辩证的综合。而这都是由思辨的思维即辩证的思维发现的,由此建立的"第三者"概念,即是矛盾概念;也是说,"第三者"是一个矛盾体,它是对立之转化为统一即对立的统一。所以,黑格尔断定,矛盾才是客观的真理,"一切事物本身都自在地是矛盾的","这个命题比其他命题更加能表述事物的真理和本质"。而"思辨的思维唯在于思维把握住矛盾并在矛盾中把握住自身,不似表象那样受矛盾支配,而只是让矛盾把它们的规定消解为其他规定,或说消解为无"。① 这就是说,辩证的思维就是要把握这个"第三者"而不能停留于第一者与第二者的僵硬的对立。因为,发现和规定"第三者"也就是发现和规定矛盾,而矛盾是对立的统一。由于"第三者"是矛盾体,所以,对于第一者和第二者来说,它构成依据,目的和真理。因此,能不能发现和正确规定"第三者"就成为区分形而上学的"二分法"与辩证法的"三分法"的基础。

在概述思辨方法的基本环节的特征时,黑格尔写道:"思辨方法的各环节;(α)开始。这就是存在或直接性,……(β)进展。进展就是将理念的内容发挥成判断。……因此它就成为对'开始'的否定,或者对于那最初者予以规定。……(γ)目的。在目的里,那相区别的事物才被设定为像它们在概念里那样。目的是对最初的起点(开始)的否定,但由于目的与最初的起点有同一性,所以目的也是对于它自身的否定。因此目的即是统一体,在此统一体里,这两个意义的最初作为现念性和作为环节的,作为被扬弃了的,同时又作为被保存住了的就结合起来了。"②这里,黑格尔揭示了,思辨方法的三项式构成一种辩证的内在的进展,从而使矛盾由潜在的转化为现实的,三项式成为矛盾的表达式,而矛盾就是生命,因而三项式也就是生命的存在形式。这就告诉我们,"第三者"作为矛盾体的实在性就必须从它与前两项的关系中来理解。在这种三项式的辩证进展中,"第三者"的特点在于,它"既是自在之有的普遍的东西,又是自为之有的否定的东西,作为第三个、也是自在和自为之有那样的

---

① 黑格尔:《逻辑学》下卷,杨一之译,商务印书馆1982年版,第65、67页。
② 黑格尔:《小逻辑》,贺麟译,商务印书馆1980年版,第424、425页。

普遍的东西,它贯穿了推论的一切环节;但第三个是结论,概念在结论中通过它的否定性,以自身为中介,于是自为地建立为它的环节的普遍和同一的东西"。① 这种矛盾进展的形式活动就形成实体的同一性。这里所要表述的意思是,第三项既是由前两项发展而来的,而且又是由于这个第三项才使这个三项式形成一个有机的统一体。这种三项式的辩证关系及其展开,其基础乃是事物的矛盾性;三项式中的第三项,作为矛盾统一体,它不仅是三项中的一项(第三项),而且它又蕴含着和统摄着前两项作为自身生成的环节,因此,第三项作为矛盾统一体,乃是构成三项式的根据。它是自身建立起来的自在自为的东西。所谓根据,——黑格尔说,乃"是同一与差别的统一,是同一与差别得出来的真理,……根据就是被设定为全体的本质"。② 前三项正是三项式"全体的本质",是同一与差别的统一,它是凭借辩证的否定性,由前两项设定的。但是,这种作为构成"全体的本质"之根据,它同时就是目的。因为它不是抽象的形式的根据,"在目的性那里却正相反,内容变得重要了,因为目的事先建立了一个概念,一个自在自为地被规定的、从而是自身规定的东西,也就是把自身反思的统一、一个自在自为地被规定的东西,即内容,从各种区别及其被互相规定的关系,即从形式区别开了。但假如这个内容也是有限而不重要的,那么,它就与它应该是的那样的东西相矛盾了,因为目的对于它的形式说来,是一个自身无限的总体"。③ 第三项作为三项式的"全体的本质"即根据,正是这种自身无限的总体,因为它是绝对的否定性。但是,它作为三项式的第三项,它又是与形式(三项式的展开式)相区别的内容,因此,第三项就成为前两项的目的。正是因为第三项作为目的,才使得三项式构成一个有机体,而不是一种机械的必然性。它体现了"实体即主体"这一自由的原则。因为,"目的既包含效果在自身内,因此在效果里的目的并没有过渡到外面,而

---

① 黑格尔:《逻辑学》下卷,杨一之译,商务印书馆1982年版,第546页。
② 黑格尔:《小逻辑》,贺麟译,商务印书馆1980年版,第259、388页。
③ 黑格尔:《小逻辑》,贺麟译,商务印书馆1980年版,第259、388页。

是仍然保持其自身,这就是说,目的仅通过效果而实现其自身,而且在终点里和它在起点或原始性里是一样的"。① "第三者"作为自在和自为之有那样的普遍的东西,表现出它是向起点(第一者)的回复,或者说,第一者在第三者之中认识并实现了自身,而这是通过中项的否定才达到的。中项、单纯作为对立来看,它是向第三者转化的手段,但是,一旦扬弃了这种对立,实现了这种转化时,则表明它不仅仅是手段,而且也是构成目的自身不可缺少的环节。由于第三者既是根据又是目的,这样,它就自己造成自己是真理。因为"真理本身只是在扩展的过程和在终结中"②这种扩展的过程,是从单纯的规定性开始的前进的运动,后继者是愈来愈丰富,愈来愈具体,直至在终结的结果中达到了整个过程的全部的丰富内容。这是因为,整个的认识过程是以"普遍的东西构成基础;因此不应当把进程看作是从一个他物到一个他物的运动。绝对方法中的概念在他有中保持自身;普遍的东西在它的特殊化中、在判断和实在中,保持自身;普遍的东西在以后规定的每一阶段,都提高了它以前的全部内容,它不仅没有因它的辩证的前进而丧失什么,丢下什么,而且还带着一切收获和自己一起,使自身更丰富、更密实"。③ 这就是说,三项式中前两项的合理性就在于必然要进展到第三项,只有从第三项,前两项的真理性才能得到理解和说明。

由于第三项作为普遍和同一的东西,它构成三项式的根据、目的和真理,才使矛盾发展趋于完成,即形成一个圆圈;这才是活生生的矛盾,跃动着的生命。这样才实现了"实体—主体"的绝对主动性与创造性。

(5)"第三者"(作为"绝对者")自身是无限的运动

上节说明,"第三者"作为三项式的根据、目的与真理,它就成为与形式相区别的内容。从形式来说,它只是三项式中的一项(第三项),但是,从内容来说,它在三项式中是"一以贯之"的,因此,它又不仅仅是第三项,它在自身之

---

① 黑格尔:《逻辑学》下卷,杨一之译,商务印书馆1982年版,第425页。
② 黑格尔:《逻辑学》下卷,杨一之译,商务印书馆1982年版,第551、549页。
③ 黑格尔:《逻辑学》下卷,杨一之译,商务印书馆1982年版,第551、549页。

中还包容和统摄了前两项。就是说,它是"绝对者"——回到了原初的出发点的第三项,成为"第二个直接的东西";三项式中的第一项是第一个直接的东西。因此,第三项作为绝对者,就成为下一轮的三项式中的新的起点;它既是上一轮三项式的终点,又是下一轮三项式的起点。正是在这个关联的意义上,黑格尔说,"那被数为第三的,也可以数作第四"。因为,"这就二个直接的东西,在整个过程中,假如人们总是愿意计数的话,对第一个直接的东西和对有中介的东西说,就是第三个东西。……如果那第一个否定的已经是第二项,那么,那被数为第三的,也可以数作第四;抽象的形式也将不用三分法而被当是一个四分法。……第三个或第四个总是第一个和第二个环节,即直接的东西和有了中介的东西之统一"。① 黑格尔的这些议论是什么意思呢?黑格尔为什么说,"那被数为第三的,也可以数作第四"呢?黑格尔的这些议论正是要指出,所谓"三分法"或"四分法"确是问题的表面的和外在的方面;不能把"三分法"的形式绝对化。黑格尔反对形式主义把"三分法"的形式僵化或凝固化。黑格尔强调不要单从形式上去把握"三分法",而是要从其内在规定性即内容上去理解"三分法",这里所说的"抽象的形式也将不用三分法而被当做是一个"四分法",正是说明,形式要服从于内容,这样就可以从形式上来防止把"三分法"僵化。如果从内容上来把握"三分法",那就必须认识到,"第三者"作为绝对者,它自身是无限的运动。"第三者"亦可数作"第四者",就是说,"第三者"并不是封闭了运动的最末一个,总之,"绝对者"并不"绝对",它又是"第四者",即它又是更高水平的运动的新的起点,而这种运动是无限的。然而它也是"第三者","第三者"作为"第三者"并不是毫无意义的,因为,在辩证法的"三分法"中,"第三者"是方法的转折点,这是由"三分法"的内在的辩证的否定性所决定的。正是在三项式的第三项中,绝对者的运动由向外面转向内,由外在的反思转为内在的反思,达到反思的统一;因此,这样得到的

---

① 黑格尔:《逻辑学》下卷,杨一之译,商务印书馆 1982 年版,第 544、545 页。

"第三者","由于中介的扬弃,便是直接的东西;由于区别的扬弃,便是单纯的东西;由于否定的东西的扬弃,便是肯定的东西"。① 这同时就是"第四者"即更高水平的运动的新起点。所以,黑格尔说,"第三个是直接性和中介,或者说它是两者的统一,都不足以把握它,因为它不是一个静止的第三个,而正是以自身为中介的运动和活动那样的统一"。② 由于"第三者"是方法的转折点,因而"绝对者"的无限的运动就表现为曲折的、循环往复的、螺旋式的进展;它既是前进又是后退,前进中有后退,而后退又是为了前进,但总的趋势是一种辩证的前进的发展运动。这就是黑格尔概括指出的,"凭借上述方法的性质,科学表现为一个自身旋绕的圆圈,中介把末尾绕回到圆圈的开头;这个圆圈以此而是圆圈中的一个圆圈;因为每一个别的枝节,作为方法赋予灵魂的东西,都是自身反思,当它转回到开端时,它同时又是一个新的枝节的开端"。③ 在这种"三项式"的循环往复的运动中,那开始是自在的普遍的东西,而在结果中则成为自为的,普遍的东西作为主体,自身给自身建立起来了。因此,黑格尔说,"最高、最锋锐的顶峰是纯粹的人格,它唯一地通过那成为自己的本性的绝对辩证法,既把一切都包摄在自身之内,又因为它使自身成为最自由的,——仍保持着单纯性,这个单纯性是最初的直接性和普遍性"。④ 这就是"绝对者"以三项式展开的无限运动的实质内容,也就是黑格尔哲学的"实体—主体"概念的辩证法的神。列宁把这规定为:"'永恒的生命'=辩证法。"⑤

三、辩证法:否定的和肯定的或知性的和理性的

"二分法"与"三分法"代表了对待矛盾的两种不同的思维方式的对立,即

---

① 黑格尔:《逻辑学》下卷,杨一之译,商务印书馆1982年版,第544、545页。
② 黑格尔:《逻辑学》下卷,杨一之译,商务印书馆1982年版,第545页。
③ 黑格尔:《逻辑学》下卷,杨一之译,商务印书馆1982年版,第551、549页。
④ 黑格尔:《逻辑学》下卷,杨一之译,商务印书馆1982年版,第551、549页。
⑤ 《列宁全集》第55卷,人民出版社2017年版,第169页。

形而上学与辩证法的对立。但是,这两种不同的思维方式却都有同样悠久的历史。只是从真理上来论断二者的各自的地位与意义时,则是历史发展作出的结论。古代的朴素的辩证法,由于是建立在感性直观的基础上,因而不得不让位于形而上学。随着人类社会实践的历史发展以及人类认识的深化与扩展,辩证法在反对形而上学的斗争中,才重新取得了真理的地位,而黑格尔哲学则为此作出了巨大的贡献;黑格尔是历史上第一个全面系统地叙述了辩证法基本形态的哲学家。

形而上学与辩证法的根本对立最主要是在矛盾问题上尖锐地表现出来的。这种争论在古代希腊哲学中就是重要的内容。亚里士多德对柏拉图理念论的批判,不仅是对唯心主义的批判,而且也揭露了柏拉图理念论的形而上学的特征及由此而产生的理论上的困难。这特别表现在亚里士多德针对着柏拉图的理念论而提出的著名的"第三人"的诘难之中。亚里士多德指出,如果理念是用来统摄一类之中的个别事物的"形式",那么"个别的人"与"人的理念"之间就还需要有一个理念即"第三人"来把二者统摄起来,然而这样则可以无穷推论下去。亚里士多德提出的"第三人"的诘难,正是击中了柏拉图理念论中关于一般与个别的形而上学,揭示了"二分法"在客观的矛盾面前是无能为力的。但是,亚里士多德自己也未能把握"第三者"的辩证法,而只是进行了"探索"。"亚里士多德的逻辑学是探索、寻求,是向黑格尔逻辑学接近……(亚里士多德到处在每一步上所提出的已是关于辩证法的问题)。"[①]

在近代欧洲哲学中,康德对"三分法"做出了很重要的贡献,他的范畴体系的分类理论已经指出了"二分法"的不足之处,而提出了"三分法"想来弥补这种缺陷。但是,由于康德不理解矛盾是客观真理,因而他不能达到自觉地用一个统一的观念去把握"三分法",所以,在康德那里,"三分法"仍然是一种形式主义的外在的排比。因此,黑格尔指出,"伟大的[辩证法]概念的本能使得

[①] 《列宁全集》第55卷,人民出版社2017年版,第313页。

黑格尔"一分为三"的辩证法

康德说:第一个范畴是肯定的,第二个范畴是第一个范畴的否定,第三个范畴是前两者的综合。三一的形式,在这里虽是公式,在自身内部却潜藏着绝对形式、概念。康德并没有[辩证地]推演这些范畴","康德只是经验地接受这些范畴,他没有认识到它们的必然性。他没有考虑到建立统一性,并从统一性发展出差别来"。① 正是由于这种形而上学的主观局限性,康德虽然把"理性的理念"了解为"无条件者""无限者",但是康德却无力对它进行具体的规定,而不得不宣布它是"不可认知的"与康德相反,黑格尔则提出,"这个无条件者现在必须加以具体的了解。而主要的困难也就在这里。理性的哲学在于认识无条件者、无限者。这是什么意思呢?认识无条件者意味着规定无条件者,把无条件者的规定推出来"。② 黑格尔肯定地断言,"说理性产生理念,这是一种伟大的说法;但在康德那里这只是一个抽象。只有无条件者与有条件者的结合才是理性的具体概念"。③ 正是在如何规定(即认识)这个"无条件者"(黑格尔亦称为"绝对者")的问题上,黑格尔提出了,否定的辩证法与肯定的辩证法或知性的辩证法与理性的辩证法之间的区别;黑格尔提出的这两种不同的辩证法概念,将可以使我们进一步从总体上划清"二分法"与"三分法"的根本区别。因为规定"理性的理念"或"无条件者"也就是规定矛盾自身。

那么,什么是否定的辩证法呢? 黑格尔说:"当辩证法原则被知性孤立地、单独地应用时,特别是当它这样地被应用来处理科学的概念(即哲学理念——引者注)时,就形成怀疑主义。怀疑主义,作为运用辩证法的结果,包含单纯的否定。"④黑格尔举出康德的"二律背反"正是知性孤立地、单独地应用辩证法原则的表现。"二律背反"就是"二分法",它是对理性矛盾的发挥,

---

① 黑格尔:《哲学史讲演录》第4卷,贺麟、王太庆译,商务印书馆1983年版,第269、270页。
② 黑格尔:《哲学史讲演录》第4卷,贺麟、王太庆译,商务印书馆,第275、276页。
③ 黑格尔:《哲学史讲演录》第4卷,贺麟、王太庆译,商务印书馆,第275、276页。
④ 黑格尔:《小逻辑》,贺麟译,商务印书馆1980年版,第176页。

然而由于康德局限于抽象的知性概念,因而他只能主观地评论两方面论据的反复辩难,而无力指明这些"二律背反"如何依据理性理念的自身矛盾而转化为对立的统一。这就是说,在否定的辩证法中,辩证法揭示知性概念的区分、差别和对立,但是它无能力把它们统一起来而形成一个系统的整体。即它对客观世界的矛盾无能为力,因而导致怀疑主义或不可知论。可是,在黑格尔看来,只有抽象的知性的思维才不能抗拒怀疑主义,真正的"哲学把怀疑主义作为一个环节包括在它自身之内,——这就是哲学的辩证的阶段。但哲学不能像怀疑主义那样,仅仅停留在辩证法的否定结果方面。……但这种扬弃否定、否定中包含肯定的基本特性,就具有逻辑真理的第三形式,即思辨的形式或肯定理性的形式"。① 这就是黑格尔所说的肯定的辩证法或理性的辩证法。因为,在"思辨的阶段或肯定理性的阶段在对立的规定中认识到它们的统一,或在对立双方的分解和过渡中,认识到它们所包含的肯定"。② 所以,肯定的辩证法的基本特征在于,它是通过辩证的否定而得到肯定的结果,具有确定的内容,而不是陷于抽象的虚无,因此,它扬弃并克服了怀疑主义或不可知主义。再者,这个肯定的结果是理性的东西,就是说,它既是抽象的也是具体的东西,它是有差别的规定的统一。最后,它是由于辩证的否定,即通过区分、差别和对立,而达到具体的统一,所以,这种思辨逻辑之中即包含有单纯的知性逻辑,并不是把它排斥于自身之外而与它对立着。

黑格尔把这种"思辨的理性"看做是最高的智慧又是客观世界的普遍法则。黑格尔把人的意识活动区分为:自然意识、抽象的知性或理智和思辨的思维。"自然意识无疑地是以具体的东西为对象的,但是理智却把它二元化、区别开,并且坚执着有限的思想规定,而困难在于抓住并坚执其统一性。人们总是把有限与无限、原因与结果,肯定与否定分裂开,思维也就从这里开始。这是属于反思的意识范围,这也是旧式形而上学意识所共有的思维方式。但是

---

① 黑格尔:《小逻辑》,贺麟译,商务印书馆 1980 年版,第 181 页。
② 黑格尔:《小逻辑》,贺麟译,商务印书馆 1980 年版,第 181 页。

黑格尔"一分为三"的辩证法

思辨的思维必须具有这种对立,又要解除这种对立。"①"我们必须揭示出有限的东西本身即包含有矛盾在自身内,使自身成为无限的东西。这样我们就有了有限和无限的统一。"②"这就是对于宇宙的科学构造的普遍理念:这是一种三重性(或三一性),它表示全体的图式,并且同样在每一个别性里得到复现,从而表明一切事物的统一性。"③黑格尔正是用他自己的"思辨的理性"来论证了谢林的这个观点,从而完成了客观辩证法的建立,而辩证的否定性或绝对的否定性则是"思辨的思维"的重要契机。

从黑格尔关于否定的辩证法与肯定的辩证法的区别的论述中,可以看出,"三项式"或"三分法"正是这种肯定的辩证法,它是"思辨的思维"的展开的形式或实现,而"二项式"或"二分法"则是属于否定的辩证法,它是抽象的知性的思维方式。"三项式"区别于"二项式"的一个重大的特征,就在于"三项式"可以获得积极的肯定的结果,它是向上的乐观的辩证法,而"二项式"由于不能建立自身反思,因而则导致自身否定,这样,也就否定了矛盾,否定了世界。"三项式"所以能够获得积极的肯定的结果。就在于它必然进展到"第三项","第三项"则是方法的转折点,表现出辩证法即是一种内在的超越(immanente Hinausgehen),正是在"第三项"中,暴露出知性概念的片面性和局限性,亦即暴露出知性概念的自身否定性,从而实现了"否定的否定",这就是积极的肯定的结果。因此,"三分法"并不是外在地与"二分法"相对立,"三分法"是扬弃了"二分法"的片面性和局限性,从而超越了它。所以,对于"二分法"作为一种知性的思维与"三分法"作为一种"思辨的思维"或绝对的方法之间的区别,黑格尔概括地总结为:"绝对的方法是在普遍的东西的它本身中找到

---

① 黑格尔:《哲学史讲演录》第 4 卷,贺麟、王太庆译,商务印书馆 1983 年版,第 348、353—354、364—365 页。
② 黑格尔:《哲学史讲演录》第 4 卷,贺麟、王太庆译,商务印书馆 1983 年版,第 348、353—354、364—365 页。
③ 黑格尔:《哲学史讲演录》第 4 卷,贺麟、王太庆译,商务印书馆 1983 年版,第 348、353—354、364—365 页。

并认识了它的规定。知性的、有限的认识在那里是这样进行的、即它在抽象地产生那个普遍的东西时从具体物所扔掉的东西,现在又同样外在地捡起来。相反地,绝对的方法不是像外在反思那样对待自身,而是从它的对象本身去采取规定的东西,因为这个方法本身就是对象的内在原则和灵魂。"①

总之,黑格尔的"一分为三"的辩证法不是消极的否定的辩证法,而是积极的肯定的辩证法;但是,它不排除"否定性","否定性"是其中的一个环节、一个契机,当然这是指"辩证的否定性"。因此,黑格尔的"一分为三"的辩证法是把"分"作为自身生成的一个契机而包括在自身之内,它是通过分裂即"分裂为二"或树立对立面的活动而又扬弃这种对立的僵硬性而重新达到自我回复,这是重新获得的对立统一,它是最具体的存在。黑格尔认为,这就是真理自身确立自身为真理的道路。

什么是辩证法?这在过去和现在,不同派别的哲学家有着不同的理解。但是,黑格尔的辩证法是历史上最详尽而完备的体系,因此,它为我们评判和了解各派辩证法的观点提供了基本的借鉴。当前,在西方流行的"法兰克福学派"正大力宣扬什么"否定的辩证法",它的重要代表人物之一阿道尔诺写过一本专著,书名就叫作《否定的辩证法》。在这本著作中,阿道尔诺整个地否定黑格尔哲学,以所谓"否定的辩证法"来反对黑格尔的积极的肯定的辩证法。阿道尔诺认为,"总体矛盾无非是所表现出来的关于总体同一性的谎话"。因此,他反对作为方法论与作为世界观相统一的辩证法。这样,阿道尔诺的"否定的辩证法"就只能是陷于一种二元论的主观的批判方法,就只能产生纯粹消极的破坏性的结果,而不能是一种科学的方法。所以,这种"否定的辩证法"成为小资产阶级"新左派"运动的理论旗帜就不是偶然的。从当代关于辩证法的争论来看,认真深入地研究黑格尔辩证法的丰富内容仍然是很有意义的。

---

① 黑格尔:《逻辑学》下卷,杨一之译,商务印书馆1982年版,第563—537页。

走出黑格尔体系的迷宫

—— 一个另类的解读

一

美国实用主义哲学家威廉·詹姆士说,概念辩证法"是黑格尔具有革命性的成就;但是他表达这个看法的一切方式都是故意含混而暧昧的……不管你说他的方法是什么,总有人指责你误解了它。我不敢说我懂得它,我只能按照我所得到的印象来讨论它"。① 诚然,各人的解读都有主观性,但是詹姆士并没有理解造成黑格尔"含混而暧昧的"根源和意义。

黑格尔哲学是晦涩难懂的,它的影响是复杂而多方面的,对于它的评价更是分歧而多样的。在我看来,黑格尔留下的就是"争辩"。因此,在任何历史时期,我们都应当提倡全方位多视角地去审视黑格尔,但是也只有在"争辩"中努力达到,这也是中国黑格尔学所昭示的真理。

黑格尔的体系试图把人类的整个经验王国,包括思维、自然界和人类社会,理解为"精神"的显现,正是在"精神"这个关键的概念中,黑格尔把希腊哲学的"逻各斯"与基督教的精神即"圣灵"连接在一起,建构了一座哲学迷宫。在这座迷宫中,基督教及其文化是其重要的基本因素。费尔巴哈说,"耶稣会

---

① 威廉·詹姆士:《多元的宇宙》,吴棠译,商务印书馆1999年版,第51页。

教义是我们思辨哲学家的不知不觉的原型和理想"。① 现当代的西方思想家也仍然把握住:"即使说黑格尔对启示的占有看起来似乎是幻觉的世俗化,然而对他来说,接受深不可测的上帝在人世显现这样的观点,不仅不会削减上帝神性的无限性,而且正是通过这种不同寻常的现象将这种无限性展现出来。……由此,黑格尔将新教推向了极致。就思想层面而言,基督教启示赋予人们的这种深不可测的能力是由辩证法来造就的"。② 这确实是黑格尔哲学体系的要害。黑格尔用"思辨辩证法"为基督教信仰的合理性辩护,而基督教及其文化又给黑格尔哲学提供了现实生活的见证。黑格尔哲学的"晦涩的深度"是跟基督教信仰的"伟大的神秘"结合在一起的。这种共生关系是打开黑格尔神秘体系的钥匙。在黑格尔的体系中回响着基督教精神的共鸣。黑格尔是聪明的,他利用传统的思想文化资源来为自己的哲学服务。

黑格尔哲学传入中国,已有一百多年的历史了。新中国成立以前,北京大学是中国黑格尔学的中心,张颐先生(1887—1969年)是学院派黑格尔学的代表人物,他的思路奠定了中国黑格尔学的学院派的基调。他认为,黑格尔哲学的"真义"是纯粹的"形而上学体系"。1924年,张颐先生从欧洲游学回国时,目睹当时国内学界情况,不无感慨地说,"所遇友朋皆侈谈康德,不及黑格尔,竟言知识论,蔑视形上学"。③ 继而,他又批评张君劢把黑格尔的形上学与"天地开辟论"或"神学创世论"混为一谈,指斥为十分荒谬,完全误解,致未能把握黑格尔哲学之"真义"。张颐先生强调,"形上学之职务在于推测阐明本体之意义或宇宙之结构耳",它是一"纯思界""纯理系统",乃宇宙结构之"永恒真理"。张君劢把黑格尔的形上学混同于天地开辟论,固然是荒谬的;但是,

---

① 北京大学哲学系哲学史编写组:《马思列斯论德国古典哲学》,商务印书馆1972年版,第421页。

② 居伊·珀蒂德芒热:《20世纪哲学与哲学家》,刘成富等译,江苏教育出版社2007年版,第37页。

③ 转引自贺麟:《五十年来的中国哲学》,辽宁教育出版社1989年版,第103页。

割断或否认黑格尔形上学与宗教的本质联系也不能把握黑格尔形上学之"真义"。张颐先生捍卫黑格尔形上学的超然性、纯粹性,鄙弃"宗教之臭味",此与黑格尔的形上学可谓相去十万八千里。学院派的黑格尔学成了完全脱离实际的玄而又玄的心灵游戏。其实,黑格尔的逻辑学与宗教的本质联系正是黑格尔形上学的特点,《小逻辑》的英译者瓦拉士(W.Wallace)在他的英译本的序言中正是这样指出:"对于普通人的心灵,逻辑学与宗教的关系,可说是相去十万八千里。可是,对于黑格尔,逻辑学的几乎每一页都是见证了与宗教的最终的统一性。"①新中国成立以后,由于借助了马克思的光环,中国黑格尔哲学的研究得到了很大的发展,但是,在很长的时期中,我们这一代人则是陷入了一种抽象的形式主义,只会围绕着经典作家的词句兜圈子,醉心于从黑格尔哲学的"粪堆"中啄出"珍珠"。其实这种情况,贺麟(1902—1992年)先生早就有所告诫。在20世纪的三十年代,贺麟先生在他翻译出版的开尔德(E.Card)的《黑格尔》一书的译者序言中写道:"研究黑格尔有两条走不通的路:第一,就是抽象的附会的路,只是抽象地将黑格尔哲学中几条空洞的方式如对立的统一,否定之否定,质量的互变,或有无的对立,其合为变等,赤裸裸地从全体系中硬拉出来,用科学的常识和自己偶然的感想,加以附会解释,说这就是黑格尔的辩证法;第二,就是呆板的教本的路。"②

从20世纪90年代以来,改革开放的时代,也给中国的黑格尔学带来了生机和挑战。今天,我们不能再拘泥于或纠缠于黑格尔是"死狗"或"活狗"的争论,因为,这种"翻烧饼式"的争论只能是原地踏步,它是封闭的、独断的。现今,我们需要多元地、多方位地审视黑格尔,特别是要走出他的体系的迷宫;揭示黑格尔哲学的"神秘内核",洗涤他的"思辨的原罪"。

---

① 见《西方基本经典·哲学类》《黑格尔的逻辑学》,中国社会科学出版社1999年版,第XXV页。
② 《资产阶级学术思想批判参考资料》第9集,中国科学院哲学研究所编,商务印书馆1961年版,第26页。

二

黑格尔哲学与基督教的关系不同于历史上的传统关系,比较复杂,有其特点。在这种关系中,不仅信仰追寻哲学的理解,而且哲学也追寻基督教的"灵感"。它是双向的关系,显示出黑格尔哲学与基督教是互相解读、相互依存的。首先,黑格尔以它的"思辨辩证法"把宗教和基督教纳入他的体系之中,作为论证绝对真理体系的组成元素。黑格尔从"同一"与"差别"的辩证关系,论证了宗教与哲学的相同与不同。哲学的对象与宗教的对象诚然大体上是相同的。两者皆以真理为对象——就真理的最高意义而言,上帝即是真理,而且"唯有上帝才是真理"。① 但是,黑格尔又认为,宗教与哲学二者虽然对象相同,二者皆以上帝这最高意义的真理为对象,然而二者表述或显示真理在语言上和方式上是不同的,有差别的。"有如荷马所说,有一些星辰有两个名字,一个在神圣的语言里,另一个在人世间的日常的语言里。所以真理的内容实质也可以说是表现在两种语言里,一为感情的、表象的、理智的、基于有限和片面抽象思维的流行语言,另一为具体概念的语言。"② 这种不同具有逻辑上或理论上的重要意义。宗教是对绝对真理之图像式的(Vo.rstellung)的谕示或展现,哲学——作为思辨的知识体系,则是对于绝对真理之自由的思维,它"扬弃"了宗教方式的局限性。宗教是对真理的启示,哲学是对真理的思维,自由的思维,它是理性的真理。对于黑格尔来说,哲学的真理似乎比宗教的真理略胜一筹,然而它们本质是相同的,二者都是对于上帝或精神的把握,二者同属于真理的最高层级,二者都是绝对真理。于是,黑格尔以他的"精神"本体论和辩证的"扬弃"方法把基督教提升为绝对的宗教、精神的宗教。可是,在现实生活中,基督教只不过是世界上四大宗教之一种,是一个特定的宗教。

---

① 黑格尔:《小逻辑》,贺麟译,商务印书馆1980年版,第37页。
② 黑格尔:《小逻辑》,贺麟译,商务印书馆1980年版,第12页。

黑格尔还从辩证发展的历史观出发,从整体上对宗教的历史作了辩证的分析。他把宗教的历史划分为三大阶段:自然宗教—艺术宗教—启示宗教(基督教)。黑格尔对于这种发展作了辩证的规范与解说,从而凸显出基督教的终极性的绝对地位。

自然宗教是以动物、植物,甚至无机物为崇拜对象;

艺术宗教是以艺术品的美为崇拜对象;

启示宗教(基督教)是以"精神"为崇拜对象,它是绝对的宗教。

这是通过辩证的"扬弃"而发展的历史过程,由低级到高级。启示宗教就是基督教,它是绝对的宗教,因为它是最完善的宗教,它以"精神"为对象。在基督教中,上帝如实地展现它自身作为一个具体的"精神"。黑格尔哲学终于论证了哲学与宗教的和谐相处,理性与信仰的合作,达到了建立哲学与基督教的联盟,实现了黑格尔生活时代的意识形态的整合任务。

黑格尔体系与宗教的关系不仅止于此。基督教及其"精神"文化还是黑格尔的"前理解"(解释学意义上的),黑格尔正是以这样的"前理解"来解读作为经验整体的世界这个"文本"并以之来建构他的体系。

黑格尔的绝对哲学的体系是以形上学的本体论的设定为前提的。但是这种设定的前提其自身却不可能解决自身的合法性问题。本体论的设定虽然有其充足理由律的推论的必然性,可是充足理由律作为一条理性的逻辑法自身是"吊诡"的。它设定"一项"作为充足理由但同时却取消了它。充足理由是永远不充足的。充足理由律作为理性的逻辑法则,它永远是开放的、指向未来的,指向一个"他者"。后现代主义思维,提出了"叙事"与"科学知识"之区别与联系,来观察这种合法性问题。利奥塔在其《后现代状况》一书中写道:"不求助于其他认识形式,如故事,科学知识就不能判定自己的主张是真知识。"[①]黑格尔体系其本体论根据的合法性问题也是扎根于以基督教为主流文

---

① 转引自安克施密特:《历史与转义:隐喻的兴衰》,韩震译,文津出版社2005年版,第231页。

化的西方人的"生活世界"之中。黑格尔引入了基督教的"叙事"故事,把基督教的"精神"融入形上学,化为抽象的逻辑理念,使传统形上学获得了新的生命,发出了"迷人的魅力"。

三

威廉·詹姆士指责黑格尔哲学的表达方式"含混而暧昧",殊不知正是这种"含混而暧昧"产生了它的"迷人的魅力"。有位西方学者表达了这种感受:"要想搞明白黑格尔说什么是多么的困难,而黑格尔的神秘的行文又让我多么地着迷。"[①]黑格尔哲学何以使人着迷? 其根源就在于黑格尔把"精神"作为他的哲学体系的主题,黑格尔试图以"精神"(Geist)的显现来理解西方人的"生活世界",而在西方人的"生活世界"中基督教是其主流文化。人们一般认为,黑格尔哲学的对象是"理念"或"绝对理念",或者说是"精神"或"绝对精神",在黑格尔哲学中,"理念"和"精神",或者"绝对理念"和"绝对精神",是可以互换使用的,因为它们在含义上是等价的。但是,从"精神"切入可以更好地把握黑格尔体系的特征。正是在黑格尔哲学的"精神"概念中,内在地包含了黑格尔力图把希腊的理性哲学与基督教的神秘精神结合起来的创造性构思。这就是黑格尔的"秘密"。

然而,什么是黑格尔的"精神"概念呢? 三言两语是难以说明的。从生活语境上说,"精神"概念是人们"熟知的"(在黑格尔哲学的意义上),可是却不是"真知"。黑格尔哲学就是企图给出它的"真知",但这是整个体系的工作。从"精神"的各种现象即它的各种意识形式的区别、联系、转化与发展来追寻"精神"的踪迹,把握"精神"的本质规定性,最终用一种"新"的逻辑即"思辨的辩证法"来规范它,这就是黑格尔的形上学,它为"精神"提供了本体论的根据。

[①] 汤姆·克罗摩尔:《黑格尔:之前和之后》,柯小刚译,北京大学出版社2005年版,"前言"第3页。

维特根斯坦说过一句名言,"把精神说清楚是一个巨大的诱惑"。各人对这个"诱惑"的态度是不相同的。黑格尔是勇敢地接受了这个挑战,而维特根斯坦则似乎是在"精神"的诱惑面前止步了、沉默了。凡是说不清楚的就应当保持沉默。维特根斯坦不想做黑格尔派的"蠢事"。在维特根斯坦看来,似乎应该把"精神"留给每个心灵自己去解读,应当尊重每个心灵的自由与个性,不容别人"越俎代庖"。"精神"是不能统一化、定格化的,不能"定于一尊"的。维特根斯坦的看法似乎与中国先哲的智慧相类,"诗无达诂""丹青难写是精神"。

这是中国传统文化中的精华。黑格尔企图把"精神"逻辑化、普遍化,确立一个至高无上的、绝对的、普遍遵循的"精神逻辑",以此来规范世界和整个人类,以及人类的历史。岂不蛮横。

事实上,黑格尔的"精神"概念深深地打上了日耳曼民族文化特征的烙印。德文 Geist(汉译"精神")在英语世界翻译时,就难以找到恰当的对应的英文词语。有人译为"mind",有人译为"spirit"。例如,黑格尔的《精神现象学》一书的德文书名是《Phanomenologie der Geist》,其中"Geist"一词,英译者 J.B.Bailli 把它译为"mind",而另一位英译者 A.V.miller 则把它译为"spirit"。在英语中,黑格尔的"Geist"既可以理解为"mind",又可以理解为"spirit",或者兼而有之。对于其间的差别,黑格尔《历史哲学》一书的英译者西布利(J.sibree)做了研究。在其《历史哲学》的英译本的"译者序言"中西布利写道:在黑格尔著作中,"精神"一词的用法与通常的用法很有出入,德文"Geist"一字,它在黑格尔的术语中,是包含"智力"和"意志"二者而言,后者的意义较前者来得明显。事实上,它包含着整个人类心灵和道德的存在,我们只要略一思索就可以明白,在我们的玄学词汇中,最好地把它译为较近于神学的"精神"这个词。[①]

[①] 黑格尔:《历史哲学》,王造时译,上海世纪出版集团 2001 年版,"英译者序言"第1页。

厘清黑格尔的"精神"概念与宗教神学的联系是破解黑格尔哲学的神秘内核的锁钥。黑格尔的"精神"概念融汇了日耳曼民族的宗教神秘主义,特别是马丁·路德新教改革的精神传统。黑格尔对路德的宗教改革评价很高。他认为,"宗教改革的原则是'精神'深入到自身这个环节,精神的生命就在于显得是他物的东西里面归于自身"。① 正是这样的"精神",黑格尔把它作为形上学追寻的目的,用思辨的辩证法来论证它。这决定了黑格尔辩证法的"思辨的原罪",并造就了黑格尔哲学是一座神秘的迷宫。因为这样的"精神"不是抽象的逻辑能穷尽其意义的,是说不清楚的。

四

黑格尔哲学与基督教的联系是产生一切争辩的原生点,而"精神"则是黑格尔哲学的总主题,它的灵感正是来源于基督教的信仰。

马克思早就敏锐而深刻地指出,"绝对的东西是精神,这是绝对的东西的最高定义"。② "绝对东西"作为"精神"是它的最高定义,也就是黑格尔哲学的总主题。黑格尔的体系正是通过"精神"概念展开了人类心灵史的宏大叙事,同时也演绎了基督教神话的"奥秘"。凭借"精神"概念,不仅可以概括(黑格尔哲学百科全书的)三大部分(逻辑学、自然哲学和精神哲学),而且可以把黑格尔传世的所有著作完全整合起来,即不仅可以包括"哲学百科全书",而且还可以把《精神现象学》《历史哲学》《法哲学》《哲学史讲演录》《美学》以及《宗教哲学》等领域完全整合起来。抓住"精神"概念,就比较容易理解黑格尔思辨语言的现实内容。以及它们正面和负面的意义。黑格尔哲学体系是围绕着西方文化的精神世界展开的,基督教信仰则是其主轴。黑格尔的形上学克服了西方传统形上学那种玄而又玄的超越性,经典作家曾经深刻地指出,黑格

---

① 黑格尔:《哲学史演讲录》第3卷,贺麟、王太庆译,商务印书馆1983年版,第384页。
② 《马克思恩格斯全集》第3卷,人民出版社2002年版,第338页。

尔哲学是"最唯心的",但却富有"唯物主义的内容",其根源实就在此。

对于黑格尔,理念与精神,或者绝对理念与绝对精神,二者是等同的,可以互换使用的。其原因就在于,黑格尔是用基督教的神圣精神("圣灵")来见证希腊哲学的抽象理念("逻各斯"),又用希腊哲学的抽象理念"逻各斯"来诠释和演绎基督教的"奥秘",即神圣精神或启示真理。经过这样的互释,黑格尔体系的"精神"概念与抽象的理念就是二而一的了。然而也不能忽视二者在学科上的微妙差别,黑格尔谈论理念时,是着重从逻辑层面、思维层面、认识层面看问题;谈论精神时,则是着重从本体论、生存论层面看问题。但是在黑格尔的"精神"概念中二者实现了沟通,"精神"概念把认识论与本体论统一起来,实现了哲学与宗教二者既是有差别的又是同一的。然而,从根本上说,二者是绝对统一或同一的。因为逻辑理念乃是"精神"的抽象本质,而"精神"实体则自在地就是辩证的,思辨辩证法自身也就是行动的主体,即绝对精神或上帝。逻辑理念是"精神"的形式,"精神"则是理念的内容。

黑格尔把"精神"提升为形上学的本体,其灵感是来源于基督教的神圣信仰、基督教的启示真理。上帝的人格化,"三位一体","道成肉身",以及耶稣基督的神性与人性的统一等信条都是基督教信仰的根基,其中尤以"三位一体"和"道成肉身",特别是基督教信仰的"奥秘"。在早期的"教父学"中,由于无法用理智说明这些信条,就把它们排除在理性的范围之外,德尔都良的名言是:"正因为它荒谬,所以我才相信"。哲学与宗教、理性与信仰总是处在不可调和的对立之中。后来的"二重真理说"则是把真理划分为两个领域,使宗教与哲学互不抵触。但是,智学与宗教还是处在外在的关系之中,随着历史的进步,人类心灵的成熟,"二重真理说"既不能满足宗教信仰的绝对要求,也不能说服人类心智的哲学追求。而黑格尔的"精神辩证法"则似乎给基督教的神学"信仰"披上了理性的外衣,黑格尔的思辨形上学也在基督教的信仰中找到了"寄主",使希腊抽象的理念论通过基督教文化的折射,在"生活世界"中得到了印证。

什么是"三位一体"？它是基督教的基本信条。它宣称上帝只有一个，但包括圣父（上帝）、圣子（耶稣基督）、圣灵（神圣精神）三个位格。三者各有其特定的位分，却完全同具一个本体，同为一个独立真神，而不是三个神，又非只是一位。① "三"为何能是"一"，"一"又为何能是"三"，人类理性认为这是荒谬的，无法接受的。可是，教会认为，这是"奥秘"的启示，不可能靠理性来接受，只能靠信仰来领悟。教会把它排除在人类理性之外。然而黑格尔却用他的"辩证法"来为此"荒谬"辩证。黑格尔认为"三位一体"的上帝是在统一中包含着多样性，上帝既是超越的又是内在的，是运动的但是又具有稳定性。所以，信仰似乎是"荒谬"的，它的"奥秘"就在于它是辩证的。这就是基督教信仰的内在真理，它是神圣的"启示"。启示也是一种认知方式，在这种方式中，我们是被动的，想要认知的东西抓住了我们，向我们显明它自身，我们被它深深地打动了。在启示这种认知方式中，我们所认知的不是存在之局部或细节，而是与我们身心，与我们的生命、命运整体息息相关的信息，它震撼了我们的心灵或精神。

黑格尔正是从"三位一体""道成肉身"等信条中，从耶稣的人性和神性中，以及其他教义和《圣经》中读出了"思辨真理"，或者说是领悟到了"思辨真理"，并把"思辨真理"等同于"理性真理"。它说这种"神秘真理是十分奇妙的，而那与思辨真理同义的神秘真理，乃是那样一些规定的具体统一"，"因此一切理性的真理均可以称为神秘的，但这只是说，这种真理是超越知性范围的，但这绝不是说，理性真理完全非思维所能接近和掌握"。② "自由思辨的结果与基督教的教义应该是一致的，因为基督教的教义就是理性的启示"。③

且看黑格尔是如何结合"三位一体"的信条所作的解说，"这一真理，这一

---

① 卓新平主编：《基督教词典》，上海辞书出版社 2006 年版，第 307 页。
② 黑格尔：《小逻辑》，贺麟译，商务印书馆 1980 年版，第 84 页。
③ 黑格尔：《小逻辑》，贺麟译，商务印书馆 1980 年版，第 108 页。

理念,称为三位一体说,——上帝是精神、纯粹的知的活动,在己的活动",①"神(上帝)是精神(灵),至于使自身称为对象并知自身于这一对象中,此乃具体的同一,——由此可见,理念亦为本质的环节"。②"在此理念中,矛盾同样得到解决;只有这一解决才是精神的统一本身"。③ 逻辑的观察则将位格展示为自在辩证的,而非显现为真正独立者。④ 第一,抽象的上帝,圣父,是普遍者,永恒的、无所不包的,囊括一切的特殊性。……另一,圣子,是无限的特殊性显现;第三,圣灵(又译"精神"——引者注),是名副其实的个别性,——而作为总体之普遍者本身乃是灵(精神);二者皆为灵(精神),而后者又是前提,第三位亦为第一位。⑤ 这里所引,清楚地表明,黑格尔哲学的精神主题与基督教的神圣精神即"圣灵"是相通的,黑格尔的思辨形上学其功能就在于为"三位一体"说的核心信条提供理性的解说,逻辑的观察"则将位格展示为自在辩证的,而非显现为真正独立者的"。⑥ 这就从体系上或整体上规定了黑格尔的思辨逻辑或唯心辩证法是神秘的,亦即马克思所指斥的"思辨的原罪",此为黑格尔哲学的神秘内核,把握了这个本质要求,就可以引导我们走出黑格尔哲学的迷宫。简言之,"三位一体"的统一在于"精神","精神"既是统一的前提,又是统一的根据,更是统一的目的,何以如此,因为"精神"即为逻辑理念的"化身",它自身即为辩证的绝对主体。所以"三位一体"成了黑格尔思辨逻辑的神圣公式。

五

黑格尔神秘内核的逻辑载体是"神秘理性"。费尔巴哈说,"黑格尔哲学

---

① 黑格尔:《宗教哲学》中册,魏庆征译,中国社会出版社 1999 年版,第 625 页。
② 黑格尔:《宗教哲学》中册,魏庆征译,中国社会出版社 1999 年版,第 632 页。
③ 黑格尔:《宗教哲学》中册,魏庆征译,中国社会出版社 1999 年版,第 633 页。
④ 黑格尔:《宗教哲学》中册,魏庆征译,中国社会出版社 1999 年版,第 633 页。
⑤ 黑格尔:《宗教哲学》中册,魏庆征译,中国社会出版社 1999 年版,第 635 页。
⑥ 黑格尔:《宗教哲学》中册,魏庆征译,中国社会出版社 1999 年版,第 633 页。

是理性神秘论,……它对于神秘的思辨心情和合理的思想是既有所取,而又有所舍"。① 它取的是宗教的神秘精神,舍的是科学的理性;具体说来,它阉割了康德"批判理性"中的科学精神。

黑格尔提出"思辨逻辑"的本性在于,"鼓舞精神、推动精神,并在精神中起作用,任务在于使其自觉"。② 黑格尔要用他的"思辨逻辑"来取代"传统逻辑",因为传统逻辑不能实现这个崇高的任务。在实施这一方案时,黑格尔是直接从康德出发的,是在批判和改造康德哲学的基础上进行的。

黑格尔说,"康德是最早明确地提出知性与理性区别的人,这是康德哲学的一大成果"。③ 但是,黑格尔又指出,"精神不能停留在这种知性的反思上"④因为,这种知性的反思,使康德把理性完全看做是消极的、否定的,它不能把握精神性的东西,不能把握无限。黑格尔认为,这是康德哲学的"缺陷"。

黑格尔提出了积极的理性即"思辨理性"。他从区别逻辑形式的三个方面来说明这个问题。"逻辑思想就形式而论有三个方面:(1)抽象的或知性[理智]的方面;(2)辩证的或否定的理性的方面;(3)思辨的或肯定理性方面。"⑤但是,在黑格尔的"思辨逻辑"中,这"三个方面"只是作为逻辑理念的"环节"而统一起来。即把"抽象的知性"和"消极的理性"通过辩证的扬弃它们各自的片面性而统一在"肯定的理性"之中,这"肯定的理性"即是黑格尔建立的"思辨理性",以此取代康德的"批判的理性"。黑格尔的"思辨理性"否弃了康德的"知性",亦即否弃了理性的有限性,否认了人类理性受限制于经验的必然性。黑格尔是完全推翻了康德的知识论,彻底改变了康德的"理性"概念。

---

① 《西方哲学原著选读》下卷,北京大学外国哲学史教研室编译,商务印书馆1982年版,第454—455页。
② 黑格尔:《逻辑学》上卷,杨一之译,商务印书馆1966年版,第14页。
③ 黑格尔:《小逻辑》,贺麟译,商务印书馆1980年版,第126页。
④ 黑格尔:《自然哲学》,梁志学等译,商务印书馆2006年版,第16页。
⑤ 黑格尔:《小逻辑》,贺麟译,商务印书馆1980年版,第172页。

"理性"一旦摆脱了经验的制约,就可以无限地升华,从而与宗教神秘主义的"精神"沟通。这就是黑格尔的"思辨理性",所以,费尔巴哈说,黑格尔的理性是"神秘的"。

从广义上说,康德的"理性"概念包括了"理论理性"与"实践理性",二者的统一构成康德理性的完整概念。康德的"二律背反"知性学说不是完全消极的,正是"二律皆反"的不可调和性指向了一种内在的超越,即指向"实践理性"权威的确立,此乃个人道德意识的觉醒,赋予人的意志活动以批判的审查,给人类行为的动力以规范的原则,引导理论与实践的统一。这是康德启蒙理想的哲学基石。黑格尔否弃康德的"知性"学说,指责康德的"二律背反"是完全消极的,实质上是阉割了康德批判理论的核心生命力,否弃康德的启蒙理想的人文精神,陷入了对人类意志的盲区,为后来的叔本华的非理性主义埋下了种因。黑格尔理性观的盲点导致了重大的失误,使意志失去了理性的平衡,走向了非理性。

黑格尔深知,上帝或"精神","这一思辨的理念,既与知性相对立;……对感性的观察方式和知性来说,神则是'奥秘'。"①而"思辨理性"才能与精神的"奥秘"相容相通,因为"思辨理性在它的真理中就是精神","精神是知性的理性或理性的知性,它比知性、理性两者都高。精神否定了单纯的东西,于是便建立了知性所确定的区别;而它却又消解了这种区别,所以它是辩证的"。②黑格尔的"思辨理性"是知和行的合一。知即是行,说话就是实践。但是黑格尔取消了作为人类行为动力的意志这个环节的客观存在,导致了极大的荒谬。黑格尔的"思辨理性"的动力原则是求助于上帝的"精神",融入了上帝意志的力量,使其失去了理性的批判,因为只有上帝的理性或上帝的精神才是思有合一或知行合一的。《圣经》上写到,"神说:要有光,就有了光"(《创世纪》)。"思辨理性"是上帝的理性,神秘的理性,所以黑格尔说"三位一体论的反对

---

① 黑格尔:《宗教哲学》中册,魏庆征译,中国社会出版社1999年版,第629页。
② 黑格尔:《逻辑学》上卷,杨一之译,商务印书馆1966年版,第4页。

者,为感性的和知性的人"。① 这样的"人",由于不具备"思辨理性"即不具备"神的精神",他就不能做到"说什么就有什么"。

六

对于黑格尔把理性(哲学)和信仰(宗教)嫁接起来的做法,一方面受到了很多人的赞赏和拥护,但是另一方面也受到了有识之士的批评和反对。例如费尔巴哈和歌德。

1830年,在黑格尔60岁大寿时,他的学生为它铸造了一枚纪念章来庆祝他的寿辰。纪念章上镌刻着猫头鹰和十字架的结合,其寓意是象征理性和信仰的结合、哲学与宗教的和谐。当歌德收到这枚纪念章时,他非常生气,十分反感,无法苟同。歌德认为,应当"让神学与哲学处在它们应有的距离上",反对"硬要把基督教扯进哲学"。② 歌德主张,哲学(理性)应当与经验相结合,走向大自然的怀抱,"发现地球围绕太阳运动要比整个圣经都更为重要",因此,哲学(理性)应当与科学相结合,而黑格尔哲学却正是与之相反,它"是一种立足于基督教根底之上的"哲学,它的思辨形上学具有双重意义上的模糊性,它的逻辑范畴不仅是逻辑的,更是神学的。歌德指斥"黑格尔的辩证构思是一种胡搞"。和费尔巴哈的立场一样,歌德在哲学路线上,拥护唯物论的经验论,反对黑格尔的神秘的思辨形上学。

对于黑格尔思辨辩证法之神秘本质的揭露,还是马克思主义经典作家最为深刻。马克思尖锐地挑明了,他的辩证法与黑格尔的是"根本对立的"。黑格尔的辩证法是"神秘的""头脚倒置的",在其现有的形式中是"不适用的","必须把它顺过来","要剥去它的神秘形式"。恩格斯也指出,"黑格尔是一首

---

① 黑格尔:《宗教哲学》中册,魏庆征译,中国社会出版社1999年版,第630页。
② 卡尔·洛维特:《从黑格尔到尼采》,李秋零译,生活·读书·新知三联书店2006年版,第1—18页。

辩证法的诗"。①

如何把黑格尔的思辨辩证法"顺过来"？恩格斯提出了一个指导性的原则："沿着实证科学和利用辩证思维对这些科学成果进行概括的途径去追求可以达到的相对真理。"②"同时在《资本论》中把这个方法应用到一种经验科学即政治经济学的事实上去。"③

对于黑格尔哲学的成就，威廉·詹姆士写道："黑格尔给后世留名，这个名望却和'一种德行以及千桩罪恶牵连在一起'。"④黑格尔的名望是什么？又如何理解它的"罪恶"？这里且不论詹姆士是如何理解的，在我看来，黑格尔的"名望"和"罪恶"都是由于它的"神秘的辩证法"。黑格尔是辩证法的系统化者，集大成者，是历史上"第一人"。同时，他的辩证法又是神秘的、绝对的、专横的、模糊不清的。这种思维模式成了19世纪以来独断专制主义思想的滥觞，它的影响所及造成了人类历史上的重大灾难。今天美国的智囊、资深的社会学家弗·福山仍在援引黑格尔来论证"历史的终结"，岂非天真或愚蠢。

20世纪的西方哲学是古典经验主义的复兴，这是一种新的经验主义，现代经验主义。它有各种不同具体形态的学派，诸如科学哲学、语言哲学、存在主义、现象学、解释学以及后现代思潮等等，它们共同表达了现代经验主义的哲学理念，特点都是立足于经验，它们各以自己不同的方式结合着辩证法的因素。

只有"经验"可以引导我们走出黑格尔体系的迷宫。经验是解构黑格尔体系的利器，因为对于主—客体的思辨辩证法，"经验"是真正的"他者"，具有"他性"，是个陌生的领域。"他者"必须受到尊重，而不是还原为、也不能还原

---

① 《马克思恩格斯全集》第26卷，人民出版社2014年版，第529页。
② 《马克思恩格斯选集》第4卷，人民出版社2012年版，第226页。
③ 《马克思恩格斯选集》第3卷，人民出版社2012年版，第878页。
④ 威廉·詹姆士：《多元的宇宙》，吴棠译，商务印书馆2005年版，第49页。

为意识的范畴,不是思维自身的"自我咀嚼"所能消化的。"经验"引导我们走向实践,这是无限广阔的世界,在实践中运用辩证思维,方可比较顺利地达到"彼岸"。摸着石头,结合理性,这是我们世纪的真理。辩证法不是你与我的思辨对话,而是建构你—我—他的和谐的生活世界。在这个世界中,也可能还会有形上学乌托邦,但是,它的作用只能类似于一段优美的旋律,或一首行云流水般的小诗,但也可能是一首愚蠢的概念诗歌(海德格尔语),这都无关紧要,只要它不僭称是"科学",它在后哲学文化中是有其定位的。

费尔巴哈的人本学唯物论

路德维希·费尔巴哈(1804—1872年)是马克思主义产生以前德国古典哲学发展中最杰出的唯物主义者。他的哲学是在德国资本主义发展的新阶段上通过对黑格尔唯心主义哲学和宗教的批判,在黑格尔学派的解体过程中产生和形成的。他的唯物主义哲学反映了当时德国资产阶级激进民主派的要求,对人们的思想起到了解放的作用。费尔巴哈在哲学上的伟大功绩与贡献就在于摧毁了宗教与唯心主义哲学在德国的长期统治,恢复了唯物主义哲学应有的权威,从而,使他的唯物主义哲学成为马克思主义哲学的理论来源之一。所以,马克思说,"费尔巴哈是旧哲学的真正克服者。"[1]

费尔巴哈的著述很多。1839年,他发表了《黑格尔哲学批判》,这标志着他开始与唯心主义决裂而转入唯物主义,并且开始建立自己的人本学唯物主义。以后陆续发表了《基督教的本质》(1841年)、《未来哲学原理》(1843年)和《宗教的本质》(1845年)等。在这些著作里,费尔巴哈阐述了唯物主义和无神论思想。他的《基督教的本质》一书,首次阐述了他的人本学唯物主义的基本原则,恢复了唯物主义的权威,结束了老年黑格尔派和青年黑格尔派关于宗教的无休止的争论,在当时的德国知识界产生了很大影响。

---

[1] 《马克思、恩格斯、列宁、斯大林论德国古典哲学》,商务印书馆1972年版,第423页。

一、黑格尔哲学的解体及青年黑格尔派与老年黑格尔派

费尔巴哈是在19世纪30年代末走上德国哲学舞台的。当时的德国在西欧虽然是一个政治、经济上落后的国家,但从30年代起德国工业开始迅速发展,促进了资产阶级和无产阶级的成长、壮大。资产阶级开始更加积极地参与社会政治活动,产生了激进的民主派的资产阶级革命运动,他们在1830年法国大革命的影响下,提出了对德国的社会制度和政治制度进行资本主义的改革并实现德国民主统一的主张。代表这一时期思想趋向的有所谓"真正社会主义者"(格留恩、赫斯等人)和"青年德意志"等派别。"真正社会主义者"是代表小资产阶级思想的流派,他们认为德国不经过资产阶级可以直接过渡到社会主义,不承认阶级斗争是社会进行改造的工具。"青年德意志"是资产阶级民主主义知识分子的组织,其著名代表有政治家伯尔尼和诗人海涅。他们认为社会改革,不须推翻封建专制政体,但他们对当时的反动政治制度和社会制度进行了批判。

但是,普鲁士的君主政体加强了各种措施,禁止一切舆论和出版自由,镇压革命民主主义和自由主义运动。这样引起了资产阶级极大的愤慨和人民群众的普遍不满,革命在酝酿之中。德国社会经济、政治情况的变化和革命形势的转变,必然在思想领域引起相应的变化。而这种变化则表现为从19世纪30年代起黑格尔学派的解体。随后产生老年黑格尔派和青年黑格尔派,亦即"右派黑格尔"和"左派黑格尔"。老年黑格尔派的主要代表有辛利克斯(1794—1861年)、加伯勒(1786—1853年)等,他们坚持黑格尔正统的保守的观点。左翼黑格尔派的主要代表是大卫·弗里德里希·斯特劳斯(1808—1874年)、布鲁诺·鲍威尔(1809—1882年)、埃德加尔·鲍威尔(1820—1886年)、阿尔诺德·卢格(1802—1880年)、麦克斯·斯蒂纳(1806—1856年)等。

他们发挥了黑格尔自由主义思想。费尔巴哈在转向唯物主义之前（即1839年之前）也是青年黑格尔派的成员。

老年黑格尔派代表德国贵族的反动势力，他们固守黑格尔哲学的唯心主义和形而上学的体系，企图根据这种体系为宗教和现存制度辩护。他们把黑格尔哲学向右推进，并且用基督教教义来神化黑格尔哲学。青年黑格尔派是黑格尔的左派，是德国资产阶级自由派的思想代表。他们批判封建等级制度、贵族专制，力图从黑格尔哲学中作出无神论和革命的结论，来论证德国有进行资产阶级改革的必要。但他们轻视、远离人民群众，因而不是彻底的革命者。

黑格尔哲学解体不仅是德国社会的政治、经济和阶级矛盾发展的必然结果和反映，也是黑格尔哲学本身的根本矛盾——革命的辩证法与形而上学体系之间的矛盾的必然结局。由于德国资产阶级经济上的发展、政治上的成熟，他们不能再容忍黑格尔对历史发展的辩证理解与他的政治和哲学体系之间存在的矛盾。前者要求是不断地进步，后者则是把普鲁士国家和基督教看成是绝对观念的体现，是绝对真理。再者，自然科学的进步也使得黑格尔的自然哲学首先失去了根据，打破了他的体系。这样就暴露和加深了黑格尔哲学的内在矛盾，促进了黑格尔哲学的解体过程。这一过程最终摧毁了黑格尔哲学的宏伟建筑。

黑格尔学派的分裂首先表现在宗教问题上，青年黑格尔运动最初是在宗教范围内进行的。恩格斯指出："政治在当时是一个荆棘丛生的领域，所以主要的斗争就转为反宗教的斗争；这一斗争，特别是从1840年起，间接地也是政治斗争。"①在当时德国理论生活中有实践意义的首先是政治与宗教，政治斗争也只能通过转到宗教领域进行，因为宗教（基督教）是普鲁士国家的精神支柱。马克思指出："对宗教的批判是其他一切批判的前提。"②这指明了对宗教批判的意义。

---

① 《马克思恩格斯选集》第4卷，人民出版社2012年版，第227页。
② 《马克思恩格斯选集》第1卷，人民出版社2012年版，第1页。

老年黑格尔派与青年黑格尔派在宗教问题上的争论是围绕这样一个问题展开的,宗教和哲学究竟是不是像黑格尔所断言的那样,在本质上是相同的,而只有形式上的差别。老年黑格尔派固守着黑格尔保守的观点。

1835年,青年黑格尔派斯特劳斯出版了他的《耶稣传》一书,其中他批判了黑格尔的观点,反对黑格尔用哲学来论证宗教,力图把哲学与宗教分开。这意味着和黑格尔体系的初步决裂,而这本书实际上推进了青年黑格尔运动。斯特劳斯反对"福音"故事,否认其中事件的真实性。否认关于耶稣的生活、奇迹以及关于耶稣各种超自然活动的真实性。他认为这些传说是教会内部编出的神话,而这些神话是基督教团体内部无意识形成的,是整个宗教团体的臆想,并无历史真实性;在耶稣基督这个形象上,只是反映了犹太民族的深刻愿望。

另一位青年黑格尔派的代表布鲁诺·鲍威尔反对这种解释"福音"传说。一方面他同意施特劳斯的关于福音传说不是真实可信的意见,也就是说,这些传说没有反映真实的历史事件;另一方面,与施特劳斯相反,他断言这些传说是个别人有意识的臆想,是个别"福音"作者有意识地创造的作品,而非民族意识的体现。

对"福音"传说本质所做的这两种解释,实际上是哲学上的关于"实体"和"自我意识"的关系问题。认为"福音"传说是整个民族无意识的神话创作的结果的斯特劳斯,是站在黑格尔的"实体"即绝对的客观精神的观点上的,这实体或客观精神是合乎规律地发展着的,它的发展原因就在它自身之中;而布鲁诺·鲍威尔则相反,他从黑格尔的"自我意识"的立场出发,责备斯特劳斯拖住了"实体",没有完成向"自我意识"的过渡,但鲍威尔本人也陷入了另一个极端:完全从"自我意识"出发,否认"实体"的任何意义。结果是,斯特劳斯和布鲁诺·鲍威尔之争是在黑格尔哲学范围内兜圈子,他们彼此间以及他们和黑格尔的整个体系之间都纠缠在矛盾之中。可是,他们都认为自己是黑格尔哲学的合法继承人,却没有意识到,他们不仅彼此反对,而且也反对了黑格尔本人。这种争论最后由麦克斯·斯蒂纳把哲学引进唯心主义的死胡同而宣告结束。

当时,德国哲学与宗教斗争是极为复杂的,一些坚决的青年黑格尔派,在对宗教进行的顽强的斗争中,接近了与他们学派体系,与他们受其熏陶的黑格尔唯心主义根本矛盾的唯物主义。费尔巴哈的唯物主义就在这种哲学—宗教的斗争中逐渐成熟起来的。当时正在准备实现资产阶级革命的德国激进派资产阶级关心自然科学、技术和教育的发展,因而不满足于已经不适合当时要求的德国的唯心主义哲学。它需要另一种哲学,另一种思想体系。费尔巴哈唯物主义就是这样的哲学,这样的思想体系,它是处于上升的德国资产阶级中最激进和最民主阶层的世界观。但是,虽然德国资产阶级在19世纪40年代反对现成制度,但却从来没有达到法国资产阶级对于革命的那种坚定性、彻底性。这一点也不能不反映在费尔巴哈的哲学中。

二、费尔巴哈对唯心主义哲学的批判

费尔巴哈对唯心主义哲学的批判,不仅表现在他批判了康德的不可知论和费希特的主观唯心论,而且主要的是批判了黑格尔的唯心主义。一方面是由于费尔巴哈本人是从黑格尔哲学中走出来的,同时也因为黑格尔的唯心主义是唯心主义哲学本质之最完全、最集中的表现。费尔巴哈指出:"黑格尔哲学是近代哲学的完成。因此新哲学的历史必然性及其存在理由,主要是与对黑格尔的批判有联系的。"[①]费尔巴哈也看到黑格尔唯心主义与宗教神学有关,他说:"**黑格尔哲学是神学最后的避难所和最后的理性支柱**"[②],"**谁不扬弃黑格尔哲学,就不扬弃神学**。"[③]

[①] 《费尔巴哈哲学著作选集》上卷,荣震华等译,商务印书馆1984年版,第147页。
[②] 《费尔巴哈哲学著作选集》上卷,荣震华等译,商务印书馆1984年版,第115页。
[③] 《费尔巴哈哲学著作选集》上卷,荣震华等译,商务印书馆1984年版,第114页。

其一,费尔巴哈有意识地从哲学根本问题上把自己的唯物主义哲学和黑格尔的唯心主义哲学对立起来。他明确指出,在黑格尔哲学中具有第二性的、形式的意义的东西,在他的哲学中则是第一性的、本质的意义。费尔巴哈指出:"思维与存在的真正关系只是这样的:**存在**是**主体**,**思维**是**宾词**。思维是从存在而来的,然而存在并不来自思维。存在是从自身、通过自身而来的——存在只能为存在所产生在。"①也就是说,费尔巴哈反对黑格尔从思想派生出存在或自然界的唯心主义原则,而把存在或自然界了解为不依赖于思维而独立存在着的。而且,思维或精神则是从存在派生出来的,它是存在的宾词。费尔巴哈认为,或者从存在派生出思维,或者从思维派生出存在,这是哲学上两个对立的命题,两个对立的立场、派别。他断言,前者即唯物主义的命题在逻辑上更为可取。他争辩道:"'从自然界怎么能够产生人呢,——换句话说,从物质怎么能够产生精神呢?'首先回答我下面的问题,精神怎样能产生物质呢?如果你对这个问题找不到答案,我是说至少还有点道理的答案,那么你便会明白只有反面的问题可以使你达到目的。"②费尔巴哈不仅从逻辑上证明了唯心主义命题的荒谬,而且还对唯物主义命题作了历史的具体的分析,从而加强了唯物主义命题的合理性。费尔巴哈分析说,当初人所以能够从自然界产生出来,这是因为当初存在着一定的客观条件;现在所以不能,这是因为现在这些条件已经不再存在了。

在费尔巴哈看来,既然自然界是第一性的,精神是派生的,因此哲学家就应当以自然界为研究对象,哲学家的任务就是去认识自然。他说:"一个哲学家,至少是我所理解的哲学家,应该把自然看成自己的女友;他不只应该从书本上,而且应该面对面来认识她。"③因此,"哲学是关于存在物的知识。事物

---

① 《费尔巴哈哲学著作选集》上卷,荣震华等译,商务印书馆1984年版,第115页。
② 《费尔巴哈哲学著作选集》上卷,荣震华等译,商务印书馆1984年版,第248页。
③ 《费尔巴哈哲学著作选集》上卷,荣震华等译,商务印书馆1984年版,第239页。

和本质是怎样的,就必须怎样来思想、来认识它们"①。同时,费尔巴哈还主张哲学应与自然科学结合,自然科学也必须重新与哲学结合,以此他批判了黑格尔唯心主义,恢复了唯物主义的权威。

其二,对黑格尔的"思维与存在同一"这一原理的唯心主义本质的揭露和批判。黑格尔所说的思维与存在的同一是辩证的同一,但它是唯心主义的,因此必须揭露黑格尔辩证法的唯心主义实质。费尔巴哈对于这一点有充分的认识,他说:"同一哲学与斯宾诺莎哲学的不同点,仅仅在于它将实体的、僵死的、呆板的东西用唯心主义的精神鼓动起来,特别是黑格尔将自我活动、自我批判、自我意识当成当做实体的属性。"②但费尔巴哈认为这样并不能解决问题,就是说不能使我们达到真正的存在。因为按费尔巴哈的立场,真正的存在乃是自身确证的感性的具体的存在。"存在的根据在它自身中,因为存在才是感性、理性、必然性、真理,简而言之,存在是一切的一切","**作为存在**的本质,就是自然的本质。"③费尔巴哈承认,黑格尔哲学是思维与存在的矛盾的扬弃,只不过这种矛盾的扬弃是在思维的范围以内进行的。因为"在黑格尔看来,**思维**就是**存在**,**思维**是**主体**,**存在**是**宾词**"。④ "思维与存在相对立,但是这种对立是建立在思维本身之内,因此思维直接毫无困难地将思维与存在的对立扬弃了;因为在思维之中,作为存在的对立物的存在,并不是别的东西,就是思维自身。"⑤所以,黑格尔并没有因此达到作为存在的存在,达到自由的、独立的、自我满足的存在。可见,黑格尔的辩证法并不能使人得到什么真实的东西,从某种意义上说,这种唯心主义的辩证法,只不过是一种使人眼花缭乱的魔术,是一种自我欺骗。

---

① 《费尔巴哈哲学著作选集》上卷,荣震华等译,商务印书馆1984年版,第108页。
② 《费尔巴哈哲学著作选集》上卷,荣震华等译,商务印书馆1984年版,第102页。
③ 《费尔巴哈哲学著作选集》上卷,荣震华等译,商务印书馆1984年版,第115页。
④ 《费尔巴哈哲学著作选集》上卷,荣震华等译,商务印书馆1984年版,第114页。
⑤ 《费尔巴哈哲学著作选集》上卷,荣震华等译,商务印书馆1984年版,第154页。

费尔巴哈的唯物主义立场,是主张只有一个感性的实体,才是一个真正的、现实的实体,只有通过感觉,一个对象才能在现实的意义上存在——并不是通过思维本身。这种感性的存在是黑格尔唯心主义辩证法无法得到的,因为感性的存在是与纯粹思维的存在根本对立的。"存在——逻辑学所理解的一般存在——的**对立面**并**不是无有**,而是**感性的具体存在**。感性存在,否定逻辑上的存在,这个与那个矛盾,那个又与这个矛盾。"[1]所以,费尔巴哈提出,辩证法并不是思辨的独白,而是思辨与经验的对话,可见,传统观念认为费尔巴哈的唯物主义纯粹是直观的、形而上学的,这种观点是不完全正确的。费尔巴哈承认,在感性经验的基础上,理性与感性、思维与存在、主体与客体是对立的,而这才是真实的矛盾、对立。由此他揭露了黑格尔的纯思维辩证法的虚幻性,并提出在感性经验基础上建立主体与客体对话的辩证法。费尔巴哈的这些思想是值得我们深入发掘和研究的。

其三,揭露和批判黑格尔哲学体系的形而上学的绝对性。黑格尔哲学从思维的第一性出发,把人类的认识看做是绝对理念的自我认识,这种自我认识经过一系列的中介,通过概念的辩证发展而得到完成,这就是"绝对知识",亦即是"绝对真理"。黑格尔自认为他的哲学体系概括了以前一切哲学认识的成果,是以前历史上哲学认识的完全综合,是实现了的绝对理念的自我思维,因而是一个"绝对的体系"。费尔巴哈指出,把黑格尔哲学宣布为"绝对的哲学"和"哲学本身绝对的现实性",这恰恰表明了对待哲学的非历史的、非批判的态度,是反辩证法的。这种态度的荒谬性只要提出这样一个问题就可以揭明,就是:"一般说来,'类'在一个个体中得到绝对的实现,……哲学在一个哲学家身上得到绝对的实现,究竟是不是可能的?"[2]回答当然是否定的。费尔巴哈引证德国伟大诗人和思想家歌德的话说:"只有**全体的**人才能认识自然,

---

[1] 《费尔巴哈哲学著作选集》上卷,荣震华等译,商务印书馆1984年版,第63页。
[2] 《费尔巴哈哲学著作选集》上卷,荣震华等译,商务印书馆1984年版,第48页。

只有全体的人才能过人的生活。"①因为个体总是一定的特殊存在,因而不可避免地总有一定的局限性的。他认为,凡是成为现实的东西,都只是作为一个一定的东西而成为现实。因此,"类"在一个特定的个体中得到完全的绝对的实现,整个人类在其无限发展中所达到的无限认识在一个特定的哲学中完美无遗的实现,这乃是一个绝对的"奇迹"。事实上,黑格尔哲学是一定时代的产物,是一种特定的哲学,是全人类哲学思想发展史上的一个特定的环节。如把它视为绝对真理,就意味着认识发展的终止和时间进程的终止,也就是理性发展的终止。否则,时间、历史的延续就证明黑格尔哲学本身最后的绝对真理。黑格尔哲学中被绝对化了的东西,即绝对理念,实际上是人的认识中理性被片面地夸大、绝对化的结果,从而使之脱离物质世界的发展而变成超人的神秘的东西。

其四,揭露了黑格尔唯心主义同宗教神学之间存在着的内在联系,指明二者是相互依赖、相互支持的。费尔巴哈认为,他们二者的共同任务就是维护旧的甚至是反动的社会制度。因此,对于费尔巴哈来说,批判宗教与批判黑格尔的唯心主义哲学是二而为一的任务。黑格尔哲学是宗教神学的最后避难所和理性支柱,黑格尔关于自然、实在为理念所建立的学说,只是用理性的说法来表达自然为上帝所创造,物质实体为非物质的、亦即抽象的实体所创造的神学学说。因此,批判黑格尔哲学与批判宗教神学,其根本目的都是为了摧毁替反动封建制度服务的思想理论支柱。

正是这样的批判,正是费尔巴哈对黑格尔哲学和宗教神学的内在联系的揭露,推进了当时德国思想界的理论斗争的形势,结束了一个时代,为新时代的新思想的确立创造了理论前提。

但是,费尔巴哈没有用批判的武器来克服黑格尔的哲学,而是简单地把它抛弃了。他没有在黑格尔的体系中发现辩证法,而把黑格尔的辩证法仅仅看

---

① 《费尔巴哈哲学著作选集》上卷,荣震华等译,商务印书馆1984年版,第48页。

作他的体系的体现,把他的方法仅仅看作是对他体系的证明,只是具有从属的意义。他没有看到黑格尔哲学的根本矛盾,只是把他的哲学当做毫无用处的东西简单地抛出门外,正如恩格斯所指出的,费尔巴哈把小孩子和盆中的脏水一块儿泼掉了。恩格斯说:"他没有批判地克服黑格尔,而是简单地把黑格尔当做无用的东西抛在一边。"①"费尔巴哈打破了黑格尔的体系,简单地把它抛在一旁。但是简单地宣布一种哲学是错误的,还制服不了这种哲学。像对民族的精神发展有过如此巨大影响的黑格尔哲学这样的伟大创作,是不能用干脆置之不理的办法来消除的。必须从它的本来意义上'扬弃'它,就是说,要批判地消灭它的形式,但是要救出通过这个形式获得的新内容。"②恩格斯的话正是指出了费尔巴哈批判黑格尔哲学的缺点和应该对待黑格尔哲学的正确态度。

三、费尔巴哈对宗教的批判

费尔巴哈把他绝大部分精力用于批判绝对哲学和与之有联系的宗教神学。他说:我的一切著作"都只有一个目的,一个意志和思想,一个主题。这个主题正是宗教和神学,以及与之有关的东西"。③

费尔巴哈把宗教分为两类,即自然宗教(自然崇拜或多神教)和基督教(一神教)。自然宗教是在人类发展早期存在的宗教,它把自然物当做神灵来崇拜,如风神、火神等。而基督教则出现较晚,它只崇拜一个神即上帝。费尔巴哈指出,这两类宗教在本质上是相同的,它们共同本质就是对神或上帝的崇拜。它们之间的差别只在于,自然宗教崇拜多神,基督教只崇拜一神即上帝。费尔巴哈是从他的"人本主义原则"和心理学方法论出发来批判宗教的。

---

① 《马克思恩格斯选集》第 4 卷,人民出版社 2012 年版,第 248 页。
② 《马克思恩格斯选集》第 4 卷,人民出版社 2012 年版,第 229 页。
③ 《费尔巴哈哲学著作选集》下卷,荣震华等译,商务印书馆 1984 年版,第 507 页。

在费尔巴哈看来,宗教批判的首要任务,就是揭示对神或上帝崇拜的本质是什么,以及这种观念是如何产生的。费尔巴哈认为,无论是自然宗教或基督教,它们所崇拜的神灵都只是对现实事物(自然物和人)的本质之虚幻的反映,而这种情况之所以产生,乃是由于人的心理上的"依赖感"。按照费尔巴哈的理解,"宗教根源于人跟动物的**本质区别**:动物**没有**宗教。……但是,究竟什么是人跟动物的本质区别呢? 对这个问题的最简单、最一般、最通俗的回答;**意识**。……只有将自己的**类**、自己的**本质性**当做对象的那种生物,才具有最严格意义上的意识"①。所以,费尔巴哈认为,人的本质乃是对于自身的**类**的意识,而这种**类**的意识就是人的理性、意志、心。"一个完善的人,必定具备思维力、意志力和心力。"②因此,人是应该依赖自己崇拜自己,但在宗教中,这都被歪曲了。费尔巴哈分析了宗教信徒的心理状态,他指出:"宗教的整个本质表现并集中在献祭之中。献祭的根源就是**依赖感**。……去献祭时,是自然的奴仆,但是献祭归来时,却是自然的主人。因此,对自然的依赖感诚然是宗教的**根源**,但是**这种依赖感的消灭**,从自然手中获得**解放**,则是宗教的**目的**。换句话说,**自然的神性**诚然是宗教的,并且是一切宗教以及基督教的**基础**,但是**人的神性则是宗教的最终目的**。"③正是这种"依赖感"才是产生自然宗教或基督教中神灵的观念的根源。

费尔巴哈所说的"依赖感",含义广泛,包括恐惧、感谢、尊敬、爱等等心理状态。这种依赖感的最初对象是自然界。离开了自然界,人类就不能生存。在原始时代,自然界对人类生存的影响是极大的,它是人的一切快乐与灾难的根源。人类的生死祸福极大地依赖于自然界的力量。由于原始人对自然界的无知,这种依赖感就使人把自然力神化。如把太阳崇奉为太阳神,因为太阳是万物生长的根源;原始人的图腾崇拜也是出于自愿的心理根源。费尔巴哈认

---

① 《费尔巴哈哲学著作选集》下卷,荣震华等译,商务印书馆1984年版,第26页。
② 《费尔巴哈哲学著作选集》下卷,荣震华等译,商务印书馆1984年版,第28页。
③ 《费尔巴哈哲学著作选集》下卷,荣震华等译,商务印书馆1984年版,第462页。

为,人对各种神灵的供奉和崇拜,不论是什么神灵,最终的目的都是在与向它讨好和献媚,以求得它的保佑和降福;即使供奉的三个瘟神,目的也是在于祈求它不要传播瘟疫。在费尔巴哈看来,无论是自然宗教或基督教,对于神灵的崇拜,其实质就是如此。"如果说基督教徒不再把自然当做神崇拜,那只是由于按照他们的信仰来看,他们的存在并不是依靠自然,而是依靠一个异于自然的东西的意志;同时他们之所以把这个东西看成是神圣的、最高的实体来崇拜,也只是由于他们把它当成了自己的生命和存在的创造者和维持者。"①因此,费尔巴哈的结论是:"神的崇拜只是依靠人的自我崇拜,只是人自我崇拜的一种表现。"②

费尔巴哈对宗教的批判,是把宗教中属神的本质还原为世俗的属人的本质,把对神或上帝的崇拜还原为人对人自身本质的崇拜。这是费尔巴哈在宗教批判中所贯彻的"人本主义原则"。这条原则使费尔巴哈达到了无神论的结论。费尔巴哈指出,基督教崇拜一个神——上帝,认为上帝是全知的、全能的、无所不在和仁慈的等等,这不过是把人本身所具有的这方面属性对象化、绝对化的产物。在每个人身上这些属性是有限的,而在上帝那里是无限的。实际上,这只是个体与类的差别,而就全体人类来说,这些属性也是无限的。于是费尔巴哈最终断定,既然构成神的本质的一切属性都是从自然界或人本身所具有的属性抽象化而来,既然自然界和人的本质、存在属性是原本的东西,而神的形象乃是仿照这些东西描绘出来的,既然神与自然界(包括人,人是自然界的一部分)之间的差别,乃是类与个体之间的差别,这就证明了,自然界(包括人)并不是神创造的,相反地,神倒是人创造的,是人的本质之虚幻的反应。

费尔巴哈在揭示了宗教崇拜的本质时,还深刻地批判了基督教的反动的社会作用。他指出,基督教许诺给人以永恒的生命(灵魂不灭),这样就断送

---

① 《费尔巴哈哲学著作选集》下卷,荣震华等译,商务印书馆1984年版,第439页。
② 《费尔巴哈哲学著作选集》下卷,荣震华等译,商务印书馆1984年版,第439页。

了人的现实生活;基督教要人们信仰和依赖上帝的帮助和力量,这样就断送了人们对自己力量的信任;基督教要人们信仰和追求天堂的生活,这样就断送了人对现实生活的努力,放弃在地上努力建设更美好的生活。费尔巴哈说,总之,对宗教的批判是要使人们"从信仰者变为思想者,从祈祷者变为工作者"。

而且,费尔巴哈也揭露宗教是愚昧无知的保卫者和科学的死敌。他举例说,避雷针的发明曾被宗教神学家指责为侵犯了神的权威;而当发明了硫酸醚作为一种外科手术的麻醉剂时,厄尔兰根的一些神学家也都纷纷反对,特别是反对用在孕妇的难产上,因为《圣经》上说过,"生产儿女,必受苦楚"。

费尔巴哈对宗教的批判比18世纪法国唯物主义者与无神论者更前进了一步,他不是仅限于揭露宗教神学的愚昧和欺骗作用以及教会的腐败,而是把这种批判提升到哲学理论的高度。费尔巴哈对宗教的批判也不同于当时的青年黑格尔派施特劳斯、鲍威尔等人对宗教的批判。他不是纠缠在对福音故事等《圣经》批判的局部问题上,而是提出了对于宗教更为根本的问题,即有关宗教的本质问题。而且费尔巴哈也不局限在黑格尔哲学的范围内去寻求问题的解答,而是根本超出了黑格尔哲学,在唯物主义基础上,来揭示宗教的本质。当然,费尔巴哈对宗教的批判是有局限性的,没有能够分析产生宗教的社会阶级根源。但从认识根源上,他对宗教的分析和批判是相当细致而深刻的,对于我们今天进行无神论的宣传和教育,仍然具有重大的意义。

四、费尔巴哈的人本学唯物主义

在马克思主义以前的哲学史上,还没有任何一个唯物主义者像费尔巴哈那样清楚地提出过哲学的根本问题,他指出,哲学的根本问题就是思维和存在、精神与自然的关系问题,并且唯物主义地解决了这个问题,当然只限于对自然界而不是指人类社会。

1. 自然观和人本学

费尔巴哈在建立彻底的唯物主义自然观的同时,也建立了他的人本学。他明确规定,"新哲学将人连同作为人的基础的自然当做哲学唯一的、普遍的、最高的对象"[①]。因此我们可以把他的哲学分为两个部分:自然观(关于自然的学说)和人本学(关于人的学说)。

怎样理解自然?费尔巴哈说:"我所说的自然界,就是人拿来当做非人性的对象而从自己分别出去的一切感性的力量、事物和本质之总和","我却认为它乃是员工繁复的、平凡的、实在的、一切感官都能觉知的东西。或者拿实践的意义来说,便是:自然界是除有神论信仰的超自然主义暗示以外,直接地、感性地对人表现出是人的生命的基础和对象的一切东西。""自然界是光,是电,是磁,是空气,是水,是火,是地,是动物,是植物,是人,——这里说的人乃是一个无意志和不自觉而活动者的东西。我所说的自然界就是这样,再不是别的东西,不是什么神秘的、朦胧的神学上的东西了。什么是自然界,什么不是自然界,我是取决于感官的。"[②]可见,在费尔巴哈的定义中,他强调指出的就是:自然界是物质的、有形的、感性的和丰富多彩的;自然界的根本特性就是它的物质性。

那么这样一个物质的自然界是不是被创造的呢?费尔巴哈指出,自然既不是由神创造的,也不是由人创造的,自然界是永恒存在的。他说:"自然界就是你所看见的、不是由人的双手和思想创造出来的一切"[③],"自然界是原初的、第一的和最终的存在物……"[④]这里费尔巴哈说的"最末一个",是指"最终的",亦即"不再需要别的根据的"。同时费尔巴哈也指明了自然界是无限的,其中一切都是相互影响的。他说:"自然界没有始点,也没有终点。在自

---

① 《费尔巴哈哲学著作选集》上卷,荣震华等译,商务印书馆1984年版,第184页。
② 《费尔巴哈哲学著作选集》下卷,荣震华等译,商务印书馆1984年版,第591—592页。
③ 《列宁全集》第55卷,人民出版社2017年版,第42页。
④ 《列宁全集》第55卷,人民出版社2017年版,第40页。

然界中一切都在交互影响，一切都是相对的，一切同时是效果又是原因，一切都是各方面的和对方面的。"①这反映他对自然界理解的辩证的观点。

在空间和时间的问题上，费尔巴哈与康德根本对立。费尔巴哈认为不是事物以空间和时间的存在为前提，相反地，而是空间和时间以事物为前提，因为空间或广延性是以某种有广延性的东西为前提的，而时间、运动——其实时间就是运动的一个从属的概念——是以某种运动者的东西为前提的。费尔巴哈指明，一切存在都具有时间性、空间性，空间和时间是一切实体的存在形式。只有在空间和时间内的存在才是存在。这样，在费尔巴哈看来，时空与物质世界的存在就是不可分割的，时空是物质存在的根本形式。由此他批判了黑格尔绝对唯心主义把发展同时间相割裂的荒谬性。费尔巴哈认为发展、运动只能在时空之内进行，没有时间也就没有发展。费尔巴哈也承认自然界是有规律的，承认因果性、必然性和规律性的客观性质。他在《宗教的本质》第48节曾指出，自然界只有通过自然本身才能理解；自然界的必然性不是人类的或逻辑的必然性，也不是形而上学或数学的必然性；自然界是唯一的这样一种存在物，对于它是不能够运用任何人类尺度的。列宁对此曾评价道："费尔巴哈承认自然界的客观规律性，同他承认我们意识所反映的外部世界、对象、物体、物的客观实在性是分不开的。费尔巴哈的观点是彻底的唯物主义观点。"②

关于人本学，费尔巴哈认为，哲学的任务就是要认识人以及其本质。他对宗教批判而得出结论，宗教认为属于第一性的东西，神，……本来实际上是第二性的，因为上帝只不过是对象化了的人的本质，由此可见，宗教认为属于第二性的东西，人，就应当被肯定和宣布为第一性的。所以哲学的最高的对象是"人"，哲学上最高的东西是人的本质。那么，费尔巴哈是怎样了解人的呢？他在《未来哲学原理》中写到，人的实在只是以他的对象的实在为依据。"人就是他所吃的那种东西"。这就是费尔巴哈在理解人及其本质时的基本出发

---

① 《费尔巴哈哲学著作选集》下卷，荣震华等译，商务印书馆1984年版，第602页。
② 《列宁全集》第18卷，人民出版社2017年版，第158页。

点和基本原则。这就是说,不能孤立地仅从人去理解人,人的实在性要从人与其对象的关系,以及所依赖的对象中去寻找。而人首要的和根本的就是对自然界的依赖,人必须从自然界获得他存在的物质条件,就是在这种意义上,"人就是他所吃的那种东西"。这表明费尔巴哈是从生物学的观点来考察人,把人看成物理的、生理的、感性的实体。这样费尔巴哈把人看成自然界的一部分,把自然界看成人的基础,因此他区别了唯心主义把人理解成精神性实体的主张。在他看来,人既不是费希特的"自我",也不是理性或思维,人是有血有肉的、能思想的东西,并且思想不能离开肉体;人是时空之内的实在的实体。这样的实体才具有观察和思想的能力。

由于费尔巴哈仅仅把人了解为生物学上的感性实体,因而他也就仅从构成"人"的这个"类"——"人类"来理解人的本质。那么,人的本质是什么,也就是说构成真正"人类"的东西是什么,在费尔巴哈看来,思维不是人的本质,思维不是区别于人与动物的本质属性。那么这种有别于动物的人的整个本质是什么呢?他认为,是理性、意志、心情。一个完善的人,是具有思维的能力、意志的能力和心情的能力的。思维的能力是认识的光芒;意志的能力是性格的力量;心情的能力就是爱。理性、爱和意志力是完善的品质,是最高的能力,是人之所以为人的绝对本质,以及人的存在的目的。这里,费尔巴哈没有从社会性与阶级性观点考察人性,这反映了他人本学的形而上学性,而必然导致他社会伦理学上的唯心主义。

费尔巴哈的新哲学,就是从这样的人出发,认识这样的人,研究这样的人的本质,这就是他的人本学。在他的人本学中,强调人依赖于自然,自然是人的基础,人是自然的最高产物,强调人是感性的实体等观点,表现其唯物主义的主张。但他了解的人仍然是"抽象的"。所谓抽象的,是指他没有看到人的社会性,没把人看作生活在一定社会历史时期的人和具有一定社会关系的人。因此,费尔巴哈讲的人的理性、意志、心情也脱离了具体的社会历史条件,是超阶级的,是永恒不变的。这样,人的本质成了非现实的,只是一种抽象的共同性。所以,马克思指出:"他只能把人的本质理解为'类',理解为一种内在的、无声的、把许多个人纯粹自然地联系起来的普遍性",然而"人的本质不是单个人所固有的抽象物,在其现实性上,它是一切社会关系的总和。"①

由此可见,费尔巴哈的人本学带有根本的资产阶级的性质。他的人本学唯物主义是资产阶级唯物主义的典型表现。由于费尔巴哈对人的本质的理解是抽象的,认为人的最高本质就是"爱",这一原则的彻底贯彻必然导致社会历史领域的唯心主义。这样,宗教中人对人的爱被扭曲为人对上帝的爱,新哲学挑明了这种错误的根源;而代之以人对人的爱,"人就是人的上帝"。因而新哲学不是要根本上废除宗教,而是要建立没有上帝崇拜的新的宗教——爱的宗教。

2. 认识论

费尔巴哈坚持世界的可知性,认为认识对象是客观存在的物质世界,他强调感性的作用,具有强烈的感觉主义倾向,他曾称自己的哲学为"公开的感性哲学"。

费尔巴哈指出:"具有现实性的现实事物或作为现实的东西的现实事物,乃是作为感性对象的现实事物,乃是感性事物。真理性、现实性、感性的意义是相同的。只有一个感性的实体才是一个真正的、现实的实体。只有通过感觉,一个对象才能在真实的意义之下存在——并不是通过思维本身。"②他把感性的东西看成真实的存在,因此认识必须从感性出发,也只有感性的认识才具有真理性。他认为:"只有在感性开始的地方,一切怀疑和争论才停止。直接认识的秘密就是感性。"③费尔巴哈从肯定感性的真理性出发,反对唯心主义把抽象思维作用夸大。他认为思想与实在不能分离,思想必须符合存在,指

---

① 《马克思恩格斯选集》第1卷,人民出版社2012年版,第139页。
② 《费尔巴哈哲学著作选集》上卷,荣震华等译,商务印书馆1984年版,第166页。
③ 《费尔巴哈哲学著作选集》上卷,荣震华等译,商务印书馆1984年版,第170页。

出"现实世界的规律,也就是思维的规律"①。因此存在与思维的矛盾,在费尔巴哈那里是通过思维符合现实,而不是现实符合概念的方式解决的。他认为理念的实在性就是感性,但实在性是理念的真理,所以感性才是理念的真理。思维是通过感性来证实的。感觉是思维达到存在的唯一之路。因而费尔巴哈的认识论是以感觉主义为特征的唯物主义反映论。

费尔巴哈的感觉主义没有否认思维的作用,但它对于从感性认识到理性认识的辩证发展没有明确的认识。他对理性认识的作用也是估计不足的,他也看到了感性认识要与思维结合起来,但他的了解是肤浅的,是模糊的。他说:"哲学的工具和器官就是**思维**和**直观**,因为思维是**头脑**所需要的,**直观感受**是心情所**需要**的。……在直观中我为对象**所决定**,在思维中我**决定**对象,直观提供出与存在直接同一的实体,思维提供出与存在**异化了**和**分离了**的间接本质。因此只有存在与本质结合、直观与思维结合、被动与主动结合、**法国感觉主义和唯物主义的反经院派热情原则**与**德国形而上学的经院派的冷淡态度**结合起来的地方,才有**生活**和**真理**。"②这里可以看出他对思维性质的认识是不够正确的,他把思维的作用规定为提供与存在分离的抽象的本质,而有把感觉与思维简单对立起来的倾向。费尔巴哈要求把二者结合,但是怎样结合他没有说明清楚。事实上,感觉直观并不是关于对象的全面的正确认识,只有在感性认识的基础上对事物的本质所作的理性认识,并且使二者结合起来,才能得到真理的认识。列宁指出:"物质的抽象,自然规律的抽象,价值的抽象等等,一句话,一切科学的(正确的、郑重的、不是荒唐的)抽象,都更深刻、更正**确**、**更完全地**反映自然。"③所以,费尔巴哈并不懂得从感性认识到理性认识的辩证发展。

费尔巴哈的人本唯物主义是有其历史局限性的。一是它的抽象性。它脱

---

① 《费尔巴哈哲学著作选集》上卷,荣震华等译,商务印书馆1984年版,第177页。
② 《费尔巴哈哲学著作选集》上卷,荣震华等译,商务印书馆1984年版,第111页。
③ 《列宁全集》第55卷,人民出版社2017年版,第142页。

离社会历史的具体条件来了解人,把人看作超阶级的。二是直观性。费尔巴哈把客观世界单纯看成人的认识对象、直观的对象,而不是实践活动的对象。三是形而上学性。这主要表现在他不懂得辩证法,抛弃了黑格尔哲学的辩证法这一"合理内核"。这些缺点的阶级根源是他的资产阶级世界观所造成的。

五、费尔巴哈的宗教伦理思想

费尔巴哈的宗教伦理思想分为两个方面:一是宗教哲学——"爱"的宗教,二是伦理学——关于人的幸福的学说。

费尔巴哈对传统宗教的批判是从他的人本学出发的。他指出,宗教中信仰和崇拜的"上帝"只不过是人的本质的虚幻的反映。因此,他对宗教的批判也带有人本学的特点。所以,必须从费尔巴哈"人本学"特点入手,才能正确评价费尔巴哈宗教批判的贡献与不足。正如马克思曾指出,费尔巴哈对宗教的批判的正确一面即在于他是从人世间来寻找宗教的根源,在于他想找出宗教的尘世的根源,但他并未彻底完成这一任务,因为他不懂得产生宗教的真正根源是什么。由于费尔巴哈从人本学即从抽象的人的本质来说明宗教的产生,这就决定了他不能彻底废除宗教。因为人类存在一天,作为宗教根源的人类本质就必然存在一天。费尔巴哈指出,传统宗教是人对上帝的爱,而上帝是不存在的。他认为,新哲学对宗教的批判就是要说明这种错误,而不是要废除宗教,相反的是要建立真正的宗教,即新的宗教——爱的宗教。新宗教并不是要人去爱上帝,而是要人去爱人,要把对人的爱当作"上帝"去崇拜,"只有有所爱的人,才是存在的,什么都不是和什么都不爱,意思上是相同的。""没有爱也就没有真理。"[①]

费尔巴哈的人本学是从人与人的生物学上的联系来看人的本质,即是从

[①] 《费尔巴哈哲学著作选集》上卷,荣震华等译,商务印书馆1984年版,第169页。

"人"这个类来了解人与人的联系。他认为类的联系表现在人的情感上。情感有两种,一是要求永恒的幸福的渴望,这来自人的生理本性;二是人们彼此间的爱。费尔巴哈说:"新哲学建立在爱的真理上,感觉的真理上。"[①]于是他把人人相爱关系看成是宗教关系。这种爱意义广泛,如友谊、自我牺牲、同情、性爱等。他认为人们相爱的最高形式是两性之间的爱,也就是说,费尔巴哈宗教信仰的最高形式就是性爱。因此,在费尔巴哈那里,宗教的真正含义是人与人之间的生物学上的联系,即两性之间的联系。

费尔巴哈把宗教推崇为人类历史发展的主要动力,人类历史发展中的变化应到宗教的发展中去找原因,这样,人类的历史成了宗教历史的产物。他以他的新宗教来代替旧宗教,以没有神的宗教来代替神的宗教,他把他自己的这种看法称为"世界历史的转折点"。实际上这是一种历史唯心主义的宗教观。马克思主义说明了宗教的真正根源在于阶级社会中的阶级压迫,只有推翻阶级剥削的社会,消灭阶级和阶级压迫,才能从根本上铲除产生宗教的根源。

关于人的幸福的学说,费尔巴哈认为每个人生来都有追求幸福的欲望,每个人都有权利成为幸福的人,每个人的生活都是追求幸福。但他认为人对幸福的追求应有尺度,要有节制。为什么追求幸福欲望强烈而必须加以节制呢?这是由于追求幸福的欲望都有其后果,而后果不一定是好的。如喝酒过分会沉醉,后果不好,因此应加以节制。另一方面更重要的是每个人追求幸福的欲望都会产生社会的后果,如只顾个人追求幸福的欲望满足,就会发生社会的冲突,这样后果不好。因此,每个人都应当克制自己和尊重别人追求幸福的欲望。社会上应有博爱、妥协的精神。总之,费尔巴哈认为,人都有追求幸福的天然权利,但在每一步上都应加以节制,不要使自己的幸福转化为对自己的不幸和对别人幸福的妨碍。

费尔巴哈的伦理思想和宗教是相关的,他把宗教看成是道德的基础。他

[①] 《费尔巴哈哲学著作选集》上卷,荣震华等译,商务印书馆1984年版,第168页。

说:"无论过去和现在,我所以对宗教感兴趣,主要的只是因为宗教——即便是幻想中——是人生的基础,是道德和政治的基础。"①他把自己的新宗教看成是道德的最高原则。他说:"我的目的就在于证明:人在宗教和神学中作为与自己有别的另一个东西拿来同自己对抗的那个本质,其实就是人的本质,以便使人能够把自己的属人的本质自觉地变为道德和政治的规范、根据、目的和标准,……如果说迄今为止未被认识的宗教即宗教的蒙昧曾是政治和道德的最高原则,那么从今以后,或者至少在将来某个时候,被认识了的、溶解在人之中的宗教,就此决定人的命运了。"②可见,他的宗教观是他道德观的理论基础。

费尔巴哈的道德观反映了资产阶级利己主义的本性。如果费尔巴哈的这种道德理论能够成立,那么正如恩格斯所说的,投机商人的证券交易所就是最高的道德殿堂,如果你在那里投机得当的话。我的追求幸福的欲望,把我引进了交易所,如果我在那里善于估计我的行为的后果,从而这些行动支持我,带来愉快而不引起任何损失,就是说,由于我对各方面情况的估计得当从而使我牟利,那么,这就算是实现了费尔巴哈的道德律令的要求了。如果来到交易所的每个人,在追求自己的幸福时,善于节制,善于估计情况,从而投机得当,那么,这在费尔巴哈看来,投机商的交易所不就成了最高的道德殿堂了吗?这就揭露了会把他道德观的共同幸福、个人节制的原则,实际是资产阶级自私交易的原则,把个人主义、利己主义、幸福主义变成了道德的尺度。因此,这是资产阶级的幸福观。

恩格斯在批判费尔巴哈伦理学时指出:费尔巴哈提出每个人都有追求幸福的权利,但历史上究竟有谁承认了这种权利了吗?在奴隶社会中,奴隶主并不承认奴隶有追求幸福的权利,奴隶只是会说话的工具。在封建社会和资本主义社会中,封建主对农奴和资本家对工人的剥削,也都说明了统治阶级并不承认每个人都有追求幸福的权利这条费尔巴哈提出的伦理原则。所以,这是

---

① 《费尔巴哈哲学著作选集》下卷,荣震华等译,商务印书馆1984年版,第524页。
② 《费尔巴哈哲学著作选集》下卷,荣震华等译,商务印书馆1984年版,第524页。

一句空话。恩格斯指出,费尔巴哈要提出一条永恒的、对任何时候、任何个人都有效的全人类的普遍的道德原则,这是不可能的,其结果是对任何个人任何时候都不适用。因为在阶级社会中,道德是有阶级性的,每个阶级都有自己的道德观。历史的发展证明,永恒的、普遍的、全人类的道德是不存在的,所以会把他提出的道德原则,不论在任何时候,任何地方都是不适用的。费尔巴哈的宗教哲学和伦理学说是贫乏的。恩格斯指出,在这一点上费尔巴哈远远比不上黑格尔。

费尔巴哈是在德国唯心主义哲学占统治地位的情况下机智地论证了唯物主义,推翻了唯心主义的统治,重新恢复了唯物主义的权威,从而成了马克思主义唯物论的直接先驱。列宁在《卡尔·马克思》一文中说:"马克思认为费尔巴哈的划时代的世界历史作用,就在于它坚决抛弃了黑格尔的唯心主义,就在于他宣布了唯物主义……"

费尔巴哈的唯物主义是直观的形而上学唯物主义,他的人本学唯物论"下半截"的自然观是唯物主义的,但"上半截"社会历史观是唯心主义的。这个重大的缺陷使得他不能把唯物主义坚持到底,从而不是彻底的唯物主义。这种缺陷可以从他的人本主义得到理解和说明。费尔巴哈是从他的人本主义原则来解释人的本质以及人的活动的,他用自然界代替存在,没有看到人的社会历史方面的规定性,用人本主义意义上的人代替了思维,这就使得费尔巴哈的唯物主义带有抽象性、直观性和形而上学性,因此,列宁写道:"这就是为什么费尔巴哈和车尔尼雪夫斯基所用的术语——哲学中的'人本主义原则'——是**狭隘**的。无论是人本主义原则,还是自然主义,都只是关于**唯物主义**的不确切的、肤浅的表述。"[①]

从哲学发展史上看,费尔巴哈哲学既是德国古典哲学的终结,又是通向伟大的马克思主义哲学的过渡的桥梁。

---

① 《列宁全集》第55卷,人民出版社2017年版,第58页。

马克思对黑格尔唯心主义辩证法的批判

世界无产阶级的革命导师、伟大的思想家马克思(1818—1883年)离开人世已经一百多年了。在这一百多年之中,人类社会的历史发生了翻天覆地的变化,世界无产阶级也走过了一段艰难曲折的胜利的道路,以马克思的名字命名的马克思主义经受了来自各个方面的考验,今天我们来纪念这位伟大的革命导师,要说的话是很多的啊!

我们应当怎样来看待马克思的一生呢?

恩格斯说得对,"马克思首先是一个革命家。他毕生的真正使命,就是以这种或那种方式参加推翻资本主义社会及其所建立的国家设施的事业,参加现代无产阶级的解放事业,正是他第一次使现代无产阶级意识到自身的地位和需要,意识到自身解放的条件……他的英名和事业将永垂不朽!"[1]马克思的一生是为现代无产阶级的解放事业而进行革命斗争的一生,他(和他的战友恩格斯一起)给我们留下的丰富而珍贵的精神遗产——马克思主义,就是他一生革命斗争经验的科学总结和理论概括。一百多年来,世界各国无产阶级的解放斗争的历史经验向我们指明,无产阶级的革命事业只有坚定不移地在马克思主义的理论指导下才能够取得胜利,而每当背离了马克思主义的时候,就要遭受到损害。因此,我们今天应当怎样来纪念马克思一百周年的忌辰呢? 我认为,应当遵照党的十一届三中全会给我们指明的路线和精神拨乱反

---

[1] 《马克思恩格斯选集》第3卷,人民出版社2012年版,第1003页。

正,正本清源,重新学习马克思留给我们的理论遗产,发扬马克思主义理论的科学精神与革命精神,以促进我国社会主义现代化的伟大事业的发展,这就是最好的纪念!

马克思主义是一个完整的科学的理论体系。如列宁所作的科学的规定,它是由三个部分构成的:哲学(辩证唯物主义与历史唯物主义)、政治经济学和科学社会主义。亦如列宁所指出的,马克思主义学说的产生是19世纪最先进国家的三个主要理论思潮的继续。这三个理论思潮是:德国古典哲学(特别是黑格尔哲学)、英国古典政治经济学以及同一般法国革命学说相联系的法国社会主义。可是,马克思之所以有可能在研究英法两国理论并把它们应用于无产阶级的革命运动的基础上创立辩证唯物主义与历史唯物主义,建立马克思主义的理论基础,这一工作在理论上的前提条件是对于黑格尔的辩证法——德国古典哲学的最高成就,所作的批判、继承与改造。马克思对黑格尔的唯心主义辩证法进行了唯物主义的批判,把它重新"颠倒"过来,拯救出其中的"合理内核",改造为科学的辩证法。所以,区分马克思的唯物辩证法与黑格尔的唯心辩证法的根本对立,学习和理解马克思批判黑格尔唯心辩证法的具体过程,对于我们真正掌握马克思的革命的科学的辩证法是一个十分重要的问题。学习马克思对黑格尔唯心主义辩证法的批判,弄清辩证法的科学特征,则更具有重大的现实意义。

一

由于马克思的辩证法是马克思主义理论中的一个核心内容,而且它与黑格尔的辩证法又有历史的渊源,所以,马克思的辩证法与黑格尔辩证法的关系就是马克思主义哲学史中一个极为重要的问题;它为各种思想派别所关心,不断深入地进行探讨和激烈的争论。

有种观点对于马克思的辩证法与黑格尔的辩证法不加区别,把马克思的

马克思对黑格尔唯心主义辩证法的批判

辩证法有意无意地看成就是黑格尔的辩证法。这种观点导致了,不是借口批判黑格尔的辩证法来反对马克思的辩证法,就是打着马克思辩证法的旗号而实际上是推行和宣扬黑格尔的唯心主义的神秘主义的辩证法,其结果都给无产阶级的解放事业带来了重大的损害,都是对马克思主义的"修正"。第二国际的修正主义的理论家伯恩施坦就是把马克思的辩证法与黑格尔的辩证法完全等同起来,因此,他在正确地看到了黑格尔辩证法的唯心主义和思辨的性质时,却同时否定了马克思的辩证法,因而走上了"修正主义"的道路。伯恩施坦认为,当时在工人运动中存在着一些"空洞的政治口号"或"口头禅",并且"这种口头禅(Caut)企图在工人运动中定居下来,而黑格尔的辩证法为它提供了舒适的藏身之地"。① 因此,在伯恩施坦看来,正是黑格尔的辩证法在马克思的理论中产生了有害的影响,使人们易于陷入"自我欺骗"的"陷阱",损害了马克思主义理论的"科学性"。但是,正如列宁所分析的:"伯恩施坦还指责了辩证法,硬说辩证法会导致任意的编造等等。伯恩施坦重复着这些滥调……却根本不想指出辩证法不对在什么地方,犯了方法论错误……的究竟是黑格尔还是马克思和恩格斯。"② 伯恩施坦陷入"修正主义"的悲剧就在于,他完全没有看到或者毫不理解,不是别人而正是马克思本人,首先明确地深刻揭露了黑格尔辩证法的唯心主义和神秘主义的性质;不是别人而正是马克思自己,首先认真地对待了黑格尔的辩证法,对黑格尔的辩证法作了深入的研究,进行了唯物主义的批判改造,从而创立了马克思的唯物主义的科学的辩证法,从根本上划清了与黑格尔唯心主义辩证法的根本界限,实现了辩证法史中的革命变革。马克思明白申言:"我的辩证方法,从根本上来说,不仅和黑格尔的辩证方法不同,而且和它截然相反。""辩证法在黑格尔手中神秘化了……在他那里,辩证法是倒立着的。必须把它倒过来,以便发现神秘外壳中

---

① 伯恩施坦:《社会主义的前提和社会民主党的任务》,殷叙彝译,生活·读书·新知三联书店1965年版,第265页。

② 《列宁全集》第4卷,人民出版社1958年版,第170页。

199

的合理内核。"①与此相类的话语,我们可以在马克思(包括恩格斯)的著作中很多地方看到。这是值得我们注意的。

但是,那种把马克思的辩证法说成是从黑格尔辩证法出发的"否定之否定"的产物,这也是不正确的,因为这没有正确阐明马克思辩证法的形成史,当然也就不能正确揭明马克思的辩证法与黑格尔辩证法的真实关系。普列汉诺夫在他的一篇论述马克思的哲学进化的文章中,就曾经把马克思的哲学思想的形成分为三个发展阶段:第一阶段,马克思是黑格尔的毫无保留的信徒。第二阶段,马克思对黑格尔哲学进行了彻底的清算并与之决裂。第三阶段,马克思在制定自己的科学世界观时,又重新对黑格尔的辩证法作出了肯定。这样的"三段论"是机械论的公式主义,它不可能阐明马克思哲学思想形成的复杂的真实的历史。

马克思从来不是一个正统的黑格尔主义者,正如他从来不是毫无保留的费尔巴哈派一样。马克思对于黑格尔哲学的这种异端倾向,早在他的博士论文中就已经有了表现。毫无疑问,马克思的博士论文(作于1841年)表现出深受黑格尔哲学的影响,但是,同样确定无疑的是,博士论文中存在着的异端色彩,它是这篇论文中富有生命力的因素。在这篇论文中,马克思的目的是要论述伊壁鸠鲁的原子论的唯物主义哲学,是要阐发伊壁鸠鲁如何发展了德谟克利特的唯物主义的原子论,从而企图去克服德谟克利特的唯物论的机械论的性质。总之,在这篇论文中,马克思的主要兴趣是要探讨和阐发古代希腊哲学中的唯物论哲学和无神论思想,而不是像黑格尔那样把一部哲学史看成是"绝对理念"自我认识的历史,看成是唯心主义哲学的发展史,从而把历史上的唯物论哲学看成是"没娘的孩子"。

马克思在青年时代曾经是"青年黑格尔派"的一个成员、"博士俱乐部"的一个积极的活跃的分子;但是,就是在这个时期,马克思也表现出与其他青年

---

① 《马克思恩格斯选集》第2卷,人民出版社2012年版,第93—94页。

黑格尔派不同的特色——精神上对于黑格尔哲学的独立性。"青年黑格尔派"都是"披着狮子皮的驴子",他们中的任何一个人都未能越出黑格尔哲学的藩篱。这时只有马克思表现出一种对黑格尔哲学的批判倾向,他厌恶这一学派玩弄空洞的哲学名词、毫无内容的"自我"咀嚼以及伪理性主义。当时马克思就已感觉到,最重要的事情是把理论与实际结合起来,正是马克思的这一倾向才导致他最终地克服黑格尔哲学的唯心主义体系,真正发挥辩证法的革命作用。

马克思在他早期活动中就已表现出的这种对于黑格尔哲学的异端倾向,其根本原因是什么?这个问题是值得我们认真探讨的。我认为,根本原因是在于马克思的政治立场与黑格尔的政治立场根本不同。马克思在青年时期是彻底的革命民主主义者,而黑格尔的政治立场是保守的。正是这种政治立场的根本不同,使得马克思对于黑格尔的哲学总感到有些格格不入。马克思由这种彻底的革命民主主义的立场出发,在观察和思考社会问题和理论问题时,就总是面向现实,并指向对现实的变革,这是不能够从黑格尔哲学中找到现成的答案的。正是这种政治立场的彻底发展终于使马克思从革命民主主义者转变为共产主义者,而理论上则从唯心主义彻底转变为唯物主义。从马克思思想发展的这个历程来看,只有坚定彻底的革命民主主义才有可能转变为共产主义,在理论上才有可能摆脱唯心主义的影响而真正掌握科学的唯物主义的辩证法。看来这是一条思想发展的重要规律。

二

马克思写道:"将近30年以前,当黑格尔辩证法还很流行的时候,我就批判过黑格尔辩证法的神秘方面。"[①]这是马克思在1873年写的。推算起来,马

[①] 《马克思恩格斯选集》第2卷,人民出版社2012年版,第94页。

克思指的当是他在 1843 年夏天写作的《黑格尔法哲学批判》这部手稿。正是这部手稿标志了马克思在理论上自觉地对黑格尔唯心主义辩证法进行了深入的批判。以后,马克思和恩格斯又在《神圣家族》和《德意志意识形态》等著作中进一步发展了这种批判。马克思的《黑格尔法哲学批判》对黑格尔的《法哲学原理》中关于国家的观点作了全面的分析和批判。在《法哲学原理》中,黑格尔认为,"国家是绝对自在自为的理性东西"[1],从而颠倒了国家与市民社会的真实关系。这种"颠倒"正是黑格尔唯心主义辩证法的表现,因为黑格尔把他的《法哲学原理》看做是他的《逻辑学》(即唯心主义辩证法)的应用和体现。所以马克思说,对于黑格尔,"国家制度是合乎理性的,只要它的各个环节都能消融在抽象逻辑的环节中……不是思想决定于国家的本性,而是国家决定于现成的思想"。[2] 在国家与市民社会的关系问题上,马克思的观点正好与黑格尔的观点相对立。在这里包含着马克思对于黑格尔辩证法的唯心主义与神秘主义的批判与揭露,体现出马克思的辩证法与黑格尔的辩证法的对立。当时对国家的批判正是青年黑格尔派所热衷的主题,最能表现出他们的激进性。但是,只有马克思的批判才越出了黑格尔哲学的藩篱,达到真正科学的革命结论,这只有彻底克服黑格尔的唯心主义的辩证法才能办到。马克思在分析黑格尔关于国家概念的错误时,挑明了这种错误的哲学根源,这就是"逻辑的泛神论的神秘主义"。因为,对于黑格尔的辩证法,"作为出发点的事实并不是被当作事实本身来看待,而是被当作神秘主义的结果。现实性变成了现象,但是除了这种现象,理念便没有任何其他的内容。除了'成为自为的无限的现实精神'这一逻辑的目的,理念也没有任何其他的目的"。所以,马克思指出,贯穿在黑格尔《法哲学原理》第 261 节的辩证法"集法哲学和黑格尔全部哲学的神秘主义之大成"。[3]

---

[1] 黑格尔:《法哲学原理》,范扬、张企泰译,商务印书馆 1961 年版,第 253 页。
[2] 《马克思恩格斯全集》第 3 卷,人民出版社 2002 年版,第 24 页。
[3] 《马克思恩格斯全集》第 3 卷,人民出版社 2002 年版,第 12 页。

马克思对黑格尔唯心主义辩证法的批判

神秘主义是唯心主义辩证法的必然下场。在揭示黑格尔颠倒了国家与市民社会的真实关系时,马克思指出,"如果黑格尔从作为国家基础的各现实的主体出发,那么他就没有必要以神秘的方式把国家变成主体"。[1] 黑格尔的这个错误就在于他唯心主义地颠倒了主体与客体、精神与物质的关系,"正因为黑格尔不是从实在的存在物(ὑποκείμενον,主体)出发,而是从谓语、从一般规定出发,而且必须竟应该有这种规定的体现者,于是神秘的观念便成了这种体现者。"[2] 就是说,黑格尔不是从现实的物质的存在出发,而是从一般的思想规定出发,这正是唯心主义,这必然使他陷入神秘主义的泥坑。

既然黑格尔的辩证法由之出发的主体不是现实的存在,而是一般的思想规定即概念或黑格尔所说的理念,那么黑格尔辩证法所说的运动、变化和发展,自然就只是概念或理念自身的运动变化和发展。黑格尔的辩证法是概念或理念自身的逻辑。黑格尔的全部哲学则是企图把理念自身的逻辑强加给现实事物;在黑格尔看来,现实事物只不过是理念的异在或外观,理念自身的逻辑才是现实事物的真实本质。所以,马克思深刻地指出:"哲学的因素不是事物本身的逻辑,而是逻辑本身的事物。"[3] 整个的现实存在就是这样地被黑格尔并入逻辑范畴之中;在黑格尔看来,认识某一事物或对象就是说明它在理念自身的逻辑系统中是处在那一层次的逻辑范畴的体现。这正是黑格尔辩证法的唯心主义的泛逻辑主义。黑格尔的这种泛逻辑主义以对世界的说明取消了对世界的改造,它的保守的方面是它自身必然地固有的。在黑格尔的辩证法看来,这个自然界的一草一木、一砂一石都是必不可少的,在这个宇宙整体中都有它应有的位置,因而是合理的;甚至人世间的魑魅魍魉也是构成黑格尔辩证法绝对真理体系的一个不可缺少的环节,因而也分享有神圣性。所以,马克思说,"辩证法,在其神秘形式上,成了德国的时髦东西,因为它似乎使现存事

---

[1] 《马克思恩格斯全集》第3卷,人民出版社2002年版,第31页。
[2] 《马克思恩格斯全集》第3卷,人民出版社2002年版,第32页。
[3] 《马克思恩格斯全集》第3卷,人民出版社2002年版,第22页。

物显得光彩。"①黑格尔用他的唯心主义辩证法来论证莱布尼茨的"前定的和谐"以及这个世界是可能的世界中最好的一个世界,这正是恩格斯所指出的黑格尔的庸人气味的表现。

但是,黑格尔的唯心主义的泛逻辑主义给我们提供的对于事物的认识是虚假的。这种泛逻辑主义是以思维与存在的唯心主义的同一性为基础的,因此,黑格尔就轻而易举地取消了思维与存在理性与感性的原则区别,他可以在思维领域之内纯逻辑地虚构出他的对象,从这个意义上说,黑格尔的逻辑仍然是像培根所反对的"不能生育的尼姑"。黑格尔的逻辑并未能克服理性与感性的对立,整个感性领域仍然顽固地处在它的领域之外,独立地走着自己的路。这一点正是马克思和恩格斯在《神圣家族》深刻地揭露的黑格尔唯心主义辩证法的致命之处。马克思和恩格斯指出,"黑格尔把世界**头足倒置**,因此,他也就能够在**头脑**中消灭一切界限;可是即便如此,对于**坏的感性**来说,对于**现实**的人来说,这些界限当然还是继续存在。"②唯心主义是黑格尔辩证法"思辨的原罪",它必然要对他的全部哲学的各个方面产生重大的有害的影响。它并不能使"现实的人"达到独立存在的感性世界。

马克思和恩格斯不仅揭露了黑格尔辩证法的泛逻辑主义的唯心主义,而且分析了陷入这种唯心主义的认识论根源。"思辨哲学,特别是黑格尔哲学认为:一切问题,要能够给以回答就必须把它们从正常的人类理智的形式变为思辨理性的形式,并把现实的问题变为思辨的问题。"③黑格尔是怎样进行这种"改变"的呢?马克思和恩格斯指出,这就是黑格尔玩弄了对于概念的逻辑抽象。例如,"果实"这个抽象观念是从各种现实的果实(比如说苹果、梨、扁桃、草莓等)得出来的,而不是相反,这一点对于正常的人类理智是很容易理解的。然而,思辨的理性却把"果实"这个抽象观念看做是"实体",要从"实

---

① 《马克思恩格斯选集》第2卷,人民出版社2012年版,第94页。
② 《马克思恩格斯文集》第1卷,人民出版社2009年版,第357—358页。
③ 《马克思恩格斯全集》第2卷,人民出版社1957年版,第115页。

体"返回到现实的千差万别的平常的果实,返回到梨、苹果、扁桃、草莓等等上去,要从"果实"这个抽象观念得出各种现实的果实,这就很困难了,对于正常的人类理智是不能理解的。所以,马克思问道:"如果说苹果、梨、扁桃、草莓实际上无非是'实体'、'果品',那么,试问'果品'又怎么会忽而表现为苹果,忽而表现为梨,忽而又表现为扁桃呢?同我关于统一体、关于'实体'、关于'果品'的思辨观念显然相矛盾的多种多样的外观又是从何而来的呢?"①唯心主义首先是歪曲利用了一般观念的抽象过程,制造出唯心主义的"实体"概念,接着就为自己制造一个麻烦——如何从抽象的"实体"概念产生出现实中千差万别的个体事物,就是说,和"一般实体""一般果实"的思辨观念显然相矛盾的多种多样的外观又是从何而来的呢?一般唯心主义的回答已被哲学本身的历史发展所抛弃了,而黑格尔的迷人之处在于他玩弄了唯心主义的辩证法。"思辨哲学家回答道:这种外观之所以产生,是因为'果品'并不是僵死的、无差别的、静止的本质,而是活生生的,自身有区别的、能动的本质。普通果实的千差万别,不仅对我的感性的理智有意义,而且对'果品'本身,对思辨的理性也是有意义的。通常的千差万别的果实是'统一的果品'的不同的生命表现,它们是'果品'本身所形成的一些结晶。因此,比如说,在苹果中'果品'给自己一个苹果形状的定在,在梨中就给自己一个梨形状的定在。因此,我们再也不能像从实体观点出发那样,说梨是'果品',苹果是'果品',扁桃是'果品';而是相反,必须说'果品'把自己设定为梨,'果品'把自己设定为苹果,'果品'把自己设定为扁桃;把苹果、梨、扁桃彼此区别开来的差别,正是'果品'的自我差别,这些差别使各种特殊的果实正好成为'果品'生活过程中的千差万别的环节。这样,'果品'就不再是无内容的、无差别的统一体,而是作为总和、作为各种果实的'总体'的统一体,这些果实构成一个'被有机地划分为各个环节的系列'。在这个系列的每一个环节中'果品'都给自己一个更

---

① 《马克思恩格斯文集》第1卷,人民出版社2009年版,第277—278页。

为发展的、表现得更为鲜明的定在,直到它最后作为一切果实的'概括',同时又是活生生的统一体。"①接着,马克思把这种思辨思维的方式同基督教的教义作了对比,"人们可以看出,基督教认为,上帝只有一个化身,而思辨哲学则认为,有多少事物就有多少化身,比如在这里,在思辨哲学看来,每一种果实都是实体的化身,即绝对的果实的化身。所以,思辨哲学家最感兴趣的就是,把现实的、普遍的果实的存在制造出来,然后以神秘的口吻说,有苹果、梨、扁桃、葡萄干。但是,我们在思辨的世界里重新找到的这些苹果、梨、扁桃和葡萄干最多不过是虚幻的苹果、虚幻的梨、虚幻的扁桃和虚幻的葡萄干,因为它们是'果品'这种抽象的理智本质的生命的各个环节,因而就是抽象的理智本质本身。在思辨中使人们感到高兴的,就是重新获得了各种现实的果实,但这些果实已经是具有更高的神秘意义的果实,它们是从你的脑子的以太中,而不是从物质的土地中生长出来的,它们是'果品'的化身,是绝对主体的化身。"②马克思(和恩格斯)进而指出,这种思辨的辩证法是一种"神秘的创造",思辨哲学家"创造了一个奇迹,他从'果品'这个非现实的理智本质中造出了现实的自然的实物——苹果、梨等等,也就是说,他从他自己的抽象的理智(即他所设想的在他身外的一种绝对主体,在这里就是'果品')中创造出这些果实。在思辨哲学家说出的每一种存在物中,他都完成了一次创造行动"。③ 对于黑格尔的这种思辨的辩证法,马克思(和恩格斯)最后得出的概括是:"首先,黑格尔善于用诡辩的巧妙手法把哲学家借助感性直观和表象从一个对象过渡到另一个对象时所经历的过程,说成是臆想出来的理智本质本身即绝对主体所完成的过程。其次,黑格尔常常在思辨的叙述中作出把握住事物本身的、现实的叙述。这种在思辨的阐述之中所作的现实的阐述会诱使读者把思辨的阐述

---

① 《马克思恩格斯文集》第1卷,人民出版社2009年版,第278页。
② 《马克思恩格斯文集》第1卷,人民出版社2009年版,第278—279页。
③ 《马克思恩格斯文集》第1卷,人民出版社2009年版,第279页。

看成是现实的,而把现实的阐述看成是思辨的。"①马克思(和恩格斯)在恰如其分地肯定了黑格尔辩证法的合理内容时,着重揭露了它的思辨的唯心主义的实质,这种思辨的思维使我们离开了现实而只在观念范围内兜圈子。这种思辨思维的认识根源就在于歪曲了概念的逻辑抽象。所以,马克思(和恩格斯)对此提出了原则性的批判:"如果我不抛弃抽象,甚至不可能从抽象转到抽象的对立面。"②这里所说的"抽象的对立面"就是指现实的感性的具体事物。因此,这句话就是说,只有抛弃唯心主义才能立足于唯物主义。我们之所以比较大段地引述了马克思恩格斯的原话,这是因为在这些段落里比较系统地发展了对于黑格尔唯心主义辩证法的分析和批判。黑格尔唯心主义辩证法的根本错误,就在于它企图以思维和存在的唯心主义同一性去证明任何思维产物的现实性,恩格斯斥之为"这正是一个叫做黑格尔的人所说的最荒唐的热昏的胡话之一"。③ 以后,在研究社会历史和经济问题时,马克思进一步深化了自己的唯物主义观点,并与黑格尔相对立,建立了科学的唯物主义的辩证法体系。

哲学史上的形而上学的唯心论,经过近代康德哲学的批判之后,已经为人们所唾弃了;黑格尔的唯心论之所以能够产生影响,就在于它利用了辩证法。然而,黑格尔的辩证法由于是唯心主义的、神秘主义的,因此,它的影响就只能是一种欺骗作用。黑格尔的思辨的辩证法是一种"魔法",它使我们不能超出观念的世界,而是以观念的东西为现实的存在;但真正丰富多彩的生机勃勃的现实存在则处在它的领域之外。为黑格尔的思辨的辩证法所毒害的人,就像歌德《浮士德》中的一节诗所讥刺的动物:"像一个动物在干枯的草原上,被一个恶魔迷惑着转圈子,在它的周围却有着美丽的、碧绿的牧场。"只有马克思才赶走了这个"恶魔",破除了黑格尔的"魔法",把这头"动物"从干枯的草原

---

① 《马克思恩格斯文集》第1卷,人民出版社2009年版,第277页。
② 《马克思恩格斯文集》第1卷,人民出版社2009年版,第277页。
③ 《马克思恩格斯文集》第9卷,人民出版社2009年版,第46页。

上解放出来,让它生活在美丽的、碧绿的牧场上。

三

上一节我们阐述了马克思对黑格尔唯心主义辩证法的揭露和批判,这是本文的主要目的;现在,我们将概括地把马克思的唯物主义辩证法和黑格尔的唯心主义辩证法做一对比。

马克思说:"辩证法在黑格尔手中神秘化了,但这绝没有妨碍他第一个全面地有意识地叙述了辩证法的一般运动形式。在他那里,辩证法是倒立着的。"①马克思在深刻批判黑格尔辩证法的唯心主义与神秘主义时,并不否认黑格尔对辩证法所做的贡献,并不否认他自己的辩证法与黑格尔的辩证法有继承关系的一面。但是,我们绝不能把这种继承关系理解为是简单地拿过来,绝不能把马克思的唯物辩证法机械地理解为是费尔巴哈的唯物论与黑格尔的辩证法的相加。从马克思的辩证法与黑格尔的辩证法的对比中,我们可以看出二者既有联系又有本质的区别。

首先,辩证法的主体究竟是什么?是物质,还是精神?也就是说,辩证法的出发点是什么?是从物质出发,还是从精神出发?在这个问题上,马克思的辩证法同黑格尔的辩证法是根本对立的。马克思明确断言:"我的辩证方法,从根本上来说,不仅和黑格尔的辩证方法不同,而且和它截然相反。"②这正是从辩证法的出发点上来说的。在黑格尔看来,辩证法是思维或精神的自身运动,因为黑格尔把思维或精神变成独立的主体,并使之成为现实事物的创造主,而现实事物只是思维过程或精神过程的外部表现。与此相反,在马克思看来,观念的东西只不过是移入人的头脑并在人的头脑中改造过的物质的东西而已。关于马克思的辩证法与黑格尔的辩证法在出发点上的根本区别,恩格

---

① 《马克思恩格斯选集》第3卷,人民出版社2012年版,第879页。
② 《马克思恩格斯选集》第2卷,人民出版社2012年版,第93页。

斯作了准确的说明:"在黑格尔那里,辩证法是概念的自我发展。绝对概念不仅是从来就存在的(不知在哪里),而且是整个现存世界的真正的活的灵魂。"①"我们重新唯物地把我们头脑中的概念看作现实事物的反映,而不是把现实事物看作绝对概念的某一阶段的反映。这样,辩证法就归结为关于外部世界和人类思维的运动的一般规律的科学……这样,概念的辩证法本身就变成只是现实世界的辩证运动的自觉的反映。"②黑格尔是从绝对观念的自我运动出发,而马克思则是从历史的具体的客观现实出发。因此,黑格尔辩证法的出发点和马克思辩证法的出发点不仅不同,而且正相反。马克思从这种客观现实的物质存在出发,把辩证法理解为自然界、人类社会和人类思维普遍的发展规律。这种普遍的发展规律,就其内容的客观现实性而言,则是历史的具体的。

其次,就辩证法体系是开放的还是封闭的来看,马克思的辩证法与黑格尔的辩证法也是根本不同的。这是由二者的出发点之不同所决定的。黑格尔认为,辩证法是精神的自我运动;精神由自我设定,经自我否定,而重新达到自我肯定。精神经由这种辩证的发展历程而得到的自我肯定,精神就实现了自我认识或自我复归,这就是实现了的绝对真理。黑格尔的辩证法原则上论述了绝对真理是可以认知的,这有它的合理之处。但是,黑格尔认为,他所建立的唯心主义辩证法体系就是已经达到了的绝对真理,换言之,黑格尔哲学体系已经穷尽并完成了精神的自我认识,这是黑格尔唯心主义的辩证法所固有的形而上学,这是自欺欺人的幻想。所以,黑格尔的辩证法就其本来的形态而言是一个封闭的体系。对于这种封闭体系的荒谬性,费尔巴哈已经做过深刻的揭露。费尔巴哈正确地指出,绝对真理是全人类在其无穷的历史发展中才能完成的任务。费尔巴哈转引了歌德一句名言来作为自己思想的佐证。歌德说:

---

① 《马克思恩格斯选集》第4卷,人民出版社2012年版,第249页。
② 《马克思恩格斯选集》第4卷,人民出版社2012年版,第249页。

"只有全体的人才能认识自然,只有全体的人才能过人的生活。"① 然而,"黑格尔的哲学实际上是一种一定的、特殊的哲学。……黑格尔哲学是在一个时代里产生的,在这个时代里,人类正如在任何其他的时代里一样,是处在一定的思维阶段上,……因而是有限的性质"。② 不论黑格尔是多么伟大的天才,他总是一个特殊的个体,他不可能集中全人类的智慧和美德于一身。"个体、精神的器官、头脑不管多么万能,却总是有一个一定的鼻子在它上面,不管是尖的还是塌的,小巧的还是肥大的,长的还是短的,弯的还是直的。一旦进入了空间和时间,就必须受空间和时间的规律支配。"③如果认为黑格尔哲学是绝对真理,那就是宣布"类在一个个体中得到完满无遗的体现",费尔巴哈说,这"乃是一件绝对的奇迹,……实际上也就是世界的毁灭"。④ 这种妄自称为绝对真理的幻想是非常荒谬的。费尔巴哈进一步揭示了这种幻想的内在矛盾:"如果黑格尔哲学是哲学理念的绝对现实性的话,那么,黑格尔哲学里的理性的静止就必然要以时间的静止为结果。因为时间以后如果和以前一样继续它的可悲的进程,黑格尔哲学就不可避免地要失去绝对性这个宾词了。"⑤黑格尔逝世以后,人类社会历史的继续前进,就是对黑格尔哲学这种封闭的体系的荒谬性之最有力的批判。与此相反,由于马克思的辩证法是从客观的物质世界出发,而客观的物质世界是在空间和时间中无限进展的,它是没有绝对的封闭的终点的。因此,反映物质世界运动变化发展的辩证法也就不是一个封闭的体系,它不需要而且也不可能由一个绝对真理来完成这个发展。然而,这并不是说绝对真理不存在和不可认识;马克思的辩证法以客观的物质世界为基础解决了绝对真理与相对真理的辩证关系,在相对真理的长河中,我们将

---

① 《费尔巴哈哲学著作选集》上卷,荣震华等译,商务印书馆1984年版,第48页。
② 《费尔巴哈哲学著作选集》上卷,荣震华等译,商务印书馆1984年版,第50页。
③ 《费尔巴哈哲学著作选集》上卷,荣震华等译,商务印书馆1984年版,第48页。
④ 《费尔巴哈哲学著作选集》上卷,荣震华等译,商务印书馆1984年版,第48页。
⑤ 《费尔巴哈哲学著作选集》上卷,荣震华等译,商务印书馆1984年版,第49页。

不断走向绝对真理。马克思的辩证法既论述了真理自身的无限运动,又是指导我们走向绝对真理的科学方法。马克思主义并没有结束真理,而是为我们开辟了不断走向真理的道路。马克思的辩证法是一个开放的体系。它鼓舞着每个历史时代的人们勇敢地发挥自己的创造性和主动精神不断开辟人类历史的新境界。

再次,从作为宇宙普遍规律的辩证法与作为部门科学的具体规律的关系来看,马克思的辩证法与黑格尔的辩证法也有根本的差别。黑格尔的辩证法从精神出发,而精神乃是宇宙的最终极的实在或最后的本原,因此,在黑格尔看来,辩证法乃是凌驾于一切科学之上的科学,是"科学之科学"。辩证法的规律也就是凌驾于一切具体规律之上的规律,黑格尔把其他部门科学所研究的对象都看做是思维或精神的体现,把其他部门的科学的规律都看做是辩证法的应用即"应用逻辑"(广义的)。黑格尔的辩证法的规律是从天上掉下来的,而且要强加于人世间,假如人世间的事物不服从或不接受这种规律,那么错误只能是在人世间。当然这是非常荒唐可笑的。由于黑格尔颠倒了物质与精神的正确的本来的关系,这也就使他的辩证法成了"无本之木,无源之水",没有客观真实基础的辩证法当然不能不陷于神秘主义的荒谬境地。马克思的辩证法则与此相反,它是扎根在现实世界之中。因此,马克思的辩证法规律是从客观的现实世界中抽取出来的,它既不是凌驾于部门科学的具体规律之上,也不是同它们相对立的。马克思的辩证法并不能代替各门具体科学的研究,而只是指导我们认识世界的普遍的方法与原则。并且,马克思主义的辩证法只有在与各门具体科学相结合时,才能发挥它的指导作用。列宁指出,具体问题具体分析是马克思主义辩证法的灵魂,这正是强调马克思主义辩证法的唯物主义的特征。只有以客观的现实生活为基础,通过人们的实践的检验,才能破除黑格尔唯心主义辩证法的诡辩,发挥马克思唯物主义辩证法的科学性和革命精神。

列宁曾经指出:"马克思主义的词句在我们这个时代已经成为完全背弃

马克思主义行为的挡箭牌了;要做一个马克思主义者,就必须揭穿第二国际领袖们的'用马克思主义词句掩盖起来的伪善',必须勇敢地正视社会主义中两个派别的斗争,彻底弄清与这个斗争有关的各种问题。"①今天我们所处的时代是马克思主义在全世界走向胜利的时代,这就逼得它的敌人装扮成马克思主义者,他们玩弄马克思主义的词句,玩弄观念的辩证法,从而企图把无产阶级的解放斗争引向脱离实际的邪路上去。因此,我们必须捍卫马克思主义和马克思主义辩证法的纯洁性和科学性。在纪念马克思逝世一百周年的时候,让我们认真学习马克思的辩证法,学习马克思对黑格尔唯心主义辩证法的批判,这既有重大的理论意义,也非常切合时代的需要。

---

① 《列宁全集》第26卷,人民出版社2017年版,第284页。

现代西方哲学研究

论现代西方哲学的演变

德国古典哲学终结和马克思主义哲学产生以来,西方哲学经历了约一个半世纪的演化。作为哲学的一门分支学科,国内所说的现代西方哲学,其研究对象和范围就是指这一期间西欧北美发达资本主义国家的资产阶级哲学思想。现代西方哲学既是近代西方哲学的延续,又是西方现代文明的产物,因而也表现出一些不同于近代西方哲学的特点。《现代西方哲学评析》作为《西方哲学发展史》的续篇,其目的是依据所掌握的资料,对现代西方哲学各流派作出客观、准确的描述,并在这一基础上,对这些流派作出实事求是的分析和评论。

一、现代西方哲学的由来

现代西方哲学学派林立,主义无数,更迭频繁。但从内容分析,它们所涉及的主要是人的存在问题和科学知识的性质问题。这样,就造成了现代西方哲学中两大阵营——人本主义和科学主义——并驾齐驱的局面。可以说,现代人本主义和现代科学主义作为现代西方哲学的两大主要思潮,其意义不下于近代西方哲学中唯理论和经验论的区分。

实际上,二者的分野的确同近代思想史上唯理论和经验论的对立有关。现代人本主义渊源于近代欧陆唯理论,现代科学主义则渊源于近代英伦经验论。我们知道唯理论高扬"理性"之旗,反对经院哲学的非理性主义,号召以理性的权威取代信仰的权威。在认识论上,它坚持真理出自人的理性,知识须接受理性的审核。凡符合理性,即对理性来说确切无疑、清楚明白的知识,才是真理。相反,经验论高举"经验"之帜,也反对经院主义,但他认为真理源于经验,凡符合经验,即为观察、实验所证实的才称得上知识,也才能成为真理。二者的对立在方法论上表现为不同的逻辑观,唯理论倾向于演绎主义,经验论倾向于归纳主义。归纳派认为演绎法不是科学方法,理由是:科学方法须给人以新知,然而演绎的结论蕴含于前提之中,不符合这一要求;再者,演绎正确须以前提正确为保证,然而正确的前提从何而来,演绎法本身不能回答。演绎派用先验论为自己辩护,认为理性含有不证自明的先天真理,例如,欧氏几何不是经验性的,却从未出错,这就是明证。而且,演绎派认为归纳法不是科学方法,理由是:科学方法须给人以普遍、必然的知识,然而归纳法从有限、过去推知无限、将来,其结论是不可靠的。两派各执一端,平分秋色。稍后,康德提出先天综合判断之说,黑格尔提出分析与综合的统一,推动了讨论的深入,但最终都未能打破僵局。19世纪末非欧几何的酝酿和问世以及自然科学的一系列新发现,标志着唯理论寻求绝对确定性之努力的受挫,天平向着有利于经验论的方向倾斜。19世纪之交的这种新动向,对西方哲学产生了重大影响,一是促成现代经验主义和实证主义的进一步流行;二是促成近代唯理论向现代非理性主义——人本主义的转型。

经验论和唯理论是知识论哲学的两种类型,都属于广义的理性主义。知识论哲学在西方源远流长。苏格拉底被认为是道德论哲学的创始人,其实他的两个主要口号,"自知自己无知"和"美德即知识",恰恰也是一切知识论哲学的核心,它意味着伦理——人生问题可还原为知识问题,伦理价值学说可建立在知识基础之上。柏拉图认为只有理性才能认识至上之善,这是苏格拉底哲学命题的发挥。亚里士多德更赋予知识以逻辑三段论的形式。从此,知识论哲学深植于西方思想传统之中。至笛卡尔、培根,复又发扬光大,蔚成风气。从知识论哲学来看人首先是认识着(抽象思维着)的主体,然后才是欲求着的主体。在这一意义上,唯理论的"我思故我在"与经验论的"知识即力量"可谓不谋而合。更重要的是,在反对神本主义和封建专制的共同斗争中,这两种形式的理性主义都是人本主义或人道主义的。19世纪30—40年代,资本主义暴露出的种种弊端使建立"永恒理性"社会的理想化为泡影,科学技术的发展提出了大量新问题,黑格尔哲学的绝对理性主义引起人们的不满和反思,理性主义在种种挑战面前本身也发生了分裂。经验论的理性主义逐渐把人的存在问题视为一个形而上学问题,拒斥于科学范围之外,从而转变为实证主义的理性主义。唯理论的理性主义越来越摆脱知识论哲学的框架,把科学知识问题从哲学范围排除出去,用深层次的理性——意志、直觉、无意识来规定存在的本质,从而转变为非理性主义的人本主义。20世纪中两次世界大战的浩劫,科学技术革命的浪潮,以及物质富裕与精神失落的悖论,又给两大思潮注入新的驱动力。总之,从"科学与人"到"科学或人",现代西方的科学主义与人本主义就是这样形成的。

目前,不少学者感到,用人本主义和科学主义刻画现代西方哲学不尽如人意。这是可以理解的,我们也有类似的感受。然而,抛弃这两个范畴,改用英美哲学和欧陆哲学的范畴,或增设"新马"、宗教哲学、部门哲学等类别,或用别的三分、四分法来代替这个二分法,也会遇到同样的困难。所以,我们主张保留人本主义与科学主义的区分,但应做必要的界定和限制。这需要注意以下几点:

第一,判定一种哲学属于哪一思潮,首先要看它的研究对象或主题是人的存在还是科学知识。这是区别人本主义和科学主义的基本标志。第二,做这种判定时,也要考虑研究某一主题所采用的方法论。原则上说,对象与方法是一致的,这不排斥以人本主义方法研究科学知识,以科学主义方法研究人的存在。但从总体来看,人本主义多采用反思的、直觉的方法,科学主义多采用经验的、实证的方法。第三,相对于前两点,哲学家本人是否主张人道主义(实践的人本主义),就退居次要地位。实际上,绝大多数哲学家都是赞成人道主义的,这并不影响他们以科学知识作为哲学探究的主题,也不影响他们在理论上采取反人本主义的立场(最典型的如:阿尔都塞等人的结构主义)。第四,我们所说的科学主义主要是就其主题和方法而言。这方面,最典型的当数科学哲学,但尽管如此,也有费耶阿本德这样的例外。科学主义通常还夹杂着另一层含义,即科学至上论、科学万能论、科学乐观主义。这的确是科学主义思潮的伴生物,但并非所有科学主义哲学家都持这种立场。第五,人本主义常同非理性主义挂钩,这是就其反对科学主义的"理性"概念而言的。除少数人外,人本主义一般自认为是理性主义传统的合法继承人。这一点,应引起足够的注意。第六,哲学家的思想往往是复杂的,互相插足对方的主题借鉴对方的方法甚至吸收对方的观点,是常有的事,任何一种分类方法都不可视为绝对的标准,都只有历史的价值。哲学是时代的产儿,随着社会文化条件的变迁,两大思潮的界限如今不再是那么泾渭分明。可以预言,进入 21 世纪后,二者的重逢不是不可能的。当代后现代主义思潮的崛起,已早早地报道了它们走向合流的某些信息。

二、现代西方哲学的演变

黑格尔曾经正确地指出,哲学史是主导性哲学范畴的流变史。现代西方哲学也不例外。作为一个工作假说,我们可以提出,具有 150 余年历史的现代西方哲学,它一定有着主导范畴的形成、演化、更替的过程,它的发展规律就体现在这些范畴的兴衰际遇之中。要系统地描绘这一流变图景,是一个艰巨的任务。这里,我们只能对其中一部分概念、范畴、思想的演变作些粗线条的阐述。

首先,人本主义的演变。叔本华提出,世界是表象和意志。事实上,"饥饿的意志"——生存意志即是他的主导性哲学范畴。叔本华声称,他的哲学与黑格尔哲学的最大区别,在于他是从人生的实际来寻找哲学问题的。如此,他把主体当做世界的"物自体",又把主体归结为生存意志,以一种极端的形式表现了人本主义与非理性主义的契合。但他从意志论推出悲观主义,其间缺乏逻辑联系。原先在形而上意义上作为肯定之物的意志,最后在形而下意义上成了应予否定之物。尼采也从意志出发,但他不满叔本华消极求生的意志,而欣赏那种追求力量感、权力感的求权意志。这样,尼采以"权力意志"的强度来衡量人生价值,从而宣告过去以基督教为准绳的价值观的"死亡"。如果说,对尼采而言,人的自由必须取消上帝的位置,对克尔凯戈尔而言,人的存在必须真正返回到上帝的怀抱。"存在"作为一个哲学范畴,在他这儿第一次被明确规定为以非理性体验为根本内涵的主观性。叔本华、尼采、克尔凯戈尔对非理性主体的关注,绝不是"孤独"的。19世纪末先后兴起的新康德主义、新黑格尔主义也多少作出了响应。当然,叔本华、尼采等人在那个时代能够遇到的知音,主要还是狄尔泰、柏格森式的生命哲学。生命哲学以绵延的生命之流作为研究对象,主张用直觉去领悟生命的本质。从上可见,人本主义在研究人的问题时,基本上是排斥科学和理性认识的。

研究人,能否采用别的方法?世纪之交胡塞尔试图另辟蹊径。胡塞尔认为,哲学是一门严密科学,它要解决的恰恰是"认识的客观性"问题。为此,胡塞尔提出一套独特的方法,如现象学还原、事物本身、理智直观等。但在后期,胡塞尔最为关心的是"欧洲人的危机",提出主体间性、生活世界等新范畴。他认为,这一危机的本质,是理性的危机,是"目的"的丧失。乍看上去,胡塞尔现象学是纯粹理性主义的。但是,胡塞尔所说的理性,同传统理性概念已有了很大距离。胡塞尔的危机意识、现象学方法和对生活世界的强调,在海德格尔和萨特等人那里被转变和上升为一种存在哲学。海德格尔运用现象学方法,描述了他称为"此在"的人的存在状态。这些状态都是和"时间性"有关的,是烦、畏、死等个人的自我意识。时间是人的自我理解的基本视野。因而,一般来说,海德格尔不仅发挥了尼采等人的思路,开创了20世纪的存在主义运动,也赋予传统释义学以一种本体论地位,开创了当代哲学释义学的先河。

萨特哲学的基本命题是"存在先于本质"。这样的存在,就是自由、自决的人。在这种意义上,自由就是萨特的主导范畴。在他看来,这种自由是必须付出代价的,是一种"负责"的自由。自由与负责之间的张力,使人产生烦恼和孤独感。人在这种状态下仍旧有勇气作出行动的选择,这正是人的尊严、人的主体性之所在。现象学——存在主义思潮对于20世纪西方马克思主义也发生过实际的影响。法兰克福学派哲学家马尔库塞曾经接受过胡塞尔、海德格尔哲学的洗礼,不过,特别是后期,他更注意从弗洛伊德精神分析学说汲取营养来"补充"马克思主义。把这些不同的思想来源汇聚起来,马尔库塞用"爱欲"来规定人的存在的本质,并力图用"新感性"来取代传统的理性概念。从"生存意志"到"爱欲",这大体上反映出现代西方人本主义哲学主导范畴的流变梗概。

其次,科学主义的演变。孔德的主导范畴可称为"实证性"。他认为,这个范畴概括了科学的根本特征。在他看来,任何非实证的哲学,不是神秘主义的,就是形而上学的,都是不合时宜的东西。孔德的实证主义还比较幼稚,但其抱负十分远大。按他的哲学,知识应是实证的,社会应是实证的,甚至宗教也应是实证的。约翰密尔继承了孔德实证主义的某些因素,但更主要的是用它来弘扬英国本土的经验主义传统。以马赫为代表的经验批判主义则致力于概括自然科学中的新发现。它不仅把实证主义推向一个新阶段,也构成了现代意义上的"科学哲学"的第一代形态。

进入20世纪后,科学主义发生了明显的转型。在哲学意义上,这种转型是和罗素、维特根斯坦的名字分不开的。他们把世界的最终构成归结为可予以逻辑表述的原子命题,开创了分析哲学的先河。分析哲学的共同立场是,哲学的任务在于分析语言,使语言的意义得到澄清。它大致分为两支:逻辑分析哲学和语言分析哲学。前者侧重分析科学语言以至人工语言,后者侧重分析自然语言或日常语言。科学主义的这种转型,就是学术界经常提及的"语言学的转向"。在这一转向中,维也纳学派曾经发挥过主力军的作用。维也纳学派致力于以现代逻辑工具重建经验主义的"经验证实原则"。根据他们对这一原则的理解,形而上学遭到了彻底的拒斥,而哲学的任务则被规定为:对科学巨子或陈述进行逻辑分析,使命题的意义得到澄清,排除假对象句子,从而使科学工作更富于成果。维也纳学派的哲学初称逻辑实证主义,后多称逻辑经验主义。然而,事物总是相反相成的。逻辑经验主义在其诞生之际就受到了波普的批判理性主义的挑战。如果说,逻辑经验论的主导范畴是"经验证实原则",那么批判理性论的主导范畴则为"经验证伪原则"。按照证伪原则,经验不能通过证实个别命题而证实科学原理,但经验足以通过证伪个别命题而证伪科学原理。波普认为,科学发展的根本动力不是证实而是证伪。除此之外,波普与逻辑经验主义的一个差别是,他认为形而上学的确不属于科学,但形而上学是"有意义的"。这种态度使他能够在晚年发展出一种以"世界3"为核心的本体论构想。与这种态度相关,波普对科学哲学以外的社会政治问题也表现出浓厚的兴趣。波普之后,西方科学哲学异常活跃。拉卡托斯提出了"科学研究纲领方法论",库恩提出了"范式论",费耶阿本德提出了"无政府主义认识论",夏佩尔提出了"信息域论",劳丹提出了"科学研究传统论"等等。这一趋势,目前还在继续。

三、评析现代西方哲学的方法和意义

相对于传统哲学,尤其是相对于马克思主义哲学,现代西方哲学具有一些共同特征。其一,现代西方哲学在本体论上大多倾向于唯心主义。它们中有的十分坦率,如现象学学派就自称"先验唯心论";有的则回避哲学基本问题;有的甚至以种种理由来"拒斥"本体论。其二,现代西方哲学在认识论上大多否定唯物论的反映论。它们中有的指责反映论是"照镜子",有的崇尚先验直觉,有的求助于神秘的启示,还有的以种种理由走向绝对的相对主义和不可知论。其三,现代西方哲学在发展观上大多流于形而上学的片面性。它们中有的攻击辩证法是"江湖骗术",有的把辩证法曲解为"否定的辩证法""试错法",有的则抽去辩证法的唯物论基础而将其主观化。其四,现代西方哲学在社会历史观方面大多反对唯物史观,主张这样那样的唯心史观。它们中有的说唯物史观是经济决定论,是历史宿命论;有的用知识进步、科学技术、英雄人物来解释社会历史过程;还有的把社会历史过程比拟为生物进化、宇宙演化。总之,在整体上,现代西方哲学是一种非马克思主义的哲学架构。

评析现代西方哲学,首先就是要坚持马克思主义哲学的党性原则,对它们的唯心主义、不可知论、形而上学和唯心史观作出旗帜鲜明的批判。这也是本书所遵循的第一个方法论原则。其次,评析现代西方哲学,同时要着眼于意识形态性与科学性的区别,坚持马克思主义哲学的辩证否定精神,剔除其糟粕,汲取其合理因素。这也是本书所遵循的第二个方法论原则。

本着这两条原则,我们认为评析现代西方哲学是一项具有重大理论意义和现实意义的学术建设。第一,评析现代西方哲学有助于我们坚持和发展马克思主义哲学。真理愈辩愈明,马克思主义是在斗争中发展的。在现代西方哲学中,有的流派公然以反马克思主义为荣,而当我们了解它们的论据是如何站不住脚时,我们对马克思主义的信念也就更加坚定了。有的流派出于某种考虑,或对马克思主义表示诸多赞赏,或表示希望将自己"注入"马克思主义洪流。通过评析,对这些流派的了解显然可以提高我们识别真假马克思主义能力。第二,评析现代西方哲学有助于我们总结理论思维的经验教训,提高中华民族的理论思维水平。研究现代西方哲学,犹如研究西方哲学史一样,是提高理论思维能力的重要手段之一。现代西方哲学家常犯的一个错误是,一些本来尚属合理的观点、见解、环节或课题,被他们夸大、绝对化了。我们的任务,就是把这些观点、见解、环节或课题从其不合理体系中解析出来,重新整合进当代以马克思主义为主体的中国哲学文化中去。从某种意义上讲,这一任务带有比较哲学的性质,任重而道远,本书只是为此做些必要的学术积累罢了。第三,评析现代西方哲学有助于开阔视野,扩大哲学的研究领域,生发哲学研究的新课题。现代西方哲学是对现代西方文明的哲学反思,而现代西方文明是以大工业生产和市场经济为背景的。当今中国社会正经历着一次史无前例的转型。这个转型的目标模式当然不是西方式的现代化,但谁也无法否认二者有局部的共性。因此,现代西方哲学家对他们所属的文明的反思,比如他们对人的"生存"问题的关注,对人性扭曲的担忧,对人与自然的关系的重新界定,对西方文明本身的批评以至否定,对科学知识和科学技术之性质、规律和社会作用的考察,都是可以"拿来"为我所用、引以为鉴的。

还是那句老话,"温故而知新",诚哉斯言,我们从现代西方哲学的评析中当会获得重大的启发。

基尔凯郭尔的有神论存在主义

存在主义是当代西方哲学中一个重要的流派,它最初产生在第一次世界大战后的德国。1927年德国哲学家海德格尔《存在与时间》一书的发表,可以作为存在主义哲学正式形成的标志。第二次世界大战之后,存在主义很快地传播到欧美各国,产生了具有世界性的广泛影响,20世纪60年代达到了它的发展的顶峰,但是至今仍然具有强大的影响。

存在主义之所以在西方世界产生了极大的影响,这是有它的深刻的社会根源的。马克思说:"羞耻已经是一种革命……羞耻是一种内向的愤怒。"[①]19世纪末20世纪初,西方资本主义世界已经发展到了资本帝国主义阶段,陷入了重重危机与困境。两次世界大战更给广大人民群众带来了极大的灾难与痛苦,生活在资本帝国主义制度下的人民群众,时时感到自己的生存受到威胁,人的尊严受到侮辱,从而感到忧虑与悲伤,乃至愤怒。存在主义哲学正是反映了广大人民群众、特别是中小资产阶级及其知识分子对于他们的社会处境之意识,是对于人们所遭受的非人道的处境以及不自主的命运的一种特殊形式的反抗,表达了人们的"耻辱感","是一种内向的愤怒"。存在主义虽然不能在实践上解决资本主义社会中种种丑恶现实的揭露与批判,对于人们"耻辱感"的强烈的抗争,正如马克思所说,这本身就是有"革命意义的"。

存在主义不是传统意义上的学院式的哲学流派,它不仅影响了人们的思

---

① 《马克思恩格斯文集》第10卷,人民出版社2009年版,第5页。

想观点,而且还改变了人们的生活方式和生活态度,所以,人们称为"存在主义运动"。在"存在主义运动"中,有各种各样的人;有人说,有多少个存在主义者就有多少种存在主义,这种说法,虽然不无夸张之处,但也并非毫无道理。存在主义,从传统的世界观上来说,不是一个单纯的学派,在"存在主义运动"中,有哲学家、神学家、文学家;有新教徒、旧教徒、犹太教徒;有有神论者、有无神论者,甚至还有自称是马克思主义的存在主义者。在所谓"存在主义者"中,各个人有着不同的兴趣,着重关心的问题也有所不同,在他们之间观点上也有一些分歧。但是,他们都被称为"存在主义者",这是因为,他们在一些基本观点上是一致的,他们之间存在着一些共同的基本特征。

第一,他们都反对欧洲哲学中自古代希腊以来的理性主义的传统,尤其反对柏拉图、黑格尔的那种无所不包的思辨的唯心主义体系。在他们看来,因为在这种体系中,天上地下什么东西都说到了,但就是没有"自我"或"思想家"本人的存在。存在主义者用"个体存在"的情绪、直观或内心的体验来对抗思辨体系的"抽象思想"或"理性"。萨特尔明白地说出了这一特征:"各派存在哲学有一个共同的来源,就是基督教知识分子抵制黑格尔对于认知的那种不可容忍的体系化"。[1] 亦即反抗黑格尔的泛逻辑主义。

第二,他们反对科学至上主义和各种实证主义,在他们看来,现代工业和科学技术的发展,已经扭曲了人性,使人陷于非人化的境地;客观的事实的知识并不是真理的知识。

第三,他们都着重于考察与诊断个体存在的痛苦境遇。不论是哪种存在主义者,他们不是从神学上,就是从哲学上,或者是从文学艺术上来描述或揭露人的异化状态的痛苦境遇。

第四,他们都肯定存在的第一性。这里所说的"存在"是指个体人的存在。他们认为,思维与意义的核心,是存在着的个体的思维者。他们强调,对

---

[1] 洪谦:《西方现代资产阶级哲学论著选辑》,商务印书馆1964年版,第399页。

于任何人,最有意义的一点,就是关涉他自己的直接意识,而这种意识是不能包含在抽象的思辨体系之中的;抽象思维助长了非人化的倾向,并且导致离开了具体人的存在。萨特尔提出的"存在先于本质"这个命题,可以作为他们共同思想的代表。这里所谓"本质",是指把一类事物与另类事物区别开的东西;一个事物是"什么",是指它的"本质",一个事物是"这个",是指它的"存在"。存在主义者反对柏拉图与黑格尔的抽象的理智的本质系统,而以"存在"与之对抗。

第五,他们都强调个人的主观经验。存在主义者都认为,离开了知识的主体,知识就不存在,然而作为知识的主体,它并不是抽象的东西,知识的主体乃是指人的内在生活、生活方式以及对生活的渴望、选择或决定。存在主义者指责,在理性主义的思辨体系中,总是客观地并且非人格化地来说明生活和具体的特殊的人,因此而使生活变成空洞的和毫无意义的。存在主义者争辩说,人的内心生活以及对内心生活的反省,应该是注意的中心,人的个体性与人格才是唯一重要的问题。存在主义者反对压抑或不去认知这种主体的一切企图,他们断言,真理是显示在主观的生活经验之中。

第六,他们都强调并极力肯定人的自由与责任感。存在主义者反对各种形式的"决定论"理论,不论是遗传学的、生物学的,或环境论的"决定论"。他们认为,自由并不是在嘴巴上谈论或争论的东西,自由乃是被经验到的实在。自由是个人面对着选择作出自己的决定以及为这种选择或决定而承担的责任。

存在主义者的这些展开了的共同特征,都可以在基尔凯郭尔的思想中找到它们的渊源。

基尔凯郭尔于1813年生于丹麦的哥本哈根,1855年逝世,在世42年。一生未婚,生平简单,过着隐居的著述生活。1841年,谢林被普鲁士政府聘任为柏林大学的哲学教授,普鲁士政府给谢林的任务,是要他消除黑格尔哲学所产生的革命影响;这时在谢林的听众之中就有基尔凯郭尔,此外还有恩格斯以及巴枯宁。谢林对黑格尔哲学的批判,对基尔凯郭尔产生了深刻的影响。基尔凯郭尔的一生是短促的,但却写下了大量的著作。他生前是默默无闻的,死后也被人们长时期地遗忘了,直到 20 世纪初,他的著作才重新被人们发现并受到重视。他的著作于 1909 年第一次译为德文,1910 年译为意大利文,1929 年译为法文,1938 年后译为英文。于是,基尔凯郭尔产生了世界性的影响,在西方被誉为"基尔凯郭尔——文艺复兴",被认为是我们时代的最不平常的现象。基尔凯郭尔的著作成为本世纪兴起的存在主义哲学的思想源泉;当代的存在主义者都承认基尔凯郭尔是存在主义的思想先驱或创始人。联合国教科文组织甚至于 1964 年 4 月 21—23 日在巴黎举办了"基尔凯郭尔万岁"的学术讨论会,以纪念基尔凯郭尔诞生 150 周年。这次学术讨论会由 J.瓦尔主持,教科文组织的主任 R.马汉致开幕词,萨特尔、马赛尔、E.巴兹和 J.瓦尔都作了学术报告。会议还宣读了海德格尔、卢卡奇和雅斯贝尔斯的来信。与会者还有依波利特、费萨尔、惠斯特法尔、E.勒维拉和 J.哈维等人。由此可见,基尔凯郭尔在当代西方思想界有着重大影响。基尔凯郭尔之所以于他死后在西方重新被发现并得到如此崇高的评价,这是因为他在 19 世纪就已经敏锐而深刻地感受到了今天资本主义世界人们所感受到的问题,并以尖锐而犀利的笔触叩击着人们的心弦。西方学者把他尊称为"孤独的先知者"。

从今天的"存在主义"这个概念的含义来说,不能说基尔凯郭尔就是一位"存在主义者",而且基尔凯郭尔也不是传统意义上的神学家;我们把他称为"有神论存在主义者",是在一定的意义上说的。这就是他提出了一个最重要的问题:要做一个"存在的基督徒"。基尔凯郭尔认为,他一生的神圣使命就是要阐明什么是真正的基督教以及做一个真实的亦即存在的基督徒是什么意思,并且要去揭露他生活时代的基督教世界是一个巨大的幻想,他要召唤它的信从者回到一个真正的基督徒的生活,这就是要做一个"存在的基督徒"。于是,他就把"存在"这个术语的新的含义引入了欧洲思想,并以这种思想来致力于基督教的改革,从而成为 20 世纪各派存在主义哲学的滥觞。基尔凯郭尔所理解的"存在"乃是指:"存在着的个体可以与它发生关系——这种关系不单纯是认识的关系——的那个唯一的实在,就是他自己的实在,就是他存在着这个事实。"①

基尔凯郭尔认为,妨碍人们成为一个"存在的基督徒"有两大障碍:其一是黑格尔哲学;另一是"习惯的教堂迷"。

基尔凯郭尔把黑格尔哲学看做是近代思辨唯心论哲学的最大代表,基尔凯郭尔生活的时代是黑格尔哲学盛行的时代,基尔凯郭尔也曾经研究过黑格尔哲学并深受其影响。基尔凯郭尔很赞赏黑格尔的知识渊博及其哲学的迷人之处,他也承认从黑格尔那里仍然能够学到很多有益的东西;但是,他认为一个人若是尝过了人生的浮沉而需要依靠思想的帮助时,他就会发现黑格尔是可笑的。因为黑格尔的纯粹思维的辩证运动乃是使人离开真实存在的陷阱。基尔凯郭尔指出,纯思维是近代的一个发明,是一个"狂妄的假设"。因为,否定先前的合题,这是需要时间的,但是,时间在纯思维中不可能找到立足之地。因此,黑格尔的辩证的理性体系乃是一种"骗人的玩意";这种抽象的思辨体系把一切差别消融在无所不包的逻各斯(Logos)的统一之中,在这种逻各斯的统一之中,囊括了天上地下的一切,而恰恰就没有思维者自身真实的存在,因为抽象思维的逻辑过程,绝不是真实存在的真正的生成过程。这是黑格尔的唯心主义的思辨的辩证法的误人之处。再者,基尔凯郭尔强烈地反对黑格尔要把基督教理性化的企图,反对黑格尔对宗教作出思辨的解释,基尔凯郭尔认为,这只能是幻想。这是由于对宗教和基督教的完全无知而产生的。基尔凯郭尔认为,宗教是主观性,是一种内心的改造,因此,宗教和基督教不是什么可以在口头上谈论的东西,而是要在生活实践中身体力行的。问题不在于对基督教进行思辨的认识,而是要**做**一个基督徒,即要成为一个"存在的基督徒"。基尔凯郭尔所关心的,乃是人的状况本身和个体的独特性,尤其是作为一个基

---

① 基尔凯郭尔:《最后的、非科学性的附言》,王齐译,中国科学出版社2017年版,第279页。

督徒在真实存在上应是怎样的。而这不是任何抽象的客观的思维所能解决的。因为,"客观的反思之路使主体变成偶然,从而把生存转变成某种无关紧要的、正在消失的东西。通往客观真理之路远离主体,当主体和主体性变得无关紧要的时候,真理也变得无关紧要,而这一点恰是客观真理的客观有效性,因为同决断一样,关切是主体性。"①这里,基尔凯郭尔是责难,抽象的客观的思维对思维着的主体及其存在是漠不关心的,它把一切东西都变成了被产生的结果,即成为一个"客体"。然而,如果把人当做"客体"而不是看作"主体",人就成了一个抽象的幻影,失去了他的具体生活,他就不再存在,事实上,他成了非存在。对一个基督徒来说,他也不再是一个基督徒,虽然外在地说,他可以是教会的一个成员。因此,基尔凯郭尔认为,使基督教合理化的一切企图都是可笑的,企图用理性来论证和保卫基督教的一切努力也都是徒劳的;因为哲学与宗教各自所对待的问题是属于完全不同的领域,它们各自对待的是完全不同类的东西,理性(哲学)处理的仅仅是时间内的存在,而宗教考察的则是永恒。黑格尔把宗教理解为绝对精神的一个发展环节,基尔凯郭尔认为,这是对宗教的无知,而且是有害的。

基尔凯郭尔认为,妨碍人们去成为一个真正的或存在的基督徒的另一障碍就是"习惯的教堂迷";这实际上就是反对当时的丹麦的国家教会。基尔凯郭尔指出,基督教在成为国教之前与成为国教之后,情况有着根本的不同。在基督教定为国教之前,做一个基督徒是冒有危险的,是要受到迫害的,而在基督教成为国教之后,做一个基督徒不仅是十分安全的,而且是体面和有好处的。因此,基尔凯郭尔尖锐地指出,我们不要忘记,在基督教被定为国教的世界中,没有任何真正的危险能够考验出一个基督徒是不是一个真正的基督徒,这样一来,在把基督教定为国教的世界中,"基督徒"这个可尊敬的称号,就像那些不必经过考试就能获得学位的人被称为可尊敬的博士一样,他们把学位

---

① 基尔凯郭尔:《最后的、非科学性的附言》,王齐译,中国社会科学出版社2017年版,第158页。

作为礼仪相互赠送。这些人是徒有其名的基督徒,基尔凯郭尔称为"习惯的教堂迷",这种人按时到教堂去做礼拜,虔诚地聆听牧师的布道,循规蹈矩,他们自以为是生活在一个"基督教的公社"之中,而且也做了一些"善事",是一个遵纪守法的"良好公民",这样,就自以为是一个基督徒。但是,基尔凯郭尔指出,这种人并不是真正的基督徒,因为他们的宗教仍然是非人化的,他们并不懂得成为一个基督徒的真实意义是什么,他们只不过是在按章办事,完全是形式主义的。基尔凯郭尔强调指出,现今问题是更为困难了,因为现今是要把名义上的基督徒有可能改造成为真实的基督徒,然而,这比把一个原先不是基督徒的人改造成为一个基督徒是更为困难的。因此,基尔凯郭尔向时代发出的召唤是:不要自以为是!然而,基尔凯郭尔认为,他生活的时代却到处都充满着这种"自以为是"!你若不是一个基督徒,不要自以为是!你若不是一个人,不要自以为是!你若不是信仰宗教的,不要自以为是!你若不是一位哲学家,不要自以为是!简而言之,我们虽是生为人形,但这并不意味着我们就是有人性的。因为,我们在野兽与天使之间存在着一定程度的不确定性,而且人所拥有的每一种权力,都包含有使人非人化的诱惑,特别是在科学技术极为发达的时代,科学技术给了它的拥有者以几乎无限的权力。于是,基尔凯郭尔提出,做一个有人性的人,并不是已经存在的事实,而是一个尚待完成的任务。所以,我们面对的问题是:做一个有人性的人是什么意思(是什么要求)?人是什么?他应当是什么?哲学的任务就是要去说明人的"存在"的含义。基尔凯郭尔争辩说,一切真正的知识,都是关涉"存在"的知识,一切与"存在"无关的知识都是非本质的。基尔凯郭尔把客观的或科学的知识贬为非本质的,因为它们与主体的内在性无关。关涉人的存在的知识,则要求主体的在场、显现、出现。这种知识才是对真理的占有,是内在性和主观性。因此,在基尔凯郭尔看来,只有伦理的和宗教的知识才是真正的本质的知识,只有这种知识才在根本上与知识的主体存在着这个事实相关联,亦即才与实在相关联。唯有在这种知识之中,真理与存在才是相一致的。基尔凯郭尔提问道:如果一个人获得了关于世界的一切可能的知识,但却失去了他自己的灵魂,这对他能是有益的吗?所以,基尔凯郭尔所说的"存在"乃是指有人性的人的存在,但这对每个人来说,不是一件事实,而是一个要去努力完成(实现)的任务。因为,这种"作为生存者,他不用从有限性和无限性当中发展出生存;作为有限性和无限性的结合,他应该以生存的方式成为其中的一个部分,但他做不到同时成为两个部分,因为他作为生存者就是那样的"。① "存在是无限与有限所生的儿子,永恒与瞬间所生的儿子,所以是一种永恒的奋斗。"② "存在本身,存在的活动,是一种奋斗,……而奋斗则是无尽头的。"③ 这就是说,在基尔凯郭尔看来,对于一个真正的哲学家,一个真正有宗教信仰的人,一个真正的基督徒,一个真正有人性的人,仅仅知道一些抽象的哲学理论或宗教教条,是远远不够的,而是要**做**一个哲学家,**做**一个有宗教信仰的人,**做**一个真正的基督徒,**做**一个有人性的人。真理是在存在之中,而不是在抽象思想之中;真理不是逻辑命题的属性,而是人的存在的本质,即真实的存在。但是,基尔凯郭尔认为,只有面对上帝(无限)的存在才能是真实的存在,这就是一个"存在的基督徒"。然而这对于我们来说,却是一个要进行永恒的奋斗去完成的任务或课题。因为,在上帝与世界之间、创造主与被造物之间、超自然的东西与自然的东西之间,确实存在着一条难以跨越的鸿沟。上帝超越于一切社会的和伦理的标准之上。人怎样去克服这样尖锐对立的二元论的鸿沟呢?基尔凯郭尔认为,人的理性对此是无能为力的。因为,在这种尖锐对立的二元论的鸿沟面前,人被悬挂在这种对立之间,犹疑不决,彷徨恐惧,经受着存在的种种痛苦,要跨越这道鸿沟,解除这种存在的痛苦,人只有抛弃理性而拥抱"信仰",只有凭借于"信仰

---

① 基尔凯郭尔:《最后的、非科学性的附言》,王齐译,中国社会科学出版社 2017 年版,第 350 页。
② 基尔凯郭尔:《最后的、非科学性的附言》,王齐译,中国社会科学出版社 2017 年版,第 5 页。
③ 基尔凯郭尔:《最后的、非科学性的附言》,王齐译,中国社会科学出版社 2017 年版,第 84 页。

的飞跃",人才能拥抱那在理性看来是荒谬的和悖理的东西,即上帝。而这种"飞跃"就要求敢于承担存在历程中的种种风险。基尔凯郭尔说,"没有危险就没有信仰。信仰恰恰就是个人内在性的无限激情与客观的不确定性之间的矛盾。"[1]所以,基尔凯郭尔是把信仰定义为对于绝对的与超越的存在,即人格的上帝之自我献身。因此,基尔凯郭尔强调指出,我们时代所需要的东西并不是反思(reflection),而是激情(passion),因为,单纯客观的关于事实的知识是不能克服人的动机与意志的缺陷的,是不能帮助人们作出抉择的,只有依靠"激情",人才能够走向上帝亦即无限,成为一个"存在的基督徒"。

那末,人怎样走向上帝呢？基尔凯郭尔认为,这是一个辩证发展的过程,即基尔凯郭尔所提出的人的"生活的三个阶段",或"存在的三个领域":"美学的、伦理的、宗教的"。一个阶段比一个阶段高,而"宗教的阶段"则是最后的最高的阶段。但是,应当看到,"生活的三个阶段"的辩证法,与黑格尔的辩证法是根本不同的。黑格尔在他的《精神现象学》中,阐述了"心灵"走向自我意识、最后达到绝对意识的辩证法。而基尔凯郭尔所说的"生活的三个阶段",乃是指"精神"在个体人身上实现的过程,它不是一般的普遍的"精神"。再者,基尔凯郭尔所说的由一个阶段向高一级阶段的过渡,也不是通过概念的中介过程连续地实现的,而是依靠意志的行动,依靠选择或抉择来完成的,它是非连续性的,不是由渐进的进展而积累成的质的飞跃,而是面对着或者——或者,凭借选择而实现的一次精神的飞跃;基尔凯郭尔认为,这是一种冒险,是对风险的自愿承担,是向客观的不确定性之自我献身。这里没有通过概念的综合来克服对立的问题,而是对较高级的可能性之选择,它是整个的人自愿地作出的自我献身。

生活的第一阶段是所谓"美学的阶段",这个阶段的特征是感性的直接性。就是说,生活在这个阶段的人,直接地被他的感觉、冲动与情绪所控制,他

---

[1] 基尔凯郭尔:《最后的、非科学性的附言》,王齐译,中国社会科学出版社2017年版,第182页。

完全沉溺在感性的享乐之中；他既没有确定的普遍的道德法则，更没有确定的宗教信仰。生活在这个阶段的人，是处在感性的自我分裂之中，是走向"沉沦之路"。基尔凯郭尔指出，唐璜是这个生活阶段的典型。美学阶段的人也要追求无限，但这是恶的无限，即他不能接受任何"限制"，一切都以他个人的感性需求为转移，因此，他们生活没有任何确定的形式。他自以为是自由的，实际上并没有得到真正的自由。因为美学阶段的人只不过是一个心理—生理的有机体，赋有情绪与想象的能力以去感受享乐。但感性的享乐是永远不能使人得到满足的，它不过是过眼烟云，在感性的享乐满足之后，继之而来的是空虚与无聊，因此他又陷入了"绝望"之中，并且意识到，若是停留在美学的生活阶段，是没有出路的，是无药可救的；这样他就面临着两种可能的选择，或者仍然处在美学阶段的绝望与空虚之中，或者作出抉择向高一级的生活阶段即伦理阶段过渡。但是，思维不能给他力量与谋划，而只有依靠意志的行动，依靠自我献身的决心才能实现这种过渡。因为这是选择的问题：或者—或者。

　　生活的第二阶段是所谓"伦理的阶段"。这个生活阶段的特征，是人接受确定的道德准则和义务，响应普遍的理性呼声的召唤，于是，就给人的生活以确定的形式与和谐一致性。基尔凯郭尔举出婚姻制度作为一个例子，来说明"美学的阶段"与"伦理的阶段"之间的不同。生活在"美学阶段"的人，是沉溺在性冲动的满足之中，而具有伦理意识的人，则超越这种性冲动的满足，而举行婚姻仪式，进入结婚状态，并承担由此而来的全部家庭义务。婚姻是一种伦理的制度，它是普遍理性法则的表现。"伦理的阶段"也有它的代表人物，基尔凯郭尔举出苏格拉底，苏格拉底是伦理阶段的英雄，但是"悲剧的英雄"，所谓"悲剧的英雄"，乃是说是为了体现普遍的法则而牺牲自己，苏格拉底所做的正是如此。因为，伦理的意识要求人们克服个人的利益与好恶去捍卫普遍的理性的法则。处在伦理阶段的人，认为可以依靠个人意志的力量、相信依靠人的道德的自我能力，来做到这一点，来实现完善的德性，这就往往造成悲剧。因为，仅仅具有伦理意识的人不能懂得人是生而有罪的，不能了解意志的缺陷或人的弱点。因此,有罪感的意识则与伦理的意识相对立。当人们感到仅仅依靠道德的力量并不能达到完善的德性时,他才能意识到人是生而有罪的,我们都是有罪的人,只有依靠信仰,我们才能得救。于是,又面临着新的选择:或者处在伦理的阶段,或者上升到最高的最后的阶段即宗教的阶段。

生活的第三阶段,亦即最高的最后的阶段,是所谓"宗教的阶段"。这个阶段的特征,是个人依靠信仰把自己同上帝关联起来。上帝是具有人格的并且是超越的绝对者。基尔凯郭尔认为,肯定一个人与上帝的关联,就是肯定一个人为"精神"。但人是有限与无限的综合:作为有限的存在来看,人是与上帝分离的,与上帝疏远化的,作为无限的存在来看,人只是走向上帝的运动,这是精神的运动,这种运动在"信仰"中得到实现,这时,人成为面对上帝的个人,这才是真实存在的个人。那末,什么是"信仰"?基尔凯郭尔指出:"在占有最激情的内在性中紧紧地抓住客观的不确定性,这就是信仰,这是对于存在的个人可能获得的最高真理。"[①]但是,这种"信仰"的行动却不是一劳永逸地一次可以完成的,它是要不断地重复努力的。所以,基尔凯郭尔说,真理就是主观性,乃是说,真理就是信仰。然而,没有冒险也就没有信仰,所以,没有敢于承担风险的精神,也就不可能获得真理。追求真理要求我们有自我献身的精神,这不是仅靠理性所能做到的。因为,信仰的对象是上帝,上帝是永恒的真理;就其自身来说,上帝并不是荒谬的,但是,就其与我们处在关系中而言,就成为荒谬的。基督是上帝的化身,他既是人又是神,他是神—人,这个观念,对于我们有限的人来说,则是荒谬的、悖理的。所以,信仰要把握住那客观的不确定性,它就必须超越那不可测度的海洋,宗教的真理只存在于对客观的不确定性之"激情的"占有之中。这就达到了存在的最高阶段,亦即依靠信仰去拥抱那荒谬的东西。基尔凯郭尔认为,圣经上所说亚伯拉罕,不顾普遍的道德法则,而听从上帝的命令,决定杀死自己唯一的爱子以撒,作为牺牲奉献给上

[①] 基尔凯郭尔:《最后的、非科学性的附言》,王齐译,中国社会科学出版社2017年版,第182页。

帝,就是这个阶段的象征性的例子。

综上所述,有人把21世纪重新发现的基尔凯郭尔称为"二十世纪的德尔图良",是不无道理的。德尔图良是古代著名的教父,大约生活在公元2至3世纪,相传他有句名言:"正因为荒谬,所以我才相信"他认为,上帝之子死了,虽然是不合理的,但却是可信的;埋葬后又复活了,虽然是不可能的,但却是肯定的。这就是说,宗教的真理就是荒谬的,它不能依靠理性而只有依靠信仰才能把握得到。对于今天的基尔凯郭尔的思想,我们可以说,归根结底,他仍在重复德尔图良的著名的命题;仍然是一种反理性的蒙昧主义。但是,我们更应该看到,时间毕竟流逝了将近2000年,在这2000年的历史中,人类社会发生了巨大的变化并得到了长足的进步;今天的时代与德尔图良的时代是大不相同了。基尔凯郭尔所以在西方被重新发现并发生了极为广泛的影响,并不在于他简单地重复了德尔图良的命题,而是因为他敏锐地感受到了生活在资本主义社会中,每个人的境遇和命运的问题,这是我们的时代的一个重大问题。并且,基尔凯郭尔从哲学上、宗教上、心理学上揭示了这个问题的种种方面,从而激起了人们的共鸣。这就是基尔凯郭尔在旧命题中所包含的新问题。这个新问题就表现在,他所提出的"存在"这个概念的新的理解之中。基尔凯郭尔所说的"存在"不是任何一物的存在,而是指人的存在,特别是"存在着的个体";这"存在着的个体",也不仅仅在于他有一个身体,而主要是在于他有"精神"。这"精神",基尔凯郭尔理解为,就是把自己奉献给上帝,做一个面对上帝的人,这才是一个顶天立地的人。这也就是"存在着的个体"所追求的目的,但这个目的是不能在某一时刻一劳永逸地实现的,因此,"存在着的个体",是依靠他不断地选择,处在永恒的生成过程之中。所以,基尔凯郭尔反对随俗浮沉地把自我混同在群众之中,反对把自我沉没在相同的"一"之中。"存在着的个体"是生活的行动者而不是旁观者。简言之,基尔凯郭尔要求,每个人是要依靠自己的个人的努力奋斗去创造和实现真正人性的生活。这才是最关紧要的真理。正是这些思想引起了处在资本主义异化状态下的广大人们的兴趣。

  但是,从唯物论与唯心论的根本区别来说,"存在"这个概念,在基尔凯郭尔的思想中,是模棱两可的;不能说它是唯物主义的概念,但也不能说完全是唯心主义的,正因为如此,所以当代的存在主义者们,同时从基尔凯郭尔出发,但却产生出各种分歧。因此,我们从基尔凯郭尔的思想考察中,可以看到,人的境遇与命运问题,确是当代哲学不可回避的问题,但同时我们更应该看到,离开了哲学的基本问题,离开了唯物论与唯心论的基本区分,我们不仅不可能科学地解决人的问题,相反地,却会把这个问题搅得混乱不清,甚至会迷失我们的方向。

胡塞尔的现象学

爱·胡塞尔(1859—1938年)是现代西方哲学中现象学派的创立人。现象学是一个具有广泛和重大影响的哲学流派;它不仅对现代西方哲学,而且对现代西方的逻辑学、伦理学、历史学、文学和语言学都有极为重大的影响,甚至对病理学和生理学也产生了不可忽视的作用。胡塞尔在大学学习时是攻读自然科学的,他学过数学、物理学和天文学。1881年于维也纳大学获博士学位,他的博士论文就是论述复变函数的。后来他是在逻辑学家布伦坦诺的影响下由自然科学转向哲学研究。布伦坦诺关于休谟、康德哲学的讲演,以及关于心理学、逻辑学和伦理学的学术讲演,给胡塞尔很大的影响,几乎决定了他一生的学术道路。胡塞尔在哲学中的贡献主要在于他创立了"现象学",胡塞尔的现象学的方法和分析哲学的方法以及辩证的方法是现代西方哲学中广为人知的"三大哲学方法"。

一

胡塞尔的现象学虽是现代西方哲学中一个有影响的重要学派,但是,由于它的思维方式很特别,因而人们感到难于理解。什么是现象学?要把握这个问题,必须首先了解产生现象学的历史背景,亦即是由于什么原因胡塞尔提出了他的现象学,或者说,他提出现象学要解决什么问题。胡塞尔的哲学是植根于他的一个深刻信念,即他认为在他生活的时代,欧洲文化已经失去了它的正确方向和目标。这个立场反映在他的最后一部重要的哲学著作《哲学和欧洲人的危机》之中;这里,胡塞尔所说的"欧洲人的危机"就是由于哲学离开了它的正确目标而发生的。在胡塞尔看来,哲学的目标应当是对于人的本性和人道的幸福提出可能的最好的解答,应当是对于人对最高价值的追求提出可能的最好的解答,简言之,哲学是要对于发展人类理性的无与伦比的深广能力提供最佳可能的解答。然而胡塞尔认为,现时代的欧洲哲学都不能满足这个要求,因而产生了欧洲文化的"危机",亦称为"理性主义的崩溃"。胡塞尔声言,要在他的有生之年致力于"拯救人类的理性"。胡塞尔怎样来拯救人类的理性,他要拯救的是什么样的人类理性,这是我们理解他的现象学的重要背景。

胡塞尔进一步分析了产生这种"危机"的文化根源。他认为当代自然科学和技术科学的巨大成就是一个值得注意的突出现象,这是解决欧洲人的"危机"的关键所在。胡塞尔对自然科学有深厚的素养,对当代自然科学的光辉成就有深刻的认识。我们应该注意到,胡塞尔的最终目的,是要把哲学发展成为一门有力的科学来拯救人类的理性,因此,他对自然科学的考察就不是批判自然科学的本身,不是否定自然科学的成就,而是批判地考察自然科学的理论前提,即当代自然科学的假定和方法。近代和当代自然科学的发展,已经给西方人带来了一种有缺点的或者说不完善的思维方式,这种思维方式影响着西方人正确地看待世界;自然科学的发展和成就形成了一种致命的偏见,即它认为自然界从根本上说来是"物理的"(physical),而"精神领域"即"知识""价值""心灵"等,简言之即"文化领域",从因果关系来说,是受有形体的或物理的东西所制约的,或者说,是在有形体的东西之上被建立起来的。这样,一种自身包容的精神科学的可能性就被自然科学家完全否弃了。胡塞尔认为,这种情况在很大程度上说明了现代欧洲人的文化危机。胡塞尔指出,这种认为人类的"精神领域"或"文化领域"也必须按照物理科学的方式来理解这是表现了现代科学的"理性主义"的"天真"。这种理性主义的"天真"进而形成了自然主义的各种有问题的"假定",即认为物理的自然界包容着所有的一切,例如,甚至心理学也应归结为"精神物理学"。这就是说,知识和真理是"客观的",它们是建立在"自我"之外的"实在"之上的。胡塞尔说,这是一种自然主义的"客观主义",它正是现代欧洲人的理性主义的"天真"表现,它背离了由古代希腊人发展出来的原初的哲学的正当目标。

胡塞尔认为,在古代希腊哲学的繁荣时期,在苏格拉底、柏拉图和亚里士多德等伟大哲人的身上实际体现了有特色的人生态度,亦即哲人的正直目标:哲学的任务是要为人的思想和行为寻求普遍的准则。在人类生活发展的原始时期,在哲学尚未产生的时候,人类生存方式的特征是直接性的生活。在这种直接性的生活中,没有一个人对生活本身的目的提出问题;这种生活状态是"实用的",即使在早期出现的宗教或神学也都是对个人或较大团体的实际利益的关心之支持。在这种状况下是不存在文化的,也不存在超出地方经验及实际利益的直接范围之外的那种意义上的"观念"。哲学的出现则改变了这种早期人类的生存方式,是人类生活历史发展的巨大转折。胡塞尔说,古代希腊哲学是要发展一种新的世界观或人生态度,即是要对生活及其目的普遍地提出疑问。这乃是对一切文化体系的批判;这种批判是借助普遍的理性走向一种彻底的新的人性来提高人类,使人们超越出风俗习惯、地理环境以及各种社会团体的限制,而趋向一种新的可能的真理概念,一种独立于传统的真理概念,它普遍地有效,因而有力量无限地培养与提高人们的教养与教化;这里就存在着西方人的精神生活的源泉、文化的源泉。在古代希腊人那里,正是这种新的人生态度指引着个人正确地走向他的周围的世界;对于这种人生态度的系统表述就是希腊人所说的"哲学"。胡塞尔认为,严格说来,这种哲学只是预示着一种普遍的科学,作为整体来看的世界的科学,或者说,是关于一切存在的普遍统一性的科学。但是,哲学作为这种统一的科学,它乃是对全部自然界的无所不包的把握,它既包括物理的东西,也包括精神的文化的东西,它既包括物质的存在,也包括观念的存在。然而,在哲学的发展中,许多科学部门逐渐从它之中一一分离出来了,这种发展变化的中介环节是发现被感知的自然界能够转变为数学的世界,这个发现导致了数学的自然科学的发展。可是,数学的自然科学的巨大成就又逐渐产生了对于精神科学的否定。数学的自然科学的思维方式的特点是"向外看",把目光的焦点投射于周围世界,于是"客观的"态度被发展起来,从而认为一切的事物都是"物理的",或者是从物理的东西派生出来的。胡塞尔认为,德谟克利特的哲学就是这种观点的较早的表现,但是,这种观点后来被苏格拉底抛弃了。在苏格拉底看来,人首先是生活在社会交往之中的具有精神生活的存在。柏拉图和亚里士多德也是持有与苏格拉底相同的看法,人是一种有精神广延性的存在。因为,一方面人类作为生物是属于客观事实的世界;另一方面,他们是"人",他们有自己的"自我",即他们具有生活的目的或目标。可是,在人类历史的晚近发展中,由于数学的自然科学的成就,自然科学的方法被扩展应用于考察人类的精神生活,把人类的精神设想为是建立在一个有形体的东西之上的客观的事实,这样,就出现了一种二元论的即心理——物理的理论形式,并用同一个因果原则统摄着一个世界,于是,这种理论形式就使得所有对于精神的解释都陷入了物理的解释。因此,在胡塞尔看来,从自然科学的立场来说,就不可能有一种自身包容的关于精神的理论,就不可能有纯粹内在地定向的心理学或精神理论。胡塞尔指出,这乃是"自然主义的客观主义"所导致的一种可笑的、"天真的"二元论的谬误。若是按照时间—空间对象的方式来考察精神,按照自然科学的方法来考察精神,那末,我们就不能理解并改善人类生活的真正目的。胡塞尔的愿望就在于要发展一种恰当的方法去认识精神的本质特征,去克服"自然主义的客观主义",这样就引导着胡塞尔去建立他的"先验现象学"。

二

论述胡塞尔与笛卡尔的关系,对于我们把握胡塞尔的现象学的意义所在也是不可缺少的。胡塞尔说,现象学的光荣必须归功于笛卡尔,笛卡尔是现象学的"始祖"。当然,还有其他一些哲学家对胡塞尔的思想也曾产生了影响,值得提出的就有洛克的经验主义、休谟的怀疑主义、康德的"哥白尼的革命",以及 W.詹姆士的实用主义等。然而,胡塞尔都超出了这些人,这些人的洞见卓识是促使胡塞尔的观念得以具体化并实现出来。可是,笛卡尔对胡塞尔的影响则是有决定意义的,这种影响引导胡塞尔从笛卡尔开始的地方开始,即从思维自身开始。然而,胡塞尔又没有完全接受笛卡尔的立场。笛卡尔是通过系统的怀疑为知识寻找到了一种绝对确定的基石,而胡塞尔却是走向系统地表述一种特殊形态的现象学。胡塞尔只接受了笛卡尔出发点的一小部分。胡塞尔也认为,每个人对于他自己都是以确定不接受我们当下所有的知识而开始的;同样,胡塞尔也承认,我们并不放弃为知识寻求绝对可靠的基石的指导目标,可是,我们不能在开始时就预先假定了这一目标。由此,胡塞尔采取一种比笛卡尔的方法更为彻底的方法,因为,他试图建立一种没有任何预先假定的哲学,而只是注视着在现实经验与直观之中被给予了的事物与事实本身。只根据显然的证据来做判断,而不是按照任何预先构想的观念或先定的假设来做判断,胡塞尔把这一条作为他的方法的基本原则。他要重新收回人的前科学的生活,这种生活是充实着直接的和间接的证据的。因此,当笛卡尔应用系统的怀疑的时候,胡塞尔则是排除掉任何关于经验的判断,而是寻求尽可能完全用经验自身的证据来代替对经验的描述。

那么,很显然,经验是以"自我"为中心的,是围绕着"自我"打转转的。胡塞尔和笛卡尔都同样认为,知识的来源是"自我"。但是,对于笛卡尔,"自我"乃是逻辑序列中的第一条公理,它使笛卡尔能够演绎出一系列关于实在的经论,就像人们在数学中所做的那样。然而,胡塞尔只是把"自我"了解为"经验的母体";因此,胡塞尔首强调的是经验而不是逻辑,他所关心的是发现和描述在经验中给定的东西,就像在直接的意识与予料中所发现的那样。胡塞尔对笛卡尔提出了批评,说他超出了意识的自我而进入有广延的物体概念和实体概念,由此必然导致了心物二元论。胡塞尔则相反,他相信"纯粹的主观性"更能够精确地描述人类经验的现实的事实。由此,胡塞尔强调指出,笛卡尔在他的"我思故我在"的著名命题中,所涉及的仅是两项,即"自我"与"思维";而胡塞尔则认为,对于经验之更为精确地描述则是表述在三项之中,即"我思维某物"。胡塞尔认为,这才是人类经验的典型形态。胡塞尔看到了意识、思维、被思维的事物以及"意向化"这些诸要素在经验中的不同作用,而且正是"意向性"这个要素"创造"了经验的现象,胡塞尔的分析就是建立在这些要素的关系之上。

三

通过对笛卡尔怀疑主义方法论的修正,胡塞尔建立了他的"现象学"。早在胡塞尔之前,康德、黑格尔就使用过"现象学"这个术语。然而,胡塞尔则是第一个人用"现象学"来表示一种严格规定的思想方法。由此,而发起了一场当代西方哲学思潮中的现象学运动,使"现象学方法"成为当代西方哲学中一种有广泛影响的哲学方法。首先,我们必须正确地了解胡塞尔所说的"现象"一词的含义。"现象"这个名词在哲学中是极为常见的,但是,胡塞尔对"现象"一词却有他自己的特殊的规定,胡塞尔是把经过现象学研究和解释的对象叫做"现象"。在西方传统哲学中,通常都把"现象"与"实在"相对照,似乎在"现象"之外还存在着"实在",此"实在"乃是世界的"本体";在康德哲学中,这就是"物自体",在黑格尔哲学中,这就是"绝对观念"。这不是胡塞尔的"现象学"所说的"现象"。现象学所说的"现象"乃是在直接观察中明白地给予的东西,胡塞尔不允许超出证据或有效的感觉予料之外去,而是强调"现象"总是包含在主体的行动之中,因为,任何东西的存在都是对意识的存在,都是对意识呈现出来。胡塞尔把自己的这种观点与"自然主义的客观主义"根本对立起来,是对于"自然主义的客观主义"立场的根本否定。在胡塞尔看来,人的认识并不是像照相机那样单纯地摄取外物的画面,也不是对于感觉经验作简单的心理学的描述。"现象学"要超出经验中——指出的对象,它扩大了对经验的描述活动而包括了实在的对象,这种实在的对象就是我们所意指的对象,此乃我们意识之"意向性"活动的结果。正是这种"意向性"活动构成了对于我们而存在的对象。由此可见,胡塞尔是用"意向性"这个概念把"反思"的要素加给了他的经验主义,这就是胡塞尔的"现象学"理论的特点。所以胡塞尔说,意识使事实成为可能的和必要的,使它们如此这般地存在着。

然而,对于"意识"的理解,胡塞尔的"现象学"是与传统的古典哲学的理解不相同的。在胡塞尔看来,关于人类经验之最清楚的事实,不是单纯的意识事实,胡塞尔强调指出,意识总是对某种东西的意识,对某物的意识,即是说,意识的本质是在于:它总是指向着或意向着某个对象;我们对于事物的感觉知觉,我们对于事物的经验,是向我们所意向的对象之投射。因此,胡塞尔提出,意识的本质是"意向性"(intentionality),什么叫"意向性"呢？胡塞尔的意思是说,我们所意识到的任何对象或事实,(例如房屋、数目、快乐、或任何一个什么人)都是由我们的意识行为构造出来的、组织出来的,乃是我们的意识所意指的,是我们的意识行为的意向的产物。纯粹意识犹如连绵不断的流水,是白茫茫的一片,它没有部分、环节、段落、区间,是不可分辨的,即它是一种连续不断的"意识流"。我们原始的知觉是由未被区分的世界组成的。分离出的知觉对象乃是意识之流的一部分,这一部分是被我们(作为主体)意向着它们而被构造出来的。康德的认识论提出,心灵作为认识主体是凭借范畴把感性予料组织成可理解的经验。柏格森的生命哲学是认为,主体在感性质态的连续性中标识出物体的界限。类乎此,胡塞尔提出的理论是,"意向性"指示出自我在创造经验对象中的能动的组织作用。在胡塞尔看来,"意向性"乃是意识自身的结构,并且也是存在的基本范畴。由于胡塞尔的"现象学"提出,事物只不过是我们意向性的产物,因此,现象学所从事的,乃是在发现的实在的过程中,必须描述予料和意识的活动,而不是在事物中去寻求实在。例如,我们对于某一个人的感觉知觉,总是从某一个方面所做的观察,或者是在某一个演奏会上,或者是在某个给定的时间和地点,等等,它们都是一些片段,都是实在的组成部分,这些片段都是我们的意识在构造着和意向着所寻求的人。这种意向性的过程可能不是一个有意识的过程,而是一种自发的过程。因此,胡塞尔又把自我的世界结构叫做"被动的创生"。然而,胡塞尔是如何达到这个"意向性"概念的。这就必须进一步分析胡塞尔提出的所谓"现象学的括弧法"。

四

什么叫"现象学的括弧法"呢?

胡塞尔用这个名词来称谓他的方法乃是要表明:要把他的方法同承认客观世界的任何观点分离开来;他的方法是同承认客观世界的观点不同的方法。笛卡尔是从对一切事物、一切现象,简言之,整个世界的怀疑开始,但是,他却把思维着的"自我"除外。与笛卡尔不同,胡塞尔的"现象学的括弧法"则是"括出"一切现象、一切经验元素,把它们悬置起来,拒绝断定世界是存在的或是不存在的。胡塞尔乃是避免接受任何关于经验的成见或信念。可见,胡塞尔是要"括出"全部被经验到的生活之流,包括一切对象、其他的人以及文化状况。括出全部这些现象乃是仅仅注视它们,而对它们是实在或是现象则不作出判断,并避免对世界作出任何意见、判断、或评价。正是通过这种"现象学的括弧法",使我们从经验对象后退回来,从而排除我们心灵中的一切预先的假定、偏见或成见。胡塞尔认为,这样才能够发现真正的"自我",即发现意识生活本身,客观世界正是在意识之中并通过意识而在全体上存在着。由此可见,与笛卡尔不同,笛卡尔是从未经说明的"自我"的确定性来推演出客观世界,而胡塞尔则是发现了"自我"就已"包含"了世界。在《巴黎讲义》中,胡塞尔明白表述了:对于我,世界不是别的,只不过是我们发觉到的世界,并在这种认识或我的思维活动中,世界表现它的效用。世界的全部意义与实在性是唯一的建立在这样的认识中。我们全部的世界性的生活就是在这之中得到它的历程。我不能生活、经验、思维、评价或行动在任何一个不是在我之内具有意义的世界,不是从我自身推导出它的意义和真理的世界。这里应该注意到胡塞尔与笛卡尔的区别。因为,胡塞尔所说,只有通过"自我",世界的存在才具有任何意义,这乃是要强调"自我"的"意向性"。在胡塞尔看来,"自我"固然是意识,然而意识总是对某物的意识。但是,胡塞尔并不否定"纯粹意识",他指出,在"谋划者"的预先假定和文化发展的观点之中就先验地存在着"纯粹意识"。因此,胡塞尔特别强调,必须克服自然科学的种种预先的假定,这些假定把我们引导到相信,原始的经验对象正就是各门科学所描述的和规定了的东西。但是,科学家们规定的对象是一些抽象的并且是人为的结构,若与我们的原始经验比较,"括弧法"是帮助我们发现原始的、最初的经验形态,正是在这种的经验形态中,我们找到了意识及其对象。这种不能再分解的经验要素就是"自我"的永恒存在,它是对象和对象意识的来源。因此,胡塞尔认为,一切对象在根本上都表现为是被思维自身的结构所规定了的意义和事物的存在原本是在意识中并通过意识而构成的,这种意向性活动,胡塞尔把它认作是我们意识的结构特征。

五

胡塞尔为了给他的哲学提供严格的科学的基础,他创立了"现象学的括弧法",这种方法要求"括出"一切预先的假设,特别是自然科学所作的种种预先的假设。为了强调这一点,胡塞尔又提出,必须还原到亦即回复到人类经验的原初形态,即前科学的经验形态,这就是人们日常世界的领域,即人们的"生活世界"(Lebnswelt)。这种"生活世界"全部是由知觉、反应、解释以及每天生活中许多小场景等经验构成的。胡塞尔认为,人类这种生物的特质就在于他们是被深深地卷入这种"生活世界"之中。"生活世界"是科学抽象出它的对象的取之不尽的源泉。对于"生活世界",科学只提供了一部分对于实在的把握。经验之中许多丰富的有意义的元素,在科学抽取了它们所关心的要素之后,仍然存留在"生活世界"之中。仅仅依赖自然科学本身是不可能解释一位科学家的本性的。只有人们生活于其中的"生活世界"是未被"伪造的",它与科学所描述的对象不同,只有"生活世界"将给哲学提供一个合适的基础。对于真理的肯定或最终的证明是在典型的证据中得到的,而这些证据是从"生活世界"的事情中派生出来。胡塞尔把这些生活世界的事件总体叫作"我们的世界——经验生活"。通过"生活世界"这个概念,胡塞尔是要把哲学家、现象学家从各种自然科学的控制下解放出来,从而达到一种更为有用的科学形态,这是为了理解和把握人类的"精神"。胡塞尔认为,他创立的"现象学"、他所铸造的"现象学方法"就是可以实现这个任务的严格的哲学。

解释学与翻译

对于中国人来说,把西文翻译为中文(汉文),有看得见的困难,还有看不见的困难。看得见的困难是语言文字不同,语法形式不同。但是,这些都是表面的形式。因为,"我们只能在语言中进行思维,我们的思维只能寓于语言之中,这正是语言给思想提出的深奥之谜"①(伽达默尔)。如何通过语言文字去把握思想,这是翻译工作者更深层次的困难。这种困难,就哲学翻译而言,还有它的特殊性。

一般来说,当我们面对着哲学文献的"文本"时,我们与文本之间阻隔着"三座大山",这就是:(1)时代不同;(2)国别(民族)不同;(3)语言文字不同。哲学是不同时代的时代精神的精华,是不同民族的一般思维方式和存在方式的价值理想,这三者汇合并结晶在哲学体系或哲学思想之中。哲学思想并不是浮现在语言文字的表面形式上和字面意义上,可是,它也不能脱离语言文字的形式和字面的意义。我们在翻译哲学文献时,是既要先借语言文字的形式规则和字面的意义,而又要超越它的局限性和直接性,翻阅"三座大山"的阻隔,努力去追求并探索深层次的思想内容与意义。怎样达到这种超越的完善性,这就是我们要面对的特殊难点。

在20世纪末期,我国哲学界,关于希腊文"einai"(英文 tobe,德文 Sein)的翻译问题争论十分热烈。许多专家参与了讨论,发表了不少论文,提出了不同

---

① 伽达默尔:《哲学解释学》,夏镇平译,上海译文出版社1994年版,第62页。

的意见,分歧难以统一。我觉得,这些分歧的根源就在于它涉及哲学文献翻译难点的特殊性。我国近代启蒙思想家严复先生,也是一位大翻译家,他提出:"译事三难:信、达、雅。求其信已大难矣,顾信矣不达,虽译犹不译也,则尚达焉。"①严复把"信"和"达"放在核心地位,那么又怎样理解"信"和"达"呢?

翻译要做到信、达、雅,确是非常不容易的事,对于哲学文献的翻译来说,则是更加不容易的。因为,这不仅有语言文字上的困难,尤为困难的是不同民族的思维方式不同、价值理想不同。在20世纪的40年代,陈康先生早就指出了这种困难。他在翻译希腊文"to on"时说:"根本困难是on和它的动词einai以及拉丁文、英文、法文、德文里和它们相当的字皆非中文可译,因为中文中无一词的外延是这样广大的。"②为何中文无一词的外延是这样广大呢?因为我们中国人与西土人士(这里是希腊人)是不同的民族,我们的思维方式不同,价值理想的规范也不同。德国的赫尔德说过:"一个民族怎样思维,就怎样说话。"③诚哉斯言。已故的王太庆先生在他的《我们是怎样认识西方人的"是"?》文中,进一步申论了这种难点的特性。从他的论述中,可以认识到,我们如何翻译希腊人的"to on",这是涉及我们如何理解和翻译西方的"ontology"的大问题。19世纪的德国语言学家洪堡特认为,语言是民族的最大特征,民族差异主要表现在语言上:一个民族的语言与该民族的精神特征密不可分,语言随着民族的成长而发展,它是民族精神的外在表现,同时它又承载着民族的历史和文化。④ 这些思想对于理解我们翻译工作的特点是很有启发意义的。我们与西土人士有着不同的文化背景、不同的文化传统、不同的思维方式,我们和它们之间存在着根本的民族差异。我们的翻译工作就是要凭借而又超越语言文字之限而达到对于不同民族的文化和思维方式的了解和把

---

① 赫胥黎:《天演论》,严复译,商务印书馆1982年版,第11页。
② 陈康:《论希腊哲学》,商务印书馆1990年版,第436页"注释1"。
③ 胡明扬主编:《西方语言学名著选读》,中国人民大学出版社1988年版,第57页。
④ 威廉·冯·洪堡特:《论人类语言结构的差异及其对人类精神发展的影响》,姚小平译,商务印书馆1999年版,第52—58页。

握。简而言之，就是把握异质的文化和思想，把握不同民族精神之"异"。传达这种"异"，表达这种"异"，就是严复对译事所要求的"信"与"达"。但是，这样的翻译，从当代的"解释学"理念来看，恐怕是不存在的，也是不可能的。

从解释学来说，翻译也就是解释，把神的语言翻译成人的语言，"Hermeneutics"从其字根来说就是为宙斯传达消息的神，也就是为上帝传递旨意的信使，这是解释学的本义。从解释学的立场来看，我们在从事翻译时，我们面对"文本"时，我们的"主体"(理解)并不是一面空明的镜子，而是具有种理解的"前结构"，这就是我们历史地接受的"成见"或"传统"。正是这种"传统"才激活并调动起理解者(主体)的"成见"，它是理解活动的必要前提。对于"文本"的理解或翻译本质上是一种效果史的关系或产物。我们只能在传统中理解，并在理解中发展或改变传统，不论我们是否意识到，传统总在影响并形成着我们，我们所能得到的是历史效果，这是"视界融合"的产物。理解也就是在视界融合中不断深入。因此文本并不是什么"自在存在着的"东西，"文本"只在进入可能解释的空间时才是"存在的"。由此可见，我们在翻译中追求排除主体(理解)的那种"原汁原味"，那种"信"与"达"，这是办不到的，也是没有意义的。因为，翻译工作不能排除主体(理解)的前结构，这种理解的"前结构"是一切解释(包括翻译)的前提条件。然而，我们中国人的理解的"前结构"，我们的"传统"，我们的"成见"，与西土人士的传承物是大异其趣的，因为我们与他们之间的民族精神是根本不同的。这样看来，忠实于"文本"原意的翻译似乎是不可能的。这就是我们翻译工作中的困难或矛盾，解决这个矛盾在于厘清我们视域中的两个盲点。

第一，翻译是已经存在的事实，不同民族的对话、交流与沟通已经是存在的事实，它当然是可能的。问题在于，我们应当理解它是如何可能的。

世界上各个不同的民族，虽然各有自己的民族语言，各有自己的民族特性，形成不同的民族文化与思想传统，这些构成民族之间的根本差异。但是，他们之间存在着最大的共同点，即他们同属于一个人类的大家庭和一个共同的"理性"。各个民族的语言、民族的文化、思想与哲学都面对着一个共同的隐性的或潜在的问题,即"人的生活""人生的意义",或曰"生活世界"。不同民族的语言,不同民族的文化民族精神,都是对这一主题的"反思"或"言说"。这一主题是各个民族之间的最大公约数,它使得各个民族之间的对话、交流、翻译成为可能,这一主题是潜在的或曰隐性的,因为它常逸出我们的视野之外,它总在起着作用而我们却不觉察。

我们在从事翻译时,就是在这一大背景之下与"文本"进行对话、交流、沟通;这是一个不同的民族语言、民族文化在共同背景下的磨合过程。这种磨合的理想程度取决于每一特殊个体的文化素质水平。因此,提高每个特殊个体的文化素质是提高翻译质量的根本。

第二,我们要改变"文本原意"的错误观念。"文本"并不是一种"自在的"存在,只有当它进入可能解释的空间时,才具有现实性。我们不要盲目地去追求那种绝对客观性的"原意","文本"的原意只有在翻译(即解释、诠释)中才得到生成和发展,翻译也是创造。但是不能因此而走向另一极端绝对的相对主义,认为"文本"原意没有客观的科学性可言。相反,在翻译中,我们主体(理解)的"前结构"并不是主观的随意性。我们要努力克服"以突发奇想和流俗之见的方式"出现的"先有先见与先行把握"。这就必须从事情本身出发,也就是从"生活世界"出发,从全人类的"大同"出发,才能保障"先有、先见、先行把握"的科学性,尽管它仍然带有历史的具体性。

总之,我们有了这些认识,还要把它落实在翻译实践之中,体现在翻译成的作品之中,而这也是一个磨合的过程。这种磨合是一种艰难的实验的劳作,没有什么死的"模式"可供应用;各人应用之妙,存乎一心。针对哲学文献翻译难点的特殊性,为了改善我们的翻译质量,我想提出三点可行的建议:(1)译本的多元化。尤其对于经典性的著作,可以出版两种或两种以上的不同译本,这样可以互相比较,互相补充,以便达到更恰当的了解。(2)直译本与译述本互相并行。我把现在一般通行的翻译方式称为直译,它基本上是紧扣字句而作的翻译;此外,可以不必死扣字句,根据对于内容的消化了解而作出的意译即为译述本,亦是值得提倡的译本,它可以弥补直译本产生的缺陷。(3)译名的分歧不必强求其死的统一,由各个译者自己把握"文本"的语境来做抉择,但是,要在恰当的时机,组织召开讨论译名统一问题的学术会议,以便增进共识,达成共识,凝聚共识,提高译作的水平。总之,一劳永逸的办法是没有的,只有探索前进,在实践中不断提高。翻译的根本价值就在于传达异域之"异",这"异"即是"他山之石"。这就是当代解释学给我们的启发。

哲学史研究

试论作为认识史的哲学史

从现象形态上看,一部哲学史只是许多已经过去了的各种分歧的哲学系统,它们互相对立,互相矛盾,互相推翻。所以,黑格尔说:"全部哲学史这样就成了一个战场,堆满着死人的骨骼。它是一个死人的王国,这王国不仅充满着肉体死亡了的个人,而且充满着已经推翻了的和精神上死亡了的系统,在这里面,每一个杀死了另一个,并且埋葬了另一个。"①这样看来,哲学史就不能成为一门科学,那么,研究哲学史的意义何在呢? 黑格尔以他的"发展观念"对哲学史作出了巨大的贡献,但是,他的唯心论的立场使他不能根本解决科学的哲学史问题。只有马克思列宁主义哲学才为科学的哲学史提供了唯一的理论基础。马列主义经典作家不仅提出了一般的方法论原则,而且还有许多针对哲学史的具体指示。在《哲学笔记》中,列宁就提出了一个很重要的观点,列宁指出,"哲学的历史,因此:简略地说,就是整个认识的历史"②。在评价黑格尔把哲学史比作圆圈的思想时,列宁说,这是"一个非常深刻而确切的比喻,每一种思想=整个人类思想发展的大圆圈(螺旋上的一个圆圈)"③。在另一处,列宁又指出:"从逻辑的一般概念和范畴的发展与运用的观点出发的思想史——这才是需要的东西。"④可见,把哲学史看作认识史,从人类认识的发展来研究哲学史和思想史,这不是列宁的偶然一见的思想。对于哲学史科学,

---

① 黑格尔:《哲学史讲演录》第1卷,贺麟、王太庆译,商务印书馆1959年版,第21—22页。
② 列宁:《哲学笔记》,人民出版社1993年版,第302页。
③ 《列宁全集》第55卷,人民出版社1990年版,第207页。
④ 《列宁全集》第55卷,人民出版社2017年版,第148页。

列宁的这个观点具有原则性的重要意义,它关系到是不是用马克思列宁主义的唯物辩证法来指导研究哲学史的重大原则问题。然而,很为遗憾,直到今天,我们对列宁的这个重要观点却没有做过认真的研究,这给哲学史工作带来了不应有的损失。当前要把哲学史的研究与教学工作向前推进一步,以适应我国实现四个现代化的时代要求,认真地研究列宁的这个重要观点是关键的一环,希望引起哲学史工作者的共同注意。本文只是谈谈个人一些初步的想法,企能达到抛砖引玉的作用。

马克思列宁主义经典作家,对于哲学史的方法论问题,有一系列的观点和完整的论述,我们不应当孤立地去阐述其中任何一个论点而忽视其他。但是,由于列宁的这个重要观点迄今很被忽视,因而本文从马列主义关于哲学史方法论基本原则的统一出发,着重地探讨列宁的这个观点,是完全可以理解的。我认为要比较具体地理解列宁的这个观点,首先必须阐明以下几个原则问题。

一、哲学就是认识论

顾名思义,所谓哲学史当然就是哲学的历史,因此,要了解什么是哲学史首先必须了解什么是哲学。黑格尔解决哲学史作为科学的问题时,首先提出要对真的哲学有所认识,这是不无道理的,"因为一门学问的历史必然与我们对于它的概念密切联系着"。没有一个正确的哲学观点,哲学史就是一堆杂乱无章的死的材料,"这样的哲学史家有点像某些动物,它们听见了音乐中一切的音调,但这些音调的一致性与谐和性,却没有透进它们的头脑"①。

那么,究竟什么是哲学呢? 毛泽东同志作出了一个极为精辟的回答。他说:"什么叫哲学? 哲学就是认识论,别的没有。"②毛泽东同志在他的哲学著

---

① 黑格尔:《哲学史讲演录》第1卷,贺麟、王太庆译,商务印书馆1959年版,第5页。
② 转引自周培源:《毛主席的伟大旗帜是科学的旗帜——忆伟大领袖毛主席的两次谈话》,《光明日报》1978年9月10日。

作中,一贯地强调哲学作为认识论的本质特征。毛泽东同志的著作《实践论》就是对马克思主义的认识论所作的具体深入的经典的论述;《矛盾论》则是集中阐述了作为马克思主义认识论和方法论的辩证法。这两部哲学著作是马克思列宁主义理论宝库中的不朽文献,它们开辟了马克思列宁主义哲学发展的新的历史时代——毛泽东思想时代。

这里,毛泽东同志所说的哲学首先当然指的是马克思列宁主义哲学。哲学就是认识论,这是对马克思列宁主义哲学的科学规定。但是,应该看到,这个规定同时也是概括了历史上任何可以称为哲学的哲学之基本特征,因而具有普遍意义。马克思曾经说过这样一段含义深刻的话:"……人体解剖对于猴体解剖是一把钥匙。反过来说,低等动物身上表露的高等动物的征兆,只有在高等动物本身已被认识之后才能理解。因此,资产阶级经济为古代经济等等提供了钥匙。"[①]马克思列宁主义哲学的产生是哲学史上的伟大革命,它与以往的旧哲学有着根本的差别,但是,它也是对以往历史上一切优秀哲学遗产的批判继承,马克思列宁主义哲学是哲学发展史上最高的成熟的形态。因此,毛泽东同志对于马克思列宁主义哲学是认识论的科学规定,也为我们理解以往历史上的各种哲学思想提供了钥匙,应当作为我们研究哲学史的指针。哲学就是认识论这个精辟的科学论断也是总结和概括了哲学在其历史发展中所显示出来的基本特征和规律性。

哲学是阶级斗争的产物,是阶级斗争的工具,但它是作为一种认识工具来为阶级斗争服务的;哲学是在阶级斗争、生产斗争和科学实验三大革命运动的实践基础上人们对世界根本规律的认识,没有人们对世界的认识也就不可能产生哲学。古代的希腊哲学家认为,由于人类追求对于世界根本原因的认识,这才产生了哲学。这种看法是有一定道理的。亚里士多德在总结古代希腊早期哲学的历史时,曾经提出了一个很出名的定义,他说哲学就是"智慧",起源

[①] 《马克思恩格斯选集》第 2 卷,人民出版社 2012 年版,第 705 页。

于对世界的"惊异"。亚里士多德说:"古今来人们开始哲理探索,都应起源于对自然万物的惊异。"①要释疑解惑,就必须寻求万物的根本原因,有了对自然万物根本原因的认识,这才有"智慧"亦即哲学。亚里士多德的这个观点虽然还没有把握到哲学的阶级本质,但却揭示了哲学的认识论的特征,在当时就具有反对宗教迷信积极意义。当时的希腊宗教就是宣扬"自然的秘密只许神知道",人类不宜上窥天机,反对人类认识世界。如果有人以此"智慧"(哲学)而泄露天机(自然的奥秘),则要受到神的惩罚。可见哲学最初在古代希腊产生时,就是作为人类认识世界、反抗上帝意志的一种武器。这个思想构成了西方哲学发展史上一切优秀哲学的积极因素。

然而,哲学作为真正科学的认识论,它的认识论的本质特征是在哲学的演化过程中逐渐发展、形成和得到科学的规定的。哲学在最初产生的时候,几乎包括了人类知识的各个领域;亚里士多德本人就是百科全书式的学者。随着人类知识的发展,各门具体科学相继从哲学中分化出来,制定了自己特有的研究方法,确立起自己独立地位;各门具体科学愈来愈多,从而哲学的领域也就愈来愈缩小了。这是一种相反相成的历史过程,对于哲学与各门具体科学都是有益的;它反映了人类知识发展的必然进步的历程。是由于各门具体科学愈来愈多的分化与独立,促使哲学愈来愈认清了自己的本质以及它对各门具体科学的正当关系。从哲学这种演化过程中,我们既不是像实证主义者那样,得出哲学消亡论的虚无主义的结论,也不是像某些形而上学唯心论者那样,抱残守缺,顽固地去虚构包罗万象的庞大的形而上学体系,妄图坚持哲学作为"科学之科学"的地位,从而为科学发展所遗弃。只有马克思列宁主义哲学才给哲学演化的过程作出了合乎规律的历史结论,挑明了发展过程中的本质内容。在近代各门自然科学纷纷确立之时,恩格斯当时就敏锐地指出了某些受到形而上学经验主义影响的自然科学家否认或忽视哲学的重要意义的错误,

---

① 亚里士多德:《形而上学》,吴寿彭译,商务印书馆1959年版,第5页。

试论作为认识史的哲学史

恩格斯说:"在这全部哲学中隐藏着某种即使在自然科学家自己的领域中也比他们高明的东西。"①这里,恩格斯所说的哲学比自然科学"高明的东西"是什么东西呢?不是传统意义上的作为世界观看的形而上学的体系,而是指哲学之作为认识论,作为认识世界的武器和方法。这在恩格斯概述以往哲学发展的结果时说得更为明白,恩格斯写道:"在以往的全部哲学中仍然独立存在的,就只有关于思维及其规律的学说——形式逻辑和辩证法。其他一切都归到关于自然和历史的实证科学中去了。"②形式逻辑是认识世界的必要工具,而辩证法则是马克思主义的认识论。在谈到当时自然科学和历史科学接受了辩证法时,恩格斯更是明白地宣布,"一切哲学的废物——除了纯粹的关于思维的理论以外——才会成为多余的东西,在实证科学中消失掉"③。这里所说的"关于思维的纯粹理论"应该理解为就是认识论或属于认识论的内容。所以,恩格斯的这些论述,正是指明,从哲学自身的演化过程中哲学是愈来愈显示出它的真正的功能、它的本质特征,即哲学就是认识论。

从哲学就是认识论来看哲学史,就完全应该把哲学史看作人类认识的历史,这才能真正抓住哲学史的本质内容。作为认识史的哲学史,也就是在历史中的认识论,它是一个在发展中的体系。一般地说来,认识论是研究思维如何反映(认识)存在以及怎样才能把握存在,是研究获得真理性认识的具体道路和方法以及检验这种认识的客观标准。作为认识史的哲学史不是对人类认识全部具体内容的历史成果的汇集,而是指在不同的历史时代对人类所获得的认识成果,从哲学(认识论)上进行的概括以及这种概括的历史发展的规律性。它是一门历史科学,在不同的时代具有非常不同的形式和非常不同的内容。而在阶级社会中,各种形式的阶级斗争也对于人的认识发展产生深刻影响,因而认识也必定带有阶级的烙印。所以,历史中的认识论在不同的时代表

---

① 《马克思恩格斯选集》第3卷,人民出版社2012年版,第893页。
② 《马克思恩格斯选集》第3卷,人民出版社2012年版,第400页。
③ 《马克思恩格斯选集》第3卷,人民出版社2012年版,第899页。

现为各种不同的体系和学派,互相对立、互相斗争,消亡和更替;甚至在同一个时代也表现为互相对立、互相斗争着的体系和学派,而真理正是在这样的对立和斗争中为自己开辟道路。作为认识史的哲学史就是要考察不同时代的各种学派的哲学(认识论)的互相对立、互相斗争的历史规律,就是要阐明人类认识世界所总结出的经验与教训,就是要分辨人类认识史中的精华与糟粕,就是要概括人类认识史的成果并把它提高到更为科学的形态。简言之,就是要考察人类走向真理的艰苦斗争的道路。

在谈到学习哲学史的意义时,恩格斯深刻指出:"理论思维无非是才能方面的一种生来就有的素质。这种才能需要发展和培养,而为了进行这种培养,除了学习以往的哲学,直到现在还没有别的办法。"[1]只有把哲学史看作人类认识的发展史,我们才能在哲学史中识别哪些是死东西,哪些是活东西;哪些是陈旧的过时的东西,哪些是有生命力的东西。这样,我们才能在哲学史中吸取对于今天仍然有用的东西,才能从哲学史的学习中发展和锻炼我们理论思维的能力。在近代自然科学日益发展和昌盛的情况下,恩格斯特别强调自然科学家学习哲学史的重要意义,指出了不熟悉哲学史的危害。恩格斯说:"哲学上在几百年前就已经指出,并且在哲学界中往往早已被抛弃的一些命题,在理论自然科学家那里却常常作为崭新的知识而出现,甚至在一段时间里成为时髦。"[2]也只有作为认识史的哲学史才能帮助理论的自然科学家吸取历史上的经验教训,避免重复错误,掌握真正的智慧。

二、怎样理解哲学史中两条路线的斗争

关于哲学史中两个基本阵营的对立和两条路线的斗争以及哲学史的对象,日丹诺夫曾经提出了一个定义性的说明。

---

[1] 《马克思恩格斯选集》第3卷,人民出版社2012年版,第873页。
[2] 《马克思恩格斯选集》第3卷,人民出版社2012年版,第874页。

试论作为认识史的哲学史

在 1947 年苏联召开的"西欧哲学史"讨论会上,日丹诺夫在他的发言中提出:"科学的哲学史,是科学的唯物主义世界观及其规律底胚胎、发生与发展的历史。……唯物主义既然是从与唯心主义派别斗争中生长和发展起来的,那么,哲学史也就是唯物主义与唯心主义斗争的历史。"这个定义迄今在我们哲学史研究工作中有巨大影响,占据着重要地位。那么,现在我们把哲学史看作人类认识的发展史,我们应该怎样理解哲学史中两条路线的斗争、怎样说明世界观与认识论的关系以及如何评价日丹诺夫的定义呢?

关于哲学中两个基本阵营的对立,恩格斯有完整的、准确的论述。在《路德维希·费尔巴哈和德国古典哲学的终结》一书中,恩格斯指出:"全部哲学,特别是近代哲学的重大的基本问题,是思维和存在的关系问题。""哲学家依照他们如何回答这个问题而分成了两大阵营。凡是断定精神对自然界来说是本原的,从而归根结底承认某种创世说的人……组成唯心主义阵营。凡是认为自然界是本原的,则属于唯物主义的各种学派。""但是,思维和存在的关系问题还有另一个方面:我们关于我们周围世界的思想对这个世界本身的关系是怎样的?我们的思维能不能认识现实世界?我们能不能在我们关于现实世界的表象和概念中正确地反映现实?用哲学的语言来说,这个问题叫做思维和存在的同一性问题。"[①]

关于哲学史上两条路线的斗争,列宁做过完整的说明。列宁指出:"在两千年的哲学发展过程中,唯心主义和唯物主义的斗争难道会陈腐吗?哲学上柏拉图的和德谟克利特的倾向或路线的斗争难道会陈腐吗?宗教和科学的斗争难道会陈腐吗?否定客观真理和承认客观真理的斗争难道会陈腐吗?超感觉知识的维护者和反对者的斗争难道会陈腐吗?"[②]在论述中世纪哲学史中两条路线的斗争时,列宁还说过:"中世纪唯名论者同实在论者的斗争和唯物主义者同唯心主义者的斗争具有相似之处,但是,这种斗争不仅同中世纪的许许

---

① 《马克思恩格斯选集》第 4 卷,人民出版社 2012 年版,第 229—230 页。
② 《列宁全集》第 18 卷,人民出版社 2017 年版,第 130 页。

多多理论而且也同古代的许许多多理论有相似之处,有历史继承的联系。"①大家知道,中世纪唯名论者和实在论者的斗争,是基督教经院哲学内部的斗争。总之,经典作家注意了这两个哲学基本派别和两条路线的内容更发展、更多样、更丰富的理论。

扼要地归纳起来,可以说,哲学的基本问题——思维和存在的关系问题包括有两个方面,一方面是思维与存在哪个是本原,另一方面是思维能不能反映(认识)存在。前一个方面可以简称为本原性问题,后一个方面是同一性问题。如果说同一性问题属于认识论,那么本原性问题则是通常所理解的世界观。从恩格斯的论述中,可以看出,本原性问题与同一性问题即世界观与认识论二者是不可分割的,它们是同一个哲学基本问题的两个方面,有区别但又有联系。恩格斯是考虑到二者的区别和联系来划分哲学两个基本派别的。列宁所论述的哲学史上两条路线的斗争也是包括了世界观与认识论的两个方面。因为,如果说世界观是对于世界的根本观点或结论,那么认识论则是达到这个根本观点或结论的理论论证或逻辑展开的论据;如果说世界观是认识论的前提,那么认识论则是世界观的理论根据。二者是相互制约、相互影响的。我们不能把二者割裂开来,片面地去论述世界观或认识论,否则世界观将是抽象的、贫乏的,而认识论则又是无归宿的。只有在二者的辩证统一中才能揭示哲学基本问题的全部具体内容和复杂性。以此来划分两个哲学基本派别的对立才能掌握它们各自的历史具体性和相互的复杂关系。所以,恩格斯不仅从原则上划分了"唯心主义阵营"与"唯物主义的各种学派",而且进一步从同一性问题上分析了唯心主义阵营内部与唯物主义各种学派的复杂情况。不仅如此,从总结认识的经验教训来说,认识论比世界观更有直接的现实的重要意义。在论述真理之为科学的体系时,黑格尔说过这样一段话:"因为事情并不是在它的目的里面,而是在它的具体展开过程中才得以穷尽,同样,结果本身

---

① 《列宁全集》第 25 卷,人民出版社 2017 年版,第 38 页。

也不是一个现实的整体,而是只有与它的转变过程合并起来才是一个现实的整体;目的单就其自身而言是一个僵死的普遍者,创作意图也仅仅是一个仍然缺乏现实性的单纯动机,而赤裸裸的结果则是一具已经把创作意图抛在身后的尸体。"①黑格尔的这段话既精彩又深刻,它揭示了目的与手段,结果与过程的内在辩证法,从而向我们指明了怎样去把握事物的现实性。目的的现实性就在于凭借手段去实现,结果(结论)的现实性也就是存在于产生它的过程之中,不能同产生它的过程割裂开来。而且,从一定意义上说,手段(方法、中介)较之目的,过程(道路)较之结果,更具有重要性,因为,它们是直接的现实性,它们按照自己的客观的内在的逻辑向前运动,将必然达到它们的归宿(结论),而目的或结果离开了手段或运动过程就只能是虚无、彼岸的存在。同样地,世界观如果从认识论割裂开来将是抽象的、不可理解的东西。这样的世界观就能是上帝的启示、宗教的教条或先哲的箴言。所以,归根结底,世界观问题也就是认识论问题。必须从认识论上来分析一定的世界观的产生、形成及其历史作用,这才能提高我们的理论思维的能力。古代希腊早期的自然哲学家,如米利都学派的太利士,认为水是万物的本原,水生万物,万物又变成水。阿那克西曼德认为"无限"是万物的本原。而阿那克西美尼则又认为"空气"是万物的本原。对于本原问题的这种具体解答从今天自然科学的成就来说是意义不大的,已为自然科学否定了。因而仅仅从世界观的答案上来看,并无多大价值;然而,从哲学——认识论的观点来看,从唯物主义哲学的最初萌芽来看,则不是没有意义的。这些回答反映了在自然科学不发达的情况下,人们只能限于从直观上去探索世界的物质统一性,去寻求自然万物的根本原因。人类对世界认识的产生和发展是离不开对自然界的实际认识的,它只能是从不知到知,从知之不多到知之较多的历史过程。

在西欧中世纪,基督教占统治地位,经院哲学是统治一切的意识形态,一

---

① 黑格尔:《精神现象学》,先刚译,人民出版社 2013 年版,第 2—3 页。

切哲学斗争都是在经院哲学内部或是在宗教的外衣下。从世界观来说,经院哲学是反动的、唯心主义的、神秘主义的宗教迷信世界观,但从哲学——认识论来看,经院哲学内部的斗争、唯名论与实在论的斗争,也不是毫无意义的,它反映了经院哲学内部两种真理观的斗争,真理究竟是在经验,还是在思想;真实东西究竟是个体的存在,还是抽象的一般。而在这种斗争的背后则是近代经验自然科学的萌芽与发展以及代表一种新的生产方式的市民阶级的出现。哲学内部的这种斗争终于动摇了宗教世界观的绝对的统治地位,为近代唯物论和辩证法的产生准备了思想条件。

由于近代自然科学的蓬勃兴起,人类对自然界的认识愈广愈深,在近代西欧哲学中,认识论问题则更为突出。思维与存在的区别以及思维的作用等问题成了近代西欧哲学转动的轴心问题,围绕着这个问题出现了各种认识论的体系或派别,展开了激烈的斗争。这是更为清楚的了。

现在,再看看日丹诺夫的关于哲学史对象的定义。显然,这个定义是不能令人满意的。日丹诺夫在考察哲学史的对象时,他没有完整地、准确地按照经典作家的论述来分析哲学中两个基本阵营的对立和哲学史上两条路线的斗争,他陷入了形而上学片面性,把世界观与认识论割裂开来,孤立地、静止地去看待哲学史中世界观的斗争,抛弃了哲学作为认识论的本质特征以及在认识论领域交织着的唯物论与唯心论、辩证法与形而上学斗争的复杂内容,这样就把哲学史的内容大大地简单化了、抽象化了。因此,我们在按照日丹诺夫的定义来研究哲学史时,常常就只是把某个世界观归结为"唯物主义的"或"唯心主义的"就算了结,而不去进一步深入具体地分析世界观产生的认识论根源及其在认识论上的经验和教训;而且还感到辩证法与形而上学的斗争似乎难于同唯物论与唯心论两条路线的斗争结合起来。日丹诺夫关于哲学史的定义束缚了我们深入发掘哲学史的丰富内容,现今我们应该解放思想,正本清源,按照经典作家的指示精神来研究哲学史中两条路线的斗争。

按照经典作家原意,完整地、准确地来理解哲学的基本问题并把它用于考察哲学史中两条路线的斗争,那么,作为认识史的哲学史,就是要阐明唯物主义与唯心主义、辩证法与形而上学两条路线在认识论与世界观领域中的对立与斗争,就是要阐明随着哲学自身的演化这种斗争为什么以及如何在认识论领域中日益复杂和激烈,就是要总结这种斗争的历史经验与教训,就是要论证这种斗争如何为唯一科学的认识论——马克思列宁主义哲学的产生做了历史的准备。作为认识史的哲学史也不是不考察世界观的历史变化,不过是要从认识发展的观点来论述世界观的历史变化。所以,把哲学史作为人类认识史来考察,就是要从世界观与认识论的统一,从二者的区别与联系,来考察哲学史中两条路线的斗争,并且着重于从认识论的历史发展来揭示世界观与认识论的相互联系,以及在认识论对世界观的复杂影响中所表现出来的唯物主义与唯心主义、辩证法与形而上学对立和斗争的历史的具体内容。唯物主义与唯心主义是对立的统一,辩证法与形而上学也是对立的统一。毛泽东同志说:"一讲哲学,就少不了这两个对子。"①把哲学史看作认识的发展史,我们就能在哲学史中抓住这两个对子斗争的集结点。

三、对哲学——认识论概念作历史的逻辑的分析不是形而上学的概念思辨

把哲学史看作人类认识的发展史,正确阐明人类认识的发展规律,从认识论上总结理论思维的经验与教训,就必须分析在一定历史条件下人们在社会实践的基础上形成的哲学——认识论的基本原则、基本概念和逻辑范畴,这就要求我们把对哲学——认识论概念作历史的、逻辑的分析跟形而上学的纯概念的思辨划清界限。

列宁指出:"概念(认识)在存在中(在直接的现象中)揭露本质(因果、同

---

① 《毛泽东选集》第七卷,人民出版社1999年版,第193页。

一、差别等等规律)——整个人类认识(全部科学)的一般进程确实如此。""自然界在人的思想中的反映,要理解为不是'僵死的',不是'抽象的',不是没有运动的,不是没有矛盾的,而是处在运动的永恒过程中,处在矛盾的发生和解决的永恒过程中"①。概念是我们认识世界的必不可少的工具;在历史上各种哲学体系中提出的认识论的基本原则、基本概念和逻辑范畴,不是虚构,是在一定的历史条件下,从一定的阶级立场出发,对人类所获得的认识成果的概括,并且贯穿着唯物主义与唯心主义、辩证法与形而上学的斗争。即使是错误的、荒谬的甚至神秘的概念,它们也都有社会阶级的和认识论的根源,因而都是可以分析的,也是应当加以分析的,从而揭露它们在理论上的错误。列宁说,"认识是思维对客体的永远的、没有止境的接近"②。这种永无止境的接近在哲学史中的概括,正是通过系列的认识论的基本概念、逻辑范畴和基本原则的制定与变化而表现出来的。恩格斯曾经用圆和多边形的关系或两条渐近线的关系来说明思维与存在二者一致的发展趋势。恩格斯说,"思维和存在的同一……完全符合于您举的圆和多边形的例子。换句话说,这两者,即一个事物的概念和它的现实,就像两条渐近线一样,一齐向前延伸,彼此不断接近,但是永远不会相交。两者的这种差别正好是这样一种差别,由于这种差别,概念并不无条件地直接就是现实,而现实也不直接就是它自己的概念。由于概念都有概念的基本特性,就是说,它不是直接地、明显地符合于它得以抽象出来的现实,因此,毕竟不能把它和虚构相提并论……"③恩格斯还反问道:"自然科学中通用的概念,因为它们绝不是永远和现实相符合,就都是虚构吗?"④概念并不是消极地反映存在,并不是直接地绝对地等同于存在概念有自己的特性和作用,逻辑概念更是如此,它是人类认识世界的支撑点。因此,对哲

---

① 《列宁全集》第 55 卷,人民出版社 2017 年版,第 287、165 页。
② 《列宁全集》第 55 卷,人民出版社 2017 年版,第 165 页。
③ 《马克思恩格斯选集》第 4 卷,人民出版社 2012 年版,第 666 页。
④ 《马克思恩格斯选集》第 4 卷,人民出版社 2012 年版,第 604 页。

学——认识论的概念作历史的、逻辑的、具体分析并不就是形而上学的纯概念的思辨,作为认识史的哲学史恰恰应当作这样的分析,只有这样的分析才能从历史上揭示思维在反映自然的永恒运动的过程中矛盾是如何产生和如何解决的。可是,在我们哲学史工作中却常常把二者混同起来,因而不善于对哲学——认识论的概念进行历史的逻辑的分析。我们在阐述一个时代的哲学思潮及其斗争时,往往是罗列大量的社会经济材料,详尽地介绍历史背景,而在分析哲学思想本身的具体内容时,则只是简单地套用"唯物主义的"或"唯心主义"的两个范畴。这是侈谈历史而吝啬哲学。这样就不可能从哲学史中总结认识的经验与教训,不可能得到锻炼和培养理论思维能力的作用。当然,介绍和分析一个时代的哲学思潮及斗争的社会历史背景是必要的,这有助于揭示一定哲学思潮的阶级特征和社会政治倾向,但这不能代替对哲学思想的具体内容作历史的、逻辑的具体分析。我们应该努力把这两方面很好地结合起来。我们之所以忽视对哲学——认识论的概念进行历史的逻辑的具体分析,更为深刻的原因是在于对唯物史观的误解。正像恩格斯指出的我们实际上常常是把从"归根结底"来说对历史过程起决定性作用的"经济因素"弄成是"唯一决定性的因素",这样一来,就把唯物史基本命题"变成毫无内容的、抽象的、荒诞无稽的空话"[1]。由于这样的错误,就不自觉地否认了政治的、法律的和哲学的理论宗教的观点等之间的交互作用,更是否认了这些对历史过程也起作用的各种思想领域有独立的历史发展。这是对于唯物史观的荒谬观念。在这种观念影响下,把唯物史观的理论应用于研究历史,那确是"比解一个简单的一次方程式更容易了"[2]。

马克思主义并不否认哲学理论对于历史发展的能动作用,也不否认哲学思想的发展有相对的独立性,哲学史的任务就是要正确地阐述哲学理论的这种能动作用及其相对独立发展的规律,这就要求我们把社会阶级根源与认识

---

[1] 《马克思恩格斯全集》第4卷,人民出版社2012年版,第604页。
[2] 《马克思恩格斯选集》第4卷,人民出版社2012年版,第604页。

论根源结合起来进行研究,在作社会政治的、经济的分析的同时,也不应忽视对哲学——认识论的概念作历史的、逻辑的分析。这样的态度是与形而上学的纯概念的思辨根本不同的。用这样的态度来研究哲学史,对于历史上唯物主义既不是全盘的继承,对于以往的唯心主义也不是简单的抛弃。恩格斯教导我们:"问题绝不是要简单地抛弃这两千多年的全部思想内容,而是要对它们进行批判,要把那些在错误的、但对于那个时代和发展过程本身来说是不可避免的唯心主义的形式内获得的成果,从这种暂时的形式中剥取出来。"[1]列宁也说:"当一个唯心主义者批判另一个唯心主义者的唯心主义基础时,常常是有利于唯物主义的。见亚里士多德对柏拉图等人的批判,黑格尔对康德等人(的批判)。"[2]我们只有从历史的与逻辑的之统一来考察历史上的哲学体系及其历史变化,才能理解并贯彻经典作家的这些指示。马列主义经典作家在具体的哲学史的研究中,更为我们作出了这种分析的典范。列宁在近代自然科学成就的基础上,从对近代欧洲哲学史上物质概念的具体分析中,制定了马克思主义哲学的科学的"物质"概念,从而划清了与旧唯物主义的根本界限。毛泽东同志从近代欧洲哲学史上经验派与理性派的争论及其各自的演变中,区分了唯物的经验论与唯心的经验论,区分了唯物的理性派与唯心的理性派,从而更为严格地精确地揭示了"经验"概念与"理性"概念中唯物论与唯心论、辩证法与形而上学的错综复杂的斗争。因果概念在欧洲哲学史上的演变终于在黑格尔的哲学中达到了以内因为根据的交互作用的辩证法的分析,恩格斯对此作出了卓越的分析。

作为认识史的哲学史,对于人类认识的发展从认识论上所作的种种概括,就是哲学——认识论的基本原则、基本概念和逻辑范畴的制定以及它们的历史发展。由于它们是在实践中产生并形成的,所以,它们又转过来成为我们认识世界的支撑点。对于历史上各种哲学——认识论概念作历史的逻辑的分

---

[1] 《马克思恩格斯全集》第26卷,人民出版社2014年版,第526页。
[2] 《列宁全集》第55卷,人民出版社2017年版,第243页。

析,就是要剥除由于时代条件、阶级偏见以及唯心论形而上学的错误观点所带来的种种歪曲,从而使这些支撑点纯净化,进而以之来提高我们的思维能力。对于每一代新人的精神成长来说,都需要系统地重新掌握人类认识所经历过的历史道路,使天赋的理论思维能力得到发展和提高。这正是作为认识史的哲学史之重大意义所在。

四、哲学史与各门科学史的关系

这个问题只能说一点极为粗略的设想。

要编好这样一部作为认识史的哲学史,这不仅仅是哲学史工作者所能完全胜任的,需要哲学史工作者和科学史工作者的共同努力。毛泽东同志说,哲学是自然知识与社会知识的概括和总结。同样地,真正地作为认识史的哲学史也应该是各门具体科学史知识的概括与总结,至少首先必须遵照列宁的指示,应该概括与总结儿童智力发展史、动物智力发展史语言史以及心理学、感觉器官生理学等部门的知识。哲学史和各门具体的科学史合编起来,可以叫作一部"大哲学史"科学,在这个科学体系中,哲学史既是它的"导言"又是它的"结论"。这样一部"大哲学史"将可以帮助我们有力地破除唯心论与形而上学,具体而牢固地掌握科学的认识论——马克思列宁主义哲学。这个工作在当前更有极为重大的意义。现今,自然科学又正在经历着一场极为深刻的革命,特别是近30年来,控制论、信息论、仿生学和计算机科学的发展,提出了机器能不能思维以至讨论了人工智能的实际可能性问题,这个问题涉及电脑与人脑,物质与思维的关系以及人类的未来命运,既是实际的自然科学问题,又是重要的哲学——认识论问题。这表明自然科学的最新革命使得自然科学的理论问题与哲学——认识论问题几乎难以截然划分开来了,围绕着这个问题,西方理论界出现了两种根本对立的观点。一派认为,机器不仅能够思维,而且终有一天会制造出比人更聪明的机器,从而人造的理智生命将统治人类。

机器"超过人""统治人"机器能够"自成种族"、还能"继承宇宙"等怪论,成了西方哲学界与理论界认真谈论的话题,他们甚至预言,"人将成为计算机思想家的玩物或害虫,成为它们低级发展形式的回忆保存在将来的动物园里"。另一派认为,机器虽然可以模拟人的某些思维活动,但与人的思维仍有根本的不同,人的思维活动是不能完全和机器等同的。由于这种观点尚未能完全妥善解决控制论中意识转化为物质的问题,因而被神学家利用来宣扬"不可知论",为上帝存在保留地盘。上述两派观点分别导致的两种哲学结论似乎成了我们时代的"二律背反",出路究竟何在?

控制论与计算机等科学提出的"人工智能"问题,是把精神还原为物质的问题,它对哲学——认识论特别具有挑战的意义,它要求必须从哲学——认识论上阐明思维与概念的本性,阐明"理论"对自然科学发展的作用与意义,而这个问题的正确解答也必须以自然科学的最新成就为基础,要求自然科学家与哲学家的通力合作,在这个任务的解决过程中,作为认识史的哲学史应该而且能够发挥它的一定的作用。

恩格斯教导我们"一个民族想要站在科学的最高峰,就一刻也不能没有理论思维"[1]。今天,我们伟大的社会主义祖国进入了历史发展的新时期,历史赋予我们的伟大任务是攀登世界科学的高峰,实现四个现代化。在党中央的正确领导下,全国各族人民正在朝着这个宏伟目标进行新的长征,我们哲学史工作者要不愧于这个伟大的时代,应当改进我们的工作,为提高我们全民族的智慧,为我们民族攀登世界科学的高峰而贡献我们应尽的力量!

---

[1] 《马克思恩格斯选集》第3卷,人民出版社2012年版,第875页。

再论作为认识史的哲学史

黑格尔在考察哲学史如何才能成为一门科学时,指出了哲学史这门学科的一种特殊的困难。黑格尔写道:"哲学史的结果所昭示的,不过只是分歧的思想、多样的哲学的发生过程,这些思想和哲学彼此互相反对、互相矛盾、互相推翻……全部哲学史这样就成了一个战场,堆满着死人的骨骼。它是一个死人的王国,这王国不仅充满着已经推翻了的和精神上死亡了的系统,在这里面,每一个杀死了另一个,并且埋葬了另一个。"①

这样看来,哲学史就不能成为一门科学。但是,黑格尔又指出,这是普通人的一种"肤浅看法"。因为,这种看法只涉及哲学史内容的表面现象。

一般说来,黑格尔对历史传统有很高的评价和很深刻的看法。黑格尔说,"我们之所以是我们,乃是由于我们有历史。"②我们今天的一切乃是历史的产物,因此,要认识我们的世界和我们自身,历史科学就具有重大的意义。然而,历史传统并不是停步不前的。"这种传统并不仅仅是一个管家婆,只是把她所接受过来的忠实地保存着,然后毫不改变地保持着并传给后代……这种传统并不是一尊不动的石像,而是生命洋溢的,有如一道洪流,离开它的源头愈远,它就膨胀得愈大。"③由于黑格尔把进"发展观点"带入历史科学的研究领域,因而对哲学史科学也作出了巨大的贡献;更由于黑格尔本人亲身的教学实

---

① 黑格尔:《哲学史讲演录》第1卷,贺麟、王太庆译,商务印书馆1959年版,第7—8页。
② 黑格尔:《哲学史讲演录》第1卷,贺麟、王太庆译,商务印书馆1959年版,第7—8页。
③ 黑格尔:《哲学史讲演录》第1卷,贺麟、王太庆译,商务印书馆1959年版,第8页。

践活动,终于使"哲学史"确立为哲学领域的一门重要学科。1818年,黑格尔受聘于柏林大学,主持哲学讲座,他是第一个把哲学史列入教学计划的人;黑格尔赋予哲学史以极为崇高的意义。他用一种崭新的科学精神,用理性不断自我实现的思想,使哲学史这门课程充实起来。从此以后,哲学史的研究在德国盛极一时,产生了不少第一流的哲学史家和哲学史的著作,而黑格尔则为这门科学的繁荣作出了开创性的贡献。黑格尔的哲学史著作和哲学史观点,对于我们探讨科学哲学史的对象与意义,仍然具有重大的意义。但是,黑格尔是唯心主义者,他并不能从根本上解决科学哲学史的问题。马克思主义的产生是哲学中的革命变革。马克思主义哲学是科学的世界观和方法论,只有遵循马克思主义哲学的指导,才能建立真正科学的哲学史。

一、哲学与哲学史

什么是哲学史?它的研究对象是什么?顾名思义,所谓哲学史当然就是哲学自身的发展史。因此,要真正具体地了解哲学史的对象及其发展的规律性,就必须正确地把握哲学本身。黑格尔说:"一门学问的历史必然与我们对于它的概念密切联系着。"[1]这个看法是有道理的。没有一个正确的哲学观点去研究哲学史,哲学史就是堆杂乱无章的、死的材料,"这样的哲学史家有点像某些动物,它们听见了音乐中一切的音调,但这些音调的一致性与谐和性,却没有透进它们的头脑。"[2]一般说来,哲学是关于真理的科学,哲学史是人类追求真理的历史。那么,什么是"真理"?从黑格尔的立场来说,只有"精神"才是真理,"绝对精神"是绝对真理。一部哲学史乃是人类理性或精神艰苦劳作的历史,在它里面包含着全部过去的时代所积累的遗产,这种遗产是人类理性的科学成果。从这种立场来看,每一种哲学都有它应有的历史地位,从而是

---

[1] 黑格尔:《哲学史讲演录》第1卷,贺麟、王太庆译,商务印书馆1959年版,第4页。
[2] 黑格尔:《哲学史讲演录》第1卷,贺麟、王太庆译,商务印书馆1959年版,第5页。

构成真理之全体的必要环节。"每一思想的形态有它独自有效准的地位,并且通过进一步向前的发展而被贬降为附从的环节,同样每一个哲学在全部过程里是一特殊的发展阶段,有它一定的地位,在这地位上有它的真实意义和价值。"①黑格尔的这些见解包含着许多合理的思想,对于我们研究哲学史是很有启发意义的。

黑格尔对哲学史的意义有很高的评价,他把哲学史看做是一座神圣真理的殿堂。黑格尔写道:哲学史是"一个神圣的庙宇,在这里面,人类的各民族带着感谢的心情,很乐意地把曾经增进他们生活的东西,和他们在自然和心灵的深处所赢得的东西保存起来。接受这份遗产,同时就是掌握这份遗产。它就构成了每一个下一代的灵魂,亦即构成下一代习以为常的实质、原则、成见和财产。同时这样接收来的传统,复被降为一种现代的材料,由精神加以转化。那接受过来的遗产就这样地改变了,而且那经过加工的材料因而就更为丰富,同时也就保存下来了。"②因此,在黑格尔看来,哲学史本身就是哲学,就是那代表着唯一真理的哲学在时间中的生成或展开了的体系。黑格尔说,"全部哲学史是一有必然性的、有次序的进程。这进程本身是合理性的,为理念所规定的。"③黑格尔的这个见解对于哲学史科学具有重大的理论意义,剥去黑格尔哲学的绝对唯心主义的外壳,其中确实包含着许多合理的思想。

马克思主义认为,哲学是时代精神的精华;在一个历史时代产生了广泛影响并为广大人民所接受的哲学,代表了那个时代的发展趋向,它是通向绝对真理的阶梯。马克思曾经说过:"然而,哲学家并不像蘑菇那样是从地里冒出来的,他们是自己的时代、自己的人民的产物,人民的最美好、最珍贵、最隐蔽的精髓都汇集在哲学思想里。"④因此,哲学在历史中的演变和更替,乃是时代精

---

① 黑格尔:《哲学史讲演录》第1卷,贺麟、王太庆译,商务印书馆1959年版,第5页。
② 黑格尔:《哲学史讲演录》第1卷,贺麟、王太庆译,商务印书馆1959年版,第9页。
③ 黑格尔:《哲学史讲演录》第1卷,贺麟、王太庆译,商务印书馆1959年版,第40页。
④ 《马克思恩格斯全集》第1卷,人民出版社1995年版,第219—220页。

神的进展,是人类精神的成长和人民愿望的实现与提高。所以,马克思主义也是十分重视哲学史的科学意义。恩格斯对此更有明确的论述。恩格斯写道:"每一时代的理论思维,包括我们这个时代的理论思维,都是一种历史的产物,它在不同的时代具有完全不同的形式,同时具有完全不同的内容。因此,关于思维的科学,和其他任何科学一样,是一种历史的科学,关于人的思维的历史发展的科学。"①马克思主义认为,哲学史乃是人类理论思维发展的历史。一部哲学史既包含了人类理论思维的进步和成长,也包含了人类在追求真理的历史过程中的经验和教训。因此,哲学史对于发展和锻炼我们的理论思维能力具有重大的意义。恩格斯强调指出:"理论思维仅仅是一种天赋的能力。这种能力必须加以发展和锻炼,而为了进行这种锻炼,除了学习以往的哲学,直到现在还没有别的手段。"②哲学史作为人类理论思维发展的历史,它包括两个方面的内容,一个方面是对于人类认识客观世界的普遍规律或法则的历史总结;另一个方面是揭示了主体自身形成的历史,即"自我意识"的发展史。并且这两个方面是处在有机的统一之中的。

二、哲学基本问题与哲学史

日丹诺夫关于哲学史的定义自20世纪50年代以来在我们的哲学史的研究与教学中一直具有决定性的影响。

在1947年苏联召开的"西欧哲学史"讨论会上,日丹诺夫在他的发言中提出:"科学的哲学史,是科学的唯物主义世界观及其规律地胚胎、发生与发展的历史。……唯物主义既然是从与唯心主义派别斗争中生长和发展起来的,那么,哲学史也就是唯物主义与唯心主义斗争的历史。"③日丹诺夫的这个

---

① 《马克思恩格斯选集》第3卷,人民出版社2012年版,第873页。
② 《马克思恩格斯全集》第20卷,人民出版社1971年版,第382页。
③ 日丹诺夫等:《苏联哲学问题》,李立三等译,新华书店1950年版,第5页。

定义之所以产生了巨大的影响,乃是因为人们认为这个定义体现了哲学基本问题在哲学史研究中的意义。

我们认为,不能把日丹诺夫的定义与哲学基本问题的理论意义混为一谈。

马克思和恩格斯曾经告诉我们:我们仅仅知道一门唯一的科学,即"历史科学",而抽象的自然科学的唯物论之缺点,是排斥历史过程的。一个时期以来,我们对待哲学基本问题的态度是形而上学的、反历史主义的,是排斥历史过程的,结果使我们离开了哲学史的客观的实际内容。我们认为,哲学基本问题也有它自身的历史,正是这一情况决定了它应用于哲学史研究中的特点。

第一,哲学基本问题的表述形态在历史上是有一个形成和完善化的过程的。

哲学基本问题在哲学史上并不是一开始就以现今的这种形态存在的,也不是突然出现的,它有一个形成和发展的过程,即有它自身的历史。事实上,真正意义上的哲学基本问题主要是近代理性活动的产物。

18世纪法国唯物主义哲学家拉美特利在他的《人是机器》这部著作中曾经说过:"我把哲学家们论述人的心灵的体系归结为两类:第一类,也是最古老的一类,是唯物论的体系;第二类是唯灵论的体系。"[1]这里已经提出了唯物论与唯心论是历史生上两个对立的基本派别这个观点,但是用的术语尚不十分规范。这是哲学基本问题的思想在近代哲学中的最初表现。

到黑格尔时,问题的提法就相当明确了。在黑格尔的《哲学史讲演录》中,黑格尔写道:"[思维与存在的对立]是哲学的起点,这个起点构成哲学的全部意义。"[2]黑格尔又说:"只有思维与存在的统一,才是哲学的起点。"[3]

黑格尔的用语已经十分明确,他的思想与恩格斯的思想也十分接近。黑格尔明确提出了思维与存在的对立,并且认为,哲学就是要寻求二者的统一,

---

[1] 拉美特利:《人是机器》,顾寿观译,王太庆校,商务印书馆1996年版,第13页。
[2] 黑格尔:《哲学史讲演录》第3卷,贺麟、王太庆译,商务印书馆1983年版,第292页。
[3] 黑格尔:《哲学史讲演录》第3卷,贺麟、王太庆译,商务印书馆1983年版,第295页。

即寻求一个最高的本原性的实在,而这"才是哲学的起点"。所谓"起点"是什么意思呢？也就是说,这是哲学的基本问题。

大家知道,费尔巴哈的哲学是直接从黑格尔哲学出发的,这点清楚地表现在费尔巴哈接受了黑格尔提出的思维与存在的对立及其统一是哲学的起点这个观点中;但是,费尔巴哈则是从唯物论的基本立场来回答这个问题的。费尔巴哈指出,"在黑格尔看来,思维就是存在,思维是主体,存在是宾词。"[1]可是,费尔巴哈却认为,"思维与存在的关系只是这样的:存在是主体,思维是宾词。思维是从存在而来的,然而存在并不来自思维。存在是从自身,通过自身而来的,存在只能为存在所产生。"[2]然而,由于人本学的局限性,费尔巴哈对于哲学中唯物论与唯心论对立的理解却比黑格尔倒退了。黑格尔在他的著作中,特别是在他的哲学史著作中,毫不含糊地把唯物论与唯心论对立起来,并论证唯心论是唯一的真理,而唯物论是错误的或坏的哲学。费尔巴哈却认为,"唯物主义、唯心主义……都不是真理","只有人类学是真理。"[3]费尔巴哈的用语混乱反映了他对哲学基本问题的理解是不如黑格尔深刻的。

正是在前人探讨的基础上,恩格斯对哲学的历史发展进行了总结与概括,而且特别总结了近代哲学的历史发展,从而完整地表述出哲学的基本问题,并揭示出这个问题的核心内容。因此,恩格斯的经典表述赋予了哲学基本问题以真正科学的形态,这在哲学史上是有巨大而深远的意义的。

恩格斯指出:"全部哲学,特别是近代哲学的重大的基本问题,是思维和存在的关系问题。"

"思维对存在,精神对自然的关系问题,全部哲学的最高问题,……思维

---

[1] 费尔巴哈:《费尔巴哈哲学著作选集》上卷,荣震华等译,商务印书馆 1984 年版,第 114 页。

[2] 费尔巴哈:《费尔巴哈哲学著作选集》上卷,荣震华等译,商务印书馆 1984 年版,第 115 页。

[3] 费尔巴哈:《费尔巴哈哲学著作选集》上卷,荣震华等译,商务印书馆 1984 年版,第 205 页。

对存在的地位问题,这个在中世纪经院哲学中也起过巨大作用的问题:什么是本原的,是精神,还是自然界?这个问题以尖锐的形式针对着教会提了出来:世界是神创造的呢,还是从来就有的?"

"哲学家依照他们如何回答这个问题而分成了两大阵营。"

"除此之外,唯心主义和唯物主义这两个用语本来没有任何别的意思,它们在这里也不是在别的意义上使用的。"

"但是,思维和存在的关系问题还有另一个方面:我们关于我们周围世界的思想对世界本身的关系是怎样的?我们的思维能不能认识现实世界?我们能不能在我们关于现实世界的表象和概念中正确地反映现实?用哲学的语言来说,这个问题叫做思维与存在的同一性问题,绝大多数哲学家对这个问题都作了肯定的回答。"[1]

只有恩格斯才对哲学基本问题及其核心内容作了完整的科学的表述,这在哲学史上无疑是重大的突破。

恩格斯的表述包含有两层含义:其一是指世界的本原性问题,即本体论问题;其二是指思维与存在有无同一性问题,即认识论问题。恩格斯的表述揭示这两者之间的相互联系与制约,从而构成完整的哲学基本问题。因此,不能把哲学基本问题归结为一个问题,即本原性问题或本体论问题;这不符合恩格斯对于哲学基本问题的完整表述,也贬低了哲学基本问题的重大理论意义。

以上所述说明,哲学基本问题的科学形态在历史上是有一个形成和完善化的过程的,它是历史发展的产物,必须回到历史中去才能理解它的科学内容。

第二,表述哲学基本问题的术语、范畴和概念以及它们的含义,也是在历史上演化、形成和逐渐明确起来的,我们应当注意分析它们的历史性的内容演变。例如,思维、存在、物质、精神、对立、同一等,在不同的历史时代,在不同的

---

[1] 《马克思恩格斯选集》第4卷,人民出版社2012年版,第229—231页。

哲学体系中,它们的含义是不完全统一的。而且,哲学在今后的发展中,它们的含义又会有变化。例如,当代存在主义哲学所讲的"存在",因为注入了我们时代的历史内容,它既不完全相同于过去哲学中所讲的"存在",也不相同于马克思主义哲学所讲的"存在"。这些术语、范畴和概念,也都是历史的产物。正是在它们含义的分歧、演变与联系之中,包含着理论思维发展的历史规律性。

第三,恩格斯提出的哲学基本问题,其重大理论意义之一,是为我们提供了一个划分唯物论与唯心论的科学定义或标准;它确切地规定了什么是唯物论和什么是唯心论。但是,作为一种概念的科学定义,它不是先验的东西,而应是从哲学的历史发展中抽取出来、概括出来的,应该是全部哲学发展历史的产物或结果,是一种科学的抽象。因此,我们不能机械地要求与概念的定义完全一致的对象的存在,否则,就会陷入从概念出发、从定义出发的唯心论的错误。

第四,恩格斯提出的哲学基本问题另一重大的理论意义,是在于揭示了本体论、认识论与方法论之内在的一致性。因此,它为我们理解历史上各种复杂的甚至矛盾的哲学观点提供了一把钥匙。只有遵照这种三者一致的原则,哲学基本问题才能得到彻底科学的解决。但是,这条原则也是从哲学问题的历史争论中总结出来的。本体论、认识论与方法论这三者在哲学史上并不是统一的,在不同的哲学体系中,情况是不相同的。而且,在马克思主义哲学产生以前,除去黑格尔,历史上没有哪一位哲学家对这三者一致的原则有自觉的认识。恩格斯对哲学基本问题的论述明确地表述了这三者一致,以及它们的相互关系与相互制约的原则,这是对全部哲学发展史的经验教训的科学总结,是理论思维的巨大成果,而这一点也只有在历史过程中才能得到深刻的说明和体现。

第五,总结以上各点,可以说明,哲学基本问题自身正是历史的产物,所以,它才是科学的哲学史所要研究和阐明的对象。因此,在哲学史的研究中,就不能把它仅当做现成的结论来应用,相反地,它正是科学的哲学史所要阐明的论题或论题之一;这就是说,它是科学的哲学史所要达到的结论。而结论只能是在论证之后,因为它只是研究的结果。这正是在把哲学基本问题应用于哲学史的研究时,我们应当注意到的特点。

第六,既然哲学基本问题是全部科学的哲学史所要阐明的论题,是全部哲学史的结论,那么究竟应当如何理解它对于研究哲学史的意义呢?

应当明确肯定,哲学基本问题对于研究哲学史具有重大的指导意义,这一点同哲学基本问题自身的历史性并不矛盾。因为科学的思维乃是辩证的思维,如黑格尔所说,它是一个圆圈,终点就是起点;不过终点是把原初贫乏的抽象的起点经过否定之否定,加以具体展开,从而把起点丰富和现实化了。因此,哲学基本问题仍然是我们理解全部哲学史的复杂内容的一把钥匙,问题是在于我们怎样发挥这把"钥匙"的作用。马克思说:"人体解剖对于猴体解剖是一把钥匙,……资产阶级经济为古代经济等提供了钥匙。但是,绝不是像那些抹杀一切历史差别、把一切社会形式都看成资产阶级社会形式的经济学家所理解的那样。人们认识了地租,就能理解代役租、什一税等等。但是不应当把它们等同起来。"①在这里,马克思告诫我们,不要抹杀历史差别,不要把历史上成熟的典型性的形态和未发展的形态等同起来,只有这样才是科学的历史的态度。同样,只有坚持这种态度,才能正当地发挥"钥匙"的作用。过去我们在这个问题上的一个重大偏颇,就在于抹杀一切历史差别,把任何一个时代、任何一位哲学家提出的哲学命题,都简化为哲学基本问题的形态,从而给予等同的结论。这样做法显然没有正确发挥哲学基本问题对于研究哲学史的指导意义的作用。

三、作为认识史的哲学史

列宁的《哲学笔记》一书,包含了丰富的哲学宝藏,有许多深刻的思想闪

---

① 《马克思恩格斯选集》第2卷,人民出版社2012年版,第705—706页。

光,对于我们探讨新问题、发展哲学科学,具有深刻的启发意义。关于哲学史的研究,列宁也提出了不少重要的见解。列宁指出,"哲学史……简略地说,就是整个认识的历史"。在评价黑格尔把哲学史比作圆圈的思想时,列宁又说,这是"一个非常深刻而确切的比喻! 每种思想=整个人类思想发展的大圆圈(螺旋)上的一个圆圈"。在另一处,列宁又着重指出:"从逻辑的一般概念和范畴的发展与运用的观点出发的思想史——这才是需要的东西。"虽然有的同志根据《列宁全集》第38卷的俄文版第4版与后发的俄文版第5版在有关段落上次序编排的改动,从而对中文版译文提出了异议,但是我们认为,这样的编排上的改动,并不影响我们根据列宁的思想把哲学史看作认识史,问题在于是要进行深入的研究和具体的发挥。

什么是"哲学"? 古代的希腊哲学家认为,由于人类追求对于世界根本原因的认识,这才产生了哲学。这种看法是有一定道理的。亚里士多德在总结古代希腊早期哲学的历史时,曾经提出了个很出名的哲学定义,他认为哲学就是"智慧",起源于对世界的"惊异"。亚里士多德说:"古今来人们开始哲理探索,都应起于对自然万物的惊异。"[①]要释疑解惑,就必须寻求万物的根本原因,有了对自然万物根本原因的认识,这才有"智慧",亦即哲学。亚里士多德的这个观点在一定程度上揭示了哲学的认识功能这个特征,并且在当时具有反对宗教迷信的积极意义。当时的希腊宗教宣扬"自然的秘密只许神知道",认为人类不宜上窥天机,反对人类认识世界。如果有人以此"智慧"(哲学)而泄露天机(自然的秘),则要受到神的惩罚。可见,哲学最初在古代希腊产生时,就是作为人类认识世界、反抗上帝意志的一种武器。这个思想构成了西方哲学发展史上一切优秀哲学的积极因素。

然而,哲学的认识功能这种特征是在哲学进一步的演化过程中逐渐发展、形成和得到科学的规定的。哲学在最初产生的时候,几乎包括了人类知识的

---

① 亚里士多德:《形而上学》,吴寿彭译,商务印书馆1959年版,第5页。

各个领域。亚里士多德本人就是百科全书式的学者。随着人类知识的发展,各门具体科学都相继从哲学中分化出来,制定了自己的特有的研究方法,确立起自己专有的研究领域;各门具体科学愈来愈多,从而哲学的领域也就愈来愈缩小了。这是一种相反相成的历史过程,对于哲学和各门具体科学都是有益的。

它反映了人类知识发展必然进步的历程。正是由于各门具体科学愈来愈细的分化与独立,促进哲学愈来愈认清了自己的本质以及它对各门具体科学的应当有的关系。从哲学的这种演化过程中,我们既不是像实证主义者那样,得出哲学消亡论的虚无主义的结论,也不是像某些形而上学唯心论者那样,抱残守缺,顽固地去虚构包罗万象的庞大的形而上学的体系。顽固地坚持哲学作为"科学之科学"的立场,只能为科学发展所遗弃。只有马克思主义哲学才给哲学的演化过程作出了合乎规律的历史结论,挑明了发展过程中的本质内容。在近代各门自然科学纷纷确立之时,恩格斯就敏锐地指出了某些受到形而上学经验主义影响的自然科学家否认或忽视哲学的重要意义的错误。恩格斯说:"哲学中隐藏着某种即使在自然科学家自己的领域中也比他们高明的东西。"①这里,恩格斯所说的哲学比自然科学"高明的东西"是什么呢?不是指传统意义上的作为世界观来看的形而上学的体系,而是指哲学之作为认识功能的一种方法或逻辑。这一点在恩格斯概述以往哲学发展的结果时说得更为明白,恩格斯写道:"在以往的全部哲学中仍然独立存在的,就只有关于思维及其规律的学说——形式逻辑和辩证法。其他一切都归到关于自然和历史的实证科学中去了。"②形式逻辑是认识世界的必要的工具,而辩证法则是马克思主义的认识论。在谈到当时自然科学和历史科学接受了辩证法时,恩格斯更是明白地宣布:"一切哲学的废物——除了纯粹的关于思维的理论以

---

① 《马克思恩格斯选集》第3卷,人民出版社2012年版,第893页。
② 《马克思恩格斯选集》第3卷,人民出版社2012年版,第795页。

外——才会成为多余的东西,在实证科学中消失掉。"①这里所说的"关于思维的纯粹理论",应该理解为就是认识真理的逻辑和方法。所以,恩格斯的这些论述正是指明,哲学自身的演化过程愈来愈显示出它的真正的功能、它的本质特征,即哲学乃是认识真理的逻辑和方法。这就是我们所说的哲学史作为认识史这个论点的含义。作为认识史的哲学史,也就是在历史中的广义的认识论,它是个在发展中的真理的体系。一般说来,认识论的任务是考察思维如何反映(认识)存在,以及怎样才能把握存在,是研究获得真理性认识的具体道路和方法以及检验这种认识的客观标准。作为认识史的哲学史不是对人类认识全部内容的历史成果的简单汇集,而是指在不同的历史时代对人类所获得的认识成果从哲学—认识论上进行的概括与总结,这种概括与总结的成果同时沉淀为人类认识真理的普遍方法与法则。另外,它是一门历史科学,在不同的时代具有非常不同的形式和非常不同的内容。而在阶级社会中,各种形式的阶级斗争也给予人的认识的发展以深刻的影响,因而认识也必定带有阶级的烙印。所以,历史中的哲学—认识论在不同的时代表现为各种不同的体系和学派的互相对立、互相斗争、消亡和更替;甚至在同一个时代也表现为互相对立、互相斗争着的体系和学派。而真理正是在这样的对立和斗争中为自己开辟道路的。作为认识史的哲学史就是要考察不同时代的各种学派的互相对立、互相斗争的历史规律,就是要阐明人类认识世界所总结出的经验与教训,就是要分辨人类认识史中的精华与糟粕,就是要概括人类认识史的成果,并把它们提高到更为科学的形态。简言之,作为认识史的哲学史就是要考察人类追求真理的艰难曲折的历史道路。

这样的哲学史对于指导我们的现实活动具有重大的意义。只有把哲学史看作认识史,我们才能在哲学史中识别哪些是死东西,哪些是活东西;哪些是陈旧的过时的东西,哪些是有生命力的东西。这样,我们才能在哲学史中吸取

---

① 《马克思恩格斯选集》第3卷,人民出版社2012年版,第899页。

对于今天仍然有用的东西。在近代自然科学日益发展和昌盛的情况下,恩格斯特别强调自然科学家学习哲学史的重要意义,指出了不熟悉哲学史的危害性。恩格斯写道:"哲学上在几百年前就已经提出,并且在哲学界中往往早已被抛弃的一些命题,在理论自然科学家那里却常常作为崭新的知识而出现,甚至在一段时间里成为时髦。"[1]也只有作为认识史的哲学史才能帮助理论的自然科学家吸取历史上的经验教训,避免重复错误,才能掌握真正的智慧。从总结认识的经验教训来说,认识真理发展的曲折过程较之单纯的静止的结论更有重大的启发意义。在论述真理之为科学的体系时,黑格尔说过这样一段话:"因为事情并不是在它的目的里面,而是在它的具体展开过程中才得以穷尽,同样,结果本身也不是一个现实的整体,而是只有与它的转变过程合并起来才是一个现实的整体;目的单就其自身而言是一个僵死的普遍者,创作意图也仅仅是一个仍然缺乏现实性的单纯动机,而赤裸裸的结果则是一具已经把创作意图抛在身后的尸体。"[2]黑格尔的这段话既精彩又深刻,它揭示了目的与手段、结果与过程的内在辩证法,从而向我们指明了怎样去把握事物的现实性。目的的现实性就在于凭借手段去实现;结果(结论)的现实性也就是存在于产生它的过程之中,不能同产生它的过程割裂开来,否则,就是空洞而抽象的东西。同样地,世界观如果从认识割裂开来,将成为抽象的、不可理解的东西。这样的世界观就只能是上帝的启示、宗教的教条或先哲的箴言。所以,归根结底,世界观问题也就是认识论问题;只有从认识上来分析一定的世界观的产生、形成及其历史作用,这样,才能提高我们的理论思维的能力,同时指导我们的实践活动。古代希腊早期的自然哲学家,如米利都学派的泰勒斯,认为水是万物的本原,水生万物,万物又回到水。阿拉克西曼德认为,"无限者"是万物的本原。阿拉克西美尼又认为,"空气"是万物的本原。对于世界本原问题的这些具体解答,从今天的自然科学的成就来看,可以说是没有什么意义的,已

---

[1] 《马克思恩格斯选集》第3卷,人民出版社2012年版,第874页。
[2] 黑格尔:《精神现象学》,先刚译,人民出版社2013年版,第2—3页。

为自然科学所否定。因此,仅仅从世界观的具体答案上来看,它们并无多大价值;然而,从哲学认识论的观点来看,从唯物主义哲学的最初萌芽来看,却又不是没有意义的。这些解答反映了在自然科学很不发达的情况下,人们只能限于从直观上去探索世界的物质统一性,去寻求自然万物的根本原因。人类对世界认识的产生和发展是离不开对自然界的实际认识的,它只能是一个从不知到知、从知之不多到知之较多的历史过程。

因此,作为认识史的哲学史,并非不考察世界观的历史变化,而是要求从人类认识发展的观点来论述世界观或本体论的演变。把哲学史作为认识史来考察,就是要从世界观与认识论的统一、从二者的区别与联系,来考察哲学史发展的内在规律,并且着重于认识论的历史发展来揭示世界观与认识论的相互联系,以及在认识论对世界观的复杂影响中所表现出来的唯物主义与唯心主义、辩证法与形而上学对立和斗争的历史的具体内容。

作为认识史的哲学史,对人类认识的历史发展从认识论上所作的种种概括,就是哲学——认识论的基本原则、基本概念和逻辑范畴的制定及其历史发展。由于它们是在实践中产生和形成的,所以,它们又转过来成为我们认识世界的支撑点。对于历史上各种哲学——认识论概念进行历史的、逻辑的分析,就是要剥除由于时代条件、阶级偏见以及唯心论形而上学的错误观点所带来的种种歪曲,从而使这些支撑点纯净化,用以提高我们的理论思维能力和指导实践活动。对于每一代新人的精神成长来说,都需要系统地重新了解人类认识所走过的历史道路,使天赋的理论思维能力得到发展和提高。这正是哲学史作为认识史之重大意义所在。

四、作为自我意识发展史的哲学史

哲学史作为自我意识发展史与作为人类认识发展史二者之间存在着内在联系;实际上,这是一个事物的两个方面,犹如一枚金币的两面一样。从认识史来说,哲学史是人类认识世界的真理的历程。然而,探索和追求真理是离不开认识"主体"的。人类在认识客观世界的同时,也必然伴随着对于主体自身的认识。随着对于客观世界的认识在深度与广度上的进展,也必然是主体日益具体和深入地形成和对自身本质结构的掘进。这就是主体的"自我意识"的明确确立,它最终导致在哲学中提出"我是我"这个命题,并对于"我自身"进行深入的自我思辨。因此,哲学史也可以看做是自我意识的发展史。这是具有人格的独立的主体之历史的形成过程在哲学中的反映。人类愈益清楚明白地意识到客观世界或客体的存在和发展,也就愈益清楚明白地意识到自我或主体自身,反之亦是如此。因此,对客观世界的认识与对自我自身的认识是相辅相成的;一部完整的哲学史就是这二者双向关系的展开和深化。在历史发展的一定阶段上,这二者总是处在相对的统一之中,这种相对的统一标志着人类文化发展的现实水平。自我意识发展的理论深度是一定文化的理论核心。

古代希腊哲学在其发展的早期,是以自然万物的本原为哲学思考的对象的,这就是所谓自然哲学或宇宙论哲学的时期。这一时期哲学家的目光是投向外在世界的。这时,在他们的视野之内尚没有出现要考察主体自身的问题。随着哲学思想的发展,以及对于人类知识本性的探索,必然要涉及人的主观因素在认识中的作用问题,这就是"自我意识"的萌芽。这方面的萌芽在古代希腊哲学中的最初表现,就是智者学派的兴起。智者学派的历史贡献就是看到了认识或知识离不开人的主观因素,从而动摇了早期自然哲学的那种绝对的形而上学的知识论。就这一点来说,智者学派的活动是有积极意义的,因为他们推动了哲学去认识主体自身。但是,智者学派却把这一合理因素片面地无限地夸大,从而走向主观主义的感觉论。他们把知识与感觉完全等同起来,宣称"知识就是感觉"。普罗泰戈拉是智者学派中最著名的代表人物之一,他提出的"人是万物的尺度"这个命题,充分代表了智者学派的这方面精神,并在哲学史上产生了深远的影响。这样,智者学派的感觉主义的立场,使他们不能摆脱固执的相对主义,而常常陷于困境或诡辩。苏格拉底正是在这样的背景下从事他的哲学活动的。"认识你自己",是苏格拉底的哲学箴言,并且是苏格拉底本人全部哲学活动的出发点和归宿。苏格拉底的这个命题,显然受到了智者学派的影响,但是更为重要的,是苏格拉底本人的创造性的发展。苏格拉底抛弃了智者学派的独断的感觉主义,他要求从理智上来认识"自我",即他要寻求关于主体自身的客观的知识。因此,苏格拉底的这个命题成为西方哲学发展的转折点。从此,关于主体自身的哲学思辨就成为西方哲学史中一个重要的方面。然而这个重要的方面在历史上却为唯心主义哲学抽象地发展了。人们常说,欧洲的中世纪是一个野蛮而黑暗的时代,这种看法不无片面性。人类的精神或思维是有顽强的生命力和内驱力的。它的最高的愿望或享受就是追求认识自身。诚然,欧洲的中世纪,基督教是最高的绝对的权威,它不仅统治着人们的精神世界,而且也控制着人们的世俗生活,一切都在教会的管辖之下。这时,神学凌驾于哲学之上,哲学成为神学的侍女,理性屈服于宗教信仰,上帝是主,人是上帝的奴仆,人没有自身的独立地位和尊严,因而,"自我意识"处于严重的压抑和扭曲的状态之中。然而,就是在这种情况下,人也没有放弃对于自身存在的意义和价值的探索。在中世纪的关于上帝神性的种种哲学思辨中,在关于宗教教条的繁琐争论中,实际上是以异化的形式表达了对于人性以及人的潜在能力的探讨。在经院哲学内部进行的激烈争论中,也表现出自我意识的顽强抗争。正因如此,终于导致了经院哲学的终结。那种把欧洲中世纪看成是人类历史的中断的看法是肤浅的。接着,伴随着文艺复兴而来的人本主义社会思潮的兴起,欧洲哲学进入了一个新的发展阶段,即近代的反封建的资产阶级的哲学的兴起与发展。以笛卡尔为代表的理性主义和以培根为代表的经验主义,分别从理性与经验的两个方面对中世纪的经院哲学提出了有力的批判。从此,认识论问题成了近代欧洲哲学的轴心,主体问题也就提到了首要地位。经验派与理性派分别从感性与理性的两个侧面来考察主体的作用与意义,这些研究促进了对自我意识的认识功能的发掘。笛卡尔的"我思故我在"的命题,标志着自我意识的认识论的探索必然要向本体论转化。而以洛克等人所坚持的经验派的逻辑发展,则宣告了离开一切感性经验的抽象的自我意识乃是空无内容的、不真实的东西。19世纪的法国唯物论力图在唯物论的基础上综合理性派与经验派的积极成果,可是,由于它的形而上学机械论的局限性,不能充分论证和揭示自我意识作为主体的独立意义。但是,它的唯物主义的基本立场以及强调哲学必须与自然科学的成就相结合的思想却是哲学史上的优秀传统,必须给予充分的肯定。恩格斯指出:"真正的自然科学只是从15世纪下半叶才开始,从这时起它就获得了日益迅速的进展。把自然界分解为各个部分,把各种自然过程和自然对象分成一定的门类,对有机体的内部按其多种多样的解剖形态进行研究,这是最近400年来在认识自然界方面获得巨大进展的基本条件。"①18世纪法国唯物论立足于唯物主义的基本立场并借助于自然科学的各部门的成就来考察主体的本性,因此,它就不是片面地从理性上来规定作为主体的自我意识,而是更深入地从感性上探索了主体的深层内涵,它论证了人的情绪、欲望和想象活动的正当性与积极意义。这些研究成果在当时是抨击宗教蒙昧主义和禁欲主义的强大的思想武器,在今天也仍然是有待于继续深入探讨的课题。18世纪末由康德创立的德国古典唯心主义哲学,采取了与法国唯物论相对立的立场即唯心主义的立场,发展了自我意识的理论。康德的先验唯心论是力图在唯心主义的基础上综合理性派与经验派的成果,克服二者各自的片面性,把人类理智的分析与综合功能结合起来,提出了先验的"自我"概念,康德称为"先验统觉"。在康德看来,"我是我",不是一个单纯的分析命题,不是一种抽象的自身同一性。"先验统觉"作为自我意识乃是一种综合活动,自我意识同时伴随着对于一切感性经验的综合。这样,自我意识乃是一种先验的逻辑功能,它就存在于并表现在经验的综合之中,它与经验的综合或形成是同时布展和生发的。

---

① 《马克思恩格斯选集》第3卷,人民出版社2012年版,第790—791页。

因此,在康德的批判哲学中,自我意识乃是一种逻辑的"主体",它对感性经验界有效,并且只适用于感性经验界。康德反对把自我意识形而上学化。他对传统的"理性心理学"提出了批判,揭示了"理性心理学"中"心灵"理念的谬误。康德的"自我意识"理论确立了人在自然界中的湛然清明的认识"主体"的地位,极大地发扬了主体的认识能动性,但是,康德的这种理论把本体界弃置在不可知的领域,为后来的费希特、谢林和黑格尔等人大为不满,他们沿着康德所确立的唯心主义路线继续前进,消灭不可知的自在之物,而把理性的认识功能扩大到本体界。黑格尔凭借着唯心主义的概念辩证法登上了这个发展的顶峰,完成了德国古典唯心论的历史任务。黑格尔的"绝对精神"既是实体又是主体,或者说,是能动的实体和实体化的主体。黑格尔的绝对精神的辩证理论完成了自我意识在近代的发展,使自我意识从认识领域上升到本体领域,自我意识成了逻辑实体,从而绝对地阐发了自我意识的积极能动作用。

现代西方哲学,一般说来,是在反对和批判黑格尔哲学的背景下发展起来的。它们向黑格尔哲学的泛逻辑主义和绝对理性主义提出了挑战,由此,现代西方哲学中的一个重大思潮——人文主义学派就非常强调"自我意识"中的非理性的因素。人文主义学派把"意志""直觉"甚至"潜意识"置于理性之上,从而形成了一股强大的非理性主义的思潮,并对现代和当代的西方文化产生了广泛的影响。即使现代西方哲学中另一个重大思潮即所谓"科学哲学学派",也是坚决否弃黑格尔的思辨的"理性";他们所讲的"理性"或逻辑思维,用黑格尔的语言来说,仍然是抽象的"知性",因此,他们就把"本体界"弃置在黑暗或神秘的领域之中,这就为非理性主义思潮留下了活动余地。这样,自我意识在现代西方哲学中乃是一种分裂的意识,它的统一是通过现代西方哲学中两大思潮的互相补充而述到的。这也正是自我意识在现代西方哲学所表现出的特点。如何克服这种分裂的自我意识,形成完整的和谐的"主体"或"人格",就成了现代哲学所面临的课题,也是全部哲学的历史发展向我们提出的问题。

　　古人说,"温故而知新",诚哉斯言,我们从哲学史的学习中当会获得重大的启发。

我所知道的50年来的中国康德哲学

黄见德同志在其所著《西方哲学在当代中国》一书中,对于近50年来中国的康德哲学作了比较全面的系统的介绍和总结。杨祖陶先生在他的《康德黑格尔哲学研究》的代序中指出,新中国成立50年德国古典哲学的研究走了一个"之"字形。我很同意两位先生的论述。我个人也亲身经历了这50年的发展历程,现在谈谈我的看法与感受,个人见闻有限,只是一鳞半爪,细波微澜。不足以全其貌,概其要,聊备一说而已。

20世纪50年代初期,我在北京大学哲学系学习,1952年,全国高校院系调整,全国各大学的哲学系均并入北京大学,这时的北京大学哲学系真是人才济济、名家荟萃。郑昕、洪谦、金岳霖、冯友兰、贺麟、宗白华、熊伟、朱谦之、黄子通、胡稼胎诸位知名教授都是我们的老师。北京大学哲学系进入了空前鼎盛的时期。可是,由于受到苏联独断的教条主义意识形态的影响,北大哲学系不能讲授唯心论哲学,不开设唯心论哲学的课程,当然也不开设康德哲学的课程。我们只能在西方哲学史的课程中了解一点唯心论哲学,包括康德哲学。

我的西方哲学史先后学习了三次,这不是因为我的学习成绩不能过关,而是由于当时特殊的历史情况造成的。头两次是苏联专家给我们讲授的,最后一次是中国专家讲授的。

第一次讲课的苏联专家名叫萨波什尼科夫,据说他是苏联红色教授学院毕业的。他的哲学史是"世界哲学史",西欧只是其中的一小部分,反对"欧洲中心论"。从内容上讲,他只介绍历史上的唯物论哲学,对于唯心论哲学,都是简单地、粗暴地批判和否定。在这种情况下,说不上对康德哲学有什么了解。第二位苏联专家名叫格奥尔吉也夫,他是一位老先生,苏联莫斯科大学哲学系的教授,为人和蔼可亲。他给我们开设了"德国古典哲学"专题课程。包括康德、费希特、谢林、黑格尔和费尔巴哈。这位教授知识渊博,学养深厚。我从这门课程中获得了不少哲学史的文献知识。但是,这位教授的观点仍然是坚守日丹诺夫的哲学史的定义。因此,内容仍然是片面的、贫乏的,对康德哲学的论述也是公式化的。第三次学习西方哲学史是中国专家讲授的。他们是任华、陈修斋、齐良骥、张世英、王太庆、苗力田诸位先生。中国专家的讲课,虽然还是据守于日丹诺夫哲学史的定义,但是,资料比较丰富,讲解也比较详尽细密。再者,因为他们是中国专家,师生之间的交流比较方便亲切,课余之时,我们还可以登门请教,有时还介绍一些英文原著给我们参考阅读。这次学习较前两次深入,然而,仍是受制于日丹诺夫的概念框架,也未能充分展开西方哲学史的丰富内容;对于康德哲学的讲解,也因为受此制约亦未能展开申论。

1955年,我本科毕业,随即留系做研究生。先是从洪谦教授做逻辑实证论的研究,后又师从郑昕教授做康德哲学研究。

郑昕先生是我国第一个去德国攻读康德哲学的专家,为在我国介绍康德哲学贡献了毕生的精力。今天,在中国做康德哲学的学者,多为他的弟子或再传弟子。郑昕先生是我国康德哲学的启蒙者、拓荒者。

1927年,郑昕先生赴德国留学,先入柏林大学,后转至耶拿大学,在这里,他在新康德主义大师鲍赫的指导下研究康德哲学。

在中国大学哲学系正式开设康德哲学课程是从郑昕先生开始的。20世纪30年代初期,郑昕先生从德国回国后,就在北京大学哲学系首先讲授康德哲学:《纯粹理性批判》《实践理性批判》《判断力批判》轮番开课讲授,历时30年。正是郑昕先生给中国带来了"原汁原味"的康德哲学。

郑昕先生在讲课之余,更对康德哲学进行了深入的思考研究。用先生自己的话来说,"授课之余,仰面沉思,随想随记,把平日随己之所好,心之所记,——笔之于书,剪裁成文。"这些关于康德哲学的研究论文,先后发表在《学术月刊》上,后来又作了进一步的加工提炼,加以系统化,写成专著《康德学述》一书。这是中国学者用中文写成的第一本关于康德哲学的专著。这本书培养了好几代中国的康德学者,至今仍为中国研读康德哲学的学子必读之书。

郑昕先生的《康德学述》一书,初版于1946年,时值抗日战争时期,物质条件艰巨,因此书的印刷质量低劣,而内容上错排之处亦甚多。1984年,为了纪念郑昕先生逝世10周年,商务印书馆重新排印出版《康德学述》;为这次重印,我为全书作了校阅改正,齐良骥先生写了重印感言。

新中国成立以后,在大学哲学系重新恢复开设康德哲学课程的又是郑昕先生。

1956年,我师从郑昕先生做研究生,多有亲聆教诲的机会。据我的观察与感受,新中国成立以后,郑昕先生深为政治立场与学术思想的矛盾而苦恼。新中国成立前,郑昕先生是北京大学知名的民主教授,新中国成立后,他热爱新中国,热爱社会主义,但是,他对康德哲学又有着深厚的感情,他不能忘怀康德哲学。在他谈到康德是具备了"伟大的理想"和"可怜的实际"的"失败的英雄"时,我似乎感到他那种一唱三叹,慷慨有余"情"的心灵的深沉颤动。也正是因为这种感情,在1956年前后,在党的"百花齐放,百家争鸣"的方针的鼓舞下,郑昕先生写出了《开放唯心主义》这篇著名的论文,当时发表在《光明日报》上。这篇文章也反映了当时老一辈学者的心声。

在这篇划时代的论文中,郑昕先生论述了,要实事求是地对待唯心论哲学和唯心论哲学家。他提出了两点主要看法:第一,唯心论哲学不是胡说八道,唯心论哲学家不是疯子,不是精神病人,他们是有学问有思想的学者,因此,不能一棍子打死。第二,要让唯心论哲学家讲话,并建议在大学哲学系恢复开设唯心论哲学。

当时,郑昕先生是北京大学哲学系的主任,他的论文产生了广泛的共鸣和极大的影响。国家有关部门颇为重视,采纳了郑昕先生的意见,随后就在北大哲学系率先开设了一些重要的唯心主义课程。如康德哲学、黑格尔哲学以及中国的老庄哲学,等等。

也就在1956年的秋季,中国人民大学的哲学系,特意聘请郑昕先生给研究生开设康德哲学。每次讲课我都随同前往,一边听课,一边作课堂记录,回来后,整理成文,呈送郑昕先生。当时郑昕先生的讲课可谓盛况空前,至今难忘,第一次上课时,400平方米的教室,座无虚席,后来者只得挤坐在四周的窗台上,甚至过道上还有人站立着听课。似乎郑昕先生很有魅力,其实是康德哲学很吸引人。多年来对唯心论哲学的封锁,反而触发了人们的好奇心与求知欲。前来听课的除了人大哲学系的研究生,还有哲学系的教师,此外还有北京其他高校的教师和同学,甚至还有机关单位里搞理论工作的同志。这是新中国成立以后,康德哲学在中国的一次高潮。

郑昕先生的讲课极为投入,十分认真,与其说是在给学生讲课,不如说是在自我沉思、自我诘问。他不时仰面看着天花板,自言自道。当时,郑昕先生讲课最为着力的是阐释康德有关"物""对象"与"客体"的理论,他时常说到的康德哲学的一个德文字就是"Gegenstand"。我的领会是:郑昕先生是要着力辩明,康德的"批判唯心论"或"先验唯心论"的特征及其革命性变革的意义;康德哲学不是一般所说的唯心论,但也不是唯物论,而正是康德的这种"批判的唯心论"对于医治做梦的唯心论和独断的唯物论,却是最有力的武器。可是,我从当时听课人的表情上看,他们似乎感到茫然、难以领会。他们不能进入康德哲学。他们受常识的偏见所影响,而独断的唯物论更是巩固了这种偏见。果然不久,听课的人就慢慢少下来了,坚持到最后的就是几位研究生和几位中青年教师。郑昕先生似乎也感到沮丧和无奈;郑昕先生讲授康德哲学的命运就是康德哲学在中国的命运。直到今天,我们还是难以理解康德的"批判唯心论";不跨出这一步,那是无法讨论康德哲学的其他课题的。在中国,康德是寂寞的,郑昕先生也是寂寞的。

学术界"百花齐放、百家争鸣"的春天,好景不长。1957年形势突变,思想领域里的阶级斗争骤然紧张;自此以后,经过多年的低一阵高一阵的曲折发展,终于导致了"文化大革命"。"文化大革命"时期,阶级斗争是"年年讲、月月讲、天天讲"。一切正常工作都陷入停顿,康德哲学研究也全面中断。1959年,我在北京大学哲学系研究生毕业时,我的毕业论文不是康德哲学,而是北京郊区"黄村人民公社的调查报告"。1963年,我又从北京大学下放到安徽大学,接着于1965年,又从安徽大学下放到宣城县农村的"安徽劳动大学"。直到1982年,因为安徽大学要招收培养外国哲学的硕士研究生,又要开设康德的《纯粹理性批判》课,这才把我从农村调回安徽大学。由此亦可想见当时的一般情况。

20世纪70年代末到80年代初,我国社会发生了历史性的伟大转变,这就是邓小平力主推行的改革开放政策。正是改革开放使我国恢复了生机,也使学术思想领域恢复了生机。随着改革开放进程的深入和发展,形势愈来愈好,当前是新中国成立以来形势最好的时期,也是学术研究工作形势最好的时期。80年代初,康德哲学又开始成为学术界关注的热点,甚至还形成了"康德哲学热","要康德不要黑格尔"思潮曾经一度相当流行。

随着安定团结的政治局面的形成与巩固,一切工作也都走上了正轨,同时也迎来了中国的康德哲学发展的新时期,而且是历史上最好的时期。这个时期的成就反映在三个方面:(1)"中心"的形成;(2)成果丰硕;(3)新人辈出。

一、"中心"的形成

从历史上说,武汉地区本有研究康德哲学的传统。新中国成立前后,韦卓民先生一直在这里从事康德哲学的教学与研究工作;韦卓民先生把他的毕生精力都献给了中国的康德哲学事业,"造次必于是,颠沛必于是",视学术为生命,这种精神令人感动和景仰,值得我们学习。韦卓民先生留下了近千万字的遗稿,现经他的弟子曹方久教授和唐有伯教授整理付印,出版了"康德哲学著译系列",这是一笔宝贵的遗产,是对我国康德哲学事业的重大贡献,必将发挥积极的影响。

20世纪50年代末,武汉大学恢复了哲学系的建制;70年代末80年代初,陈修斋先生和杨祖陶先生在武汉大学建立了外国哲学学位点,培养了一批外国哲学的硕士生和博士生。其中有不少是从事康德哲学研究的学者。今天大多成为康德哲学专家。并且在修斋陈先生和杨祖陶先生周围还团结了一些武汉地区研究康德哲学的学者。这就很自然地使武汉地区成为我国康德哲学的研究中心之一。

北京地区当然也是中心,这里有丰富的研究康德哲学的学术资源:有国家级的研究机构、有北京大学、人民大学这些知名的全国最高学府,这里所拥有的人才、图书资料和学术信息都是其他地方无法比拟的。从康德哲学的角度看,北京大学当然是这个中心的原点,因为这里是中国康德哲学的发源地,它不仅是象征,而且具有凝聚力。今天中国的康德学者间接直接地大多是从这里起步的。而且,自20世纪80年代以来,齐良骥先生一直坚守着北大康德哲学的传统,在这里课徒授业,培养新一代接班人。今天,他们也都成为研究康德哲学的博导。

二、成果丰硕

这一时期的著作和翻译都是前所未有地大丰收。这里仅就我个人关注所及,略作简论。杨祖陶和邓晓芒合著的《康德〈纯粹理性批判〉指要》一书,是我国第一本完整地、系统地、详尽地解说《纯粹理性批判》的专著,逐章逐节地解读,既能指要,又能解惑。这本书是我们阅读《纯粹理性批判》的良师益友。它既能帮助我们进入康德哲学的殿堂,又能使我们走出来。同样,杨祖陶和邓晓芒合作编译的《康德三大批判精粹》,选材精炼、完整,有代表性,译文也较前人大有改善,可读性大为提高。这两本著作的问世是我国的康德哲学事业新的里程碑,推进并大大提高了我国的康德哲学教育。我们终于有了自己编著的康德哲学的成套教材。这是值得庆贺的。

齐良骥先生的遗著《康德的知识学》是他毕生研究康德哲学的结晶,亦自有它的特点。这本书着重论述的是康德的知识理论,主要只涉及《纯粹理性批判》一书的前半部,即"先验原理论"的"先验分析论"。这本书的论述表现出严格、精湛、娴熟的分析方法;充分吸收了当代分析哲学的成果,把康德的那种笨拙的表达方式所带来的特有的晦涩难解,梳理得清楚明白而又不失其原意。这本书读起来步步深入,引人入胜。在我国康德哲学的论著中,开创了一种新的文风。但是,遗憾的是,齐先生只给我们留下了半个"康德",还有半个康德,齐先生带走了,这是耐人寻味的,也是永远的遗憾。

李泽厚的著作《批判哲学批判》亦值得重视。李泽厚是知名的美学家、思想史家,但是,他的康德哲学研究亦造诣颇深,1979 年出版了他的研究专著《批判哲学的批判》(康德述评),这是新中国成立以后,公开出版的第一本论述康德哲学的专著。这本书不仅讨论了康德的认识论,也包括了康德的伦理学和美学目的论,是我国自引进康德哲学以来,第一本比较完整的论述康德哲学的专著。李泽厚以其思想富有联想与暗示的感染力以及文笔的明快流畅,使该书深得青年学子的喜爱而成为畅销书,初版竟印行了三万册,1983 年又出了第二版(修订版),这在我国康德著作的出版历史上是史无前例的。

再有一位值得关注的康德学者是何兆武先生。何兆武先生是专治思想史的专家,现在是清华大学思想文化研究所教授。他致力于翻译康德的 1784—1797 年间所写的有关历史哲学和政治哲学的著作,并以《历史理性批判文集》的书名由商务出版问世。又把康德于 1763 年撰写的一篇有关美学的论文《论优美感和崇高感》译为中文由商务出版发行。何兆武先生的这些翻译是很好的补充,使我们能了解到康德三大批判之外的一些重要著作,这对于全面了解康德的思想是非常必要的和有益的。尤其值得注意的是何兆武先生谈到的关于阅读康德著作的经验体会和见解。他在译序中说,对于初学者,首先去读康德的第一批判,大多是感到难以卒读的,觉得"康德是个没趣的人",然而,若能从另一条途径去读康德,先读第三批判或历史理性批判以及康德早期作品,如《论优美和崇高感》,将会发现另一个较有趣味的康德。何兆武先生的意见是值得我们重视和借鉴的。

三、新人辈出

从人才的培养来说,也是空前的。20世纪80年代初,我国研究生学位制重新建立以来,培养了许多外国哲学硕士生和博士生;其中有一些是做康德哲学的。他们今天大多是在高校或国家研究机构从事康德哲学的教学和研究工作。这一代新人确是青出于蓝而胜于蓝,其中有好几位已崭露头角,写出或出版了有分量的著作和译作,他们的工作推进并拓展了我国的康德哲学事业;其中有的已是康德哲学方面的博士生导师,又在培养一代新人,我国的康德哲学事业是后继有人了。我祝愿新人代代成长,祝愿他们更上一层楼。

以上所述,限于个人水平,恐有不当之处,请批评指正。

现代经验主义与中国传统哲学的现代化

本文拟参照西方现代经验主义哲学来考察中国传统哲学的现代化问题。这里所说的西方现代经验主义哲学,从狭义上说,是指以"维也纳小组"为核心的逻辑实证主义;从广义上说,还包括以罗素和维特根斯坦为代表的"分析哲学"、以波普为代表的"科学哲学"。它们同属于一个"哲学家族"。

一、面对挑战

西方哲学的现代化,从17世纪开始,经历了一个漫长的历史发展过程。这个过程,一方面取决并服务于西方社会的现代化的发展;另一方面又直接起源于对西方传统哲学的批判和对近代实验科学的革命所作的哲学反思。

20世纪上半叶前期,以"维也纳小组"为核心的逻辑实证主义吸收了"分析哲学"和现代科学革命的理论成果,建立了现代经验主义哲学。它既不完全等同于孔德的实证主义,也不完全等同于马赫的感觉经验主义。现代经验主义哲学依据现代实验科学的理论精神,把欧洲历史上的理性主义与经验主义内在地结合起来,从而使西方哲学的现代化进程达于完成。在20世纪上半叶,现代经验主义在欧洲发动了一场"哲学革命",接着传播到英、美,继而发展成为世界性的哲学革命运动。这场运动从兴起到衰落,历时六七十年,今天它虽然失去了其主导地位,但它所创造的理论成果,却仍在影响着并潜在地支配着今天的西方哲学。要想理解西方哲学的现代化,以及从现代性到后现代的转变,现代经验主义哲学是一个不可绕过的"关隘"。

现代经验主义所创造的理论观点,已经成为人类共同的哲学财富,特别是以下几点值得我们认真对待。

1. 追求明晰性。维特根斯坦指出,哲学活动最后应该达到"完全的明晰性"。我觉得,对于真正的、深层次的哲学问题的体认,只有在追求完全的明晰性之后才能达到。对于人生终极关怀幽渺的神秘感,只有在严格彻底的明晰性之后才能对其有清醒自觉的体认。"彻底的明晰性"是哲学境界的转折点。冯友兰的"新理学"体系就未能透过这个境界。有论者指出,"冯友兰却巧妙地利用了中国语言文字的含混性着意地模糊了它们之间的这种本质性的差异,暗度陈仓,从经验事实抽引出他的形而上学思想体系所需要的'理'这一概念"①。

2. "划界"。思维的界限、逻辑的界限,语言的界限。思维、逻辑、语言,都是哲学活动的基本手段,但是在传统哲学中,对于这些手段自身却未作反思,就直接以之来寻求真理,因而对效能或限界没有自觉的认识,致使传统哲学陷于非自觉的盲目性。康德哲学开创了对思维与逻辑的批判反思,给"知识"划界。现代经验主义,尤其是维特根斯坦的"分析哲学",发展了这个观点,延伸到对语言的批判,给"语言"划界。"凡是可以说的,就能明白地说,凡是不可以说的,对它必须沉默。"②"给思想的表达划一界限。……我们应该对于这个界限的两面都能思想(这就是说:我们必须能够思想,什么是无法思想的)。"③

3. 科学主义。人们一般把逻辑实证主义看做是第三代实证主义,但是,不应该把它与孔德的实证主义、马赫的实证主义混为一谈。因为,逻辑实证主义把前人的实证思想提升为科学主义。这种科学主义是对于近代实验科学的

---

① 北京市社会科学界联合会、北京市哲学学会组织编:《哲学百年》,北京出版社1999年版,第100—101页。
② 洪谦主编:《西方现代资产阶级哲学论著选辑》,商务印书馆1964年版,第252页。
③ 洪谦主编:《西方现代资产阶级哲学论著选辑》,商务印书馆1964年版,第252页。

哲学反思,它在科学实验的经验基地上吸纳了理性主义彻底的批判精神,是理性主义与经验主义之内在的相互制约的结合,这种结合形成了一种内在的张力机制;这就是近代实验科学的方法或科学精神。这种方法和精神,既防止了纯粹理性自在发展空洞的自身思辨,又化解了片面的经验主义陷入泡沫化的感觉主义。这就是逻辑实证主义所提倡的"科学主义"。这种"科学主义"不仅在自然科学中是一种行之有效的、开放的理论和方法,对于一切实证知识的领域,也是一种有效的科学方法。进而,逻辑实证主义倾向于主张科学是唯一能够解决问题的态度,甚至包括一些哲学问题。就后一种倾向而言,可以把它称为"唯科学主义"。赵敦华说,"逻辑实证主义的'唯科学主义'观点已成为现代哲学摆脱不掉的'幽灵'"。[①] 此话确是说到要害处。但是,这个"幽灵"之所以摆脱不掉,乃是因为它是一个时代的挑战,是"现代性"向传统的挑战,即科学向传统哲学发起的挑战。因此,我们可不能在批判"唯科学主义"的错误时,把这种时代精神的积极诉求也一起扔掉。正是本着这种时代精神的积极诉求,逻辑实证主义以科学态度用于对哲学自身的思考,对西方传统哲学进行了分析批判,这种分析批判远远超出了传统哲学内部以往学派之间的争论。它把传统哲学中属于实证知识领域的内容划分出来,促进了实证科学的建立,而对那些不能进行实证研究的内容则以科学精神提出了质疑。逻辑实证主义的兴起再一次促进并深化了西方哲学史上哲学与科学的分化,这对于哲学与科学两方面都是有益的。一方面,它促进了现代各门实证科学的建立,从而推动了社会生产力的大步发展;另一方面,也促使哲学深入地反思自身的研究对象和研究范围,进一步厘清了传统哲学的"知识""意义""真理"等概念,提升了对于哲学功能的认识,推进哲学向现代化转化。这些研究的结果,可以概括为哲学与科学的相互依赖与相互制约。哲学应当考察科学的发展及其带来的问题,科学也离不开哲学的规范和整合。波普对此作了明确的表述:"在我看

[①] 赵敦华:《现代西方哲学新编》,北京大学出版社2001年版,第90页。

来,哲学从来也不应该而且也确实不能与各门科学脱离关系","真正的问题总是植根于哲学之外的迫切问题,如果这些根茎腐烂,它们也就死亡。"①波普又说,"哲学的主要任务就是批判地沉思宇宙以及我们在宇宙中的地位,这也包括我们的认识能力以及我们的行善和作恶的能力。"②应该说,这种哲学观念与现代性的时代精神是契合的。其实,恩格斯也早就说过,"在以往全部哲学中还仍旧独立存在的,就只有关于思维及其规律的学说——形式逻辑和辩证法。其他一切都归到关于自然和历史的实证科学中去了"③。可见,"科学主义"的诉求符合现代性的时代精神,它推动了科学的发展,也促进了哲学的进步。由于以前我们是一门心思地谈论马克思主义哲学的阶级性,以至于对恩格斯这种关于科学性的论述反而视而不见了。

4."拒斥形而上学"。这是现代经验主义哲学的一个核心论题。因为,人类社会的历史发展已经走出了"中世纪",抛弃了对"彼岸世界"的幻想,立足于现实生活之中,建设"此岸世界"。传统形而上学已经随着"彼岸世界"的消失而失去意义。但它对人的心灵仍有一定的迷人"魅力";黑格尔对此深有体会,他指出,当旧形而上学那种"近观内照的、幽暗无色的精神劳作消散以后,存在好像化为欢乐的花花世界了,大家知道,花没有是黑色的。"④黑格尔肯定了"旧形而上学"与现实生活的发展是不协调的。可是,黑格尔又认为,"一个有文化的民族竟没有形而上学——就像一座庙,其他各方面都装饰得富丽堂皇,却没有至圣的神那样。"⑤黑格尔感到难以忍受,于是,他想重建形而上学,要求一种新的形而上学,它能创造出五彩缤纷的世界。然而,黑格尔的努力成

---

① 卡尔·波普尔:《通过知识获得解放》,范景中、李本正译,中国美术学院出版社1996年版,第117页。
② 卡尔·波普尔:《通过知识获得解放》,范景中、李本正译,中国美术学院出版社1996年版,第405页。
③ 《马克思恩格斯选集》第3卷,人民出版社2012年版,第795页。
④ 黑格尔:《逻辑学》上卷,杨一之译,商务印书馆1996年版,第2页。
⑤ 黑格尔:《逻辑学》上卷,杨一之译,商务印书馆1996年版,第1页。

功了吗?

现代经验主义"拒斥形而上学"的立场与黑格尔不同。现代经验主义是从理智的启蒙的立场来反对传统形而上学的,它是要解构"形而上学"的惑人"魅力"。它谨慎地拉开了与形而上学的距离,要求远离形而上学,要警惕形而上学的"魅力";接受科学精神的洗礼,接受理性的启蒙教育。现代经验主义拒斥形而上学仍然是对于启蒙精神的承续和推进,不过它拥有了更强大的知识资源,即现代科学。一个时代安于形而上学,就意味着一个时代的结束;一个心灵沉醉于形而上学,心灵就将趋于停止跳动。现代经验主义对形而上学的批判,促进了西方社会现代化的发展。

在现代西方哲学诸多思潮流派中,现代经验主义正是由于提出了以上这些基本观点,使它与其他思潮流派大不相同。它的"科学精神",理智的反传统,对哲学思维自身的反思,对传统形而上学的检讨,都是西方哲学从传统转化为现代之理论契机,也正是这些主要的基本的观点,为现代人构筑了一个稳健的开放的"心灵",它使人类能够更为坚定、勇敢而乐观地走向世界。

在考察中国传统哲学现代化问题时,这些理论观点是不应该忽视或回避的。我们应当敢于面对"挑战",并把它化为跨向现代性的契机。

二、从"误导"中醒悟

中国走向现代化的道路是十分艰难的。19 世纪中叶,西方列强以坚船利炮与蒸汽机强行打开了中国的国门,于是,中国人才遭遇到"西学"与西方文化;中国人是带着民族危机感来对待"西学"的。容闳最早提出了"西学东渐"的主张。他提出,中国的现代化"要以西方之学术,灌输于中国,使中国日趋于文明富强之境。"这里所说的"西学",当然也包括"西方哲学"。因此,如何对待"西学",就成为中国走向现代化的至关重要的理论和实践问题。

在早期的启蒙思想家中,对于"西学"科学精神有所认识的人士,严复是第一人。严复把"西学"与中国的"旧学"作了对比而不无感慨地指出,要破"旧学之拘挛",首先要学西人的科学,西人的科学是"朴茂的",若不通科学则是"无根"之学,国人应"着意科学",用心沉潜于"因果实证"之间,方可"破旧学之拘挛"。① 严复认为,只有经受"西学"之科学精神的训练,才能审慎稳健地搞启蒙,搞现代化。但是,严复的思想和主张,并未能在中国生根开花;而他本人晚年却溺于沉沦颓废,无所作为。相反,张之洞的"中体西用"说,在西学东渐的过程中,却成了主导性的思维模式。这是致命的"误导",因为,这个思维模式的要害乃在于断定:西学乃器也,非道也。在中国传统哲学中,"体用之辨""道器之分"是十分重要而严肃的,是"上纲上线"的大事。"道"是"体",是崇高的,不可须臾离的,而"器"则是用,是低下的,琐屑的,它的意义仅在于能否为"道"服务,否则就是不值得一顾的。在中国传统士大夫中,"卫道"是一项严肃而崇高的使命,是安身立命的大事。张之洞的"中体西用"说,不加分析地把"西学"笼而统之贬抑为"器"。这种误导在中国现代化的历史上造成了极大的损失。现代新儒家为中国传统哲学的现代化作出了极大的努力。他们思路的基本特征是"援西学入儒",因此,他们持怎样的西学观,就是至关重要的问题。但是,总的来看,仍然未走出"中体西用"的阴影。这种历史的误导成为他们的潜意识,继续产生着影响。

张君劢是现代新儒家的开山人物。他提出,"复兴儒家哲学是现代化的途径","就当前局势,先天下之急,复兴儒学,使儒学思想有新生命,实为一件大事。"②这是张君劢为现代新儒家定下的基调。在复兴儒家思想的工作中,

---

① 严复说:"今世学者,为西人之政论易,为西人之科学难。政论有骄器之风(如自由平等民权压力革命皆是),科学多朴茂之意。且其人既不通科学,则其政论必多不根,而于天演消息之微,不能喻也,此未必不为吾国前途之害。故中国此后教育,在在宜着意科学,使学者之心虑沉潜,浸渍于因果实证之间,庶他日学成,有疗贫起弱之实力,能破旧学之拘挛,而其于图新也审,则真中国之幸福矣。"(与《外交报》主人书,见《严复集》第三册,中华书局1986年版,第564—565页)

② 黄克剑、吴小龙编:《张君劢集》,群言出版社1993年版,第485页。

"西学"只是工具和手段。它是用来解释和印证儒家的思想。张君劢说,"今后我们治学问亦必须兼学西方之逻辑的方法,并采西方哲学义理中可以与儒家相通者,互为比较,互为衡量,互为证明,则儒家之学说,得西方思想之助,当可更加明朗清晰。"① 而对于西方科学以及西方的科学哲学,则根本没有进入张君劢的视野,他的"科学观"十分落后,他对于现代实验科学的革命及其对西方哲学的影响一无所知。张君劢说,"现代科学只是一种显然采用计量与实验方法的学科。现代科学与古代思想同是基于思想合理性的原则。所以,现代与古代,不是像意义与无意义或者黑与白那样的分别,而是在准确程度上有差别而已。"② 在张君劢看来,现代科学与古代科学仅是量的差别。张君劢根本不理解现代科学进步所发生的质的飞跃。由于张君劢对于现代科学革命的无知,他把知识与人文、科学与哲学根本对立起来。在批判"唯科学主义"的大旗下,提出了,价值世界、人文精神、道德、哲学,都是科学无能为力的,是科学管不到的。对于道德、价值,以及人文精神的追求,只有依赖于中国传统哲学(儒家哲学)的复兴。张君劢的这些构想与谋划,使中国传统哲学的现代化问题远远脱离了中国人的现实生活,脱离了中国社会现代化的历史实际。

现代人的价值观与人生观已经发生了巨大的变化,这都是科学技术的发展带来的影响。现代人之所以为"现代人",乃是在于追求身心统一的存在,抛弃了心与物的二元分裂。一个人的生老病死、饮食男女、喜怒哀乐,在不同程度上都依赖于科学技术与实证知识。同样,治理国家、管理社会,固然要有崇高的理念,然而,更不能没有实证知识。没有实证知识就无法演绎理念的崇高思想,也就无法使理念具体化和现实化。没有实证知识和科学技术的中介,纯粹理念是没有"兑现价值"(cash value)的(詹姆斯)。现代西方哲学认识到这一点,正是得力于"实证主义"哲学的兴起,受益于科学哲学的努力。

中国传统哲学(儒学)的一个重大误区,就是不屑于理会实证知识,更是昧

---

① 黄克剑、吴小龙编:《张君劢集》,群言出版社 1993 年版,第 487 页。
② 黄克剑、吴小龙编:《张君劢集》,群言出版社 1993 年版,第 488—489 页。

于对科学进行哲学的反思。因而,尽管中国传统哲学体悟到一些伟大的理念或命题,如"天人合一""内圣外王""修齐治平""为天地立心"等,由于没有相应的科学与实证知识的演绎和中介,就只是一种"堂皇叙事"(grandnarrative),不能转化为客观的现实。若只是陶醉在"理念"的形上学的境界之中,就只会阻碍并压抑现代心灵的发展和开拓;没有知识,心灵的生命就会陷于"贫血",而导致枯萎,直至死亡。正是因为迷醉于这种"堂皇叙事"的"理念",中国历史上有些儒者,身为朝廷大臣,竟然依赖"半部论语治天下,"①在历史上传为美谈,今天看来则是笑话。这是我们民族沉痛的历史教训。

现代新儒学已经历了五六代的发展,但是,仍然一直固守张君劢定下的基调:"复兴儒家哲学是现代化的途径。"他们援引"西学"只是一种手段,而且对于"西学"的科学精神和科学哲学,几乎是一无所知,也根本不想了解。因此,对于现代西方哲学中两个基本思潮:科学主义与人文主义,现代新儒家就只是援引人文主义思潮、特别是非理性主义思潮,作为论证的手段,"为我所用"。不同的人有不同的偏好,例如梁漱溟是生涩地援引柏格森的非理性主义的"生命"概念来比附他的"生命哲学";唐君毅则是求助于黑格尔的"绝对精神"概念来论证中国传统哲学中的太极、人极而皇极的发展;冯友兰是依赖新实在论的"逻辑分析"的方法,重建中国的传统"理学";如此等等。由于现代新儒家援引"西学"是为复兴传统儒学服务。因此,他们引用"西学"只能是撷拾词语、"穿靴戴帽"而已,并不能对传统儒学的内容和思维方式、价值定位产生冲击和根本的改造,从而真正达到"中学"与"西学"的融合,创造新时代的哲学。

牟宗三是现代新儒家的重镇,是现代新儒家中最为深刻的思想家。因为他真正触摸到了中国传统儒学的病根,从而认识到中国传统哲学现代化问题

---

① 施意周校:《纲鉴易知录·卷六》,中华书局1960年版,第1769页。"普性深沉,有岸谷,少习吏事,真学术,及为相。太祖劝以读书,遂手不释卷,每归私第,阖户启箧,取书诵之竟日,及次日临朝,处决如流,既卒,家人发箧视之,则论语二十篇也。"

的难点所在。但是,由于他仍然囿于"中体西用"的旧学拘挛,未能冲出阴影,开辟新途,只是在旧学的范畴内苦斗。牟宗三意图求助于康德哲学来解决中国传统儒学的现代化问题;他试图依据康德的"实践理性"的学说来重新论证并建立中国传统儒学的"道德哲学",给传统儒学的"心性之学"提供一种现代的理论外衣。他说:"吾人亦同样可依据康德之自由意志、物自身,以及道德界与自然界之合一,而规定出一个'道德的形上学',而说宋、明儒学之'心性之学'若用今语言之,其为'道德哲学'正涵一'道德的形上学'之充分完成,使宋、明儒六百年来所讲者有一今语学术上更为清楚而确定之定位。"[①]可是,由于他不懂得康德哲学中批判主义的知识论在其整个体系中的地位与作用,只喜爱"心中的道德律"而不理解"头顶上灿烂的星空",牟宗三抛弃了康德哲学中科学的成分,因此,他也并不能解决传统儒学的现代化问题。牟宗三倒是认识到,传统儒学所讲的"道德的形上学"因为与"知性"没有内在的系属,更不能统摄知性,这是一个重大的弱点,致使"内圣外王"的理想无法见诸实际,"内圣"开不出"外王",道德意识既开不出"科学",又开不出"民主"。而"科学与民主"却又正是现代性哲学所肩负的使命。故而牟宗三为此费尽思考,殚精竭虑、"大开大合"、上下求索。他写道:"我们须知:知性方面的逻辑数学与客观实践方面的国家政治法律虽不是最高境界中的事,它是中间架构性的东西,然而在人间实践过程中实现价值上,实现道德理性上,这中间架构性的东西却不可少的,而中国文化生命在以往的发展却正少了这中间的一层。"[②]于是,牟宗三提出了道德良知的"自我坎陷"说,以此来填补"这中间架构性的东西"。有位学者解释说,"坎陷"就是良知"自我打开"为两层,一层是道德心(道德主体),亦即是良知自己;一层是认识心(知性主体),这是良知自觉地坎陷自己而转出来的。似乎良知的"自我坎陷"就可由"道德主体"转化成"知性

---

① 牟宗三:《心体与性体》,上海古籍出版社1999年版,第9页。
② 牟宗三:《中国文化的危机与展望文化传统的重建》,时报文化出版事业有限公司1982年版,第20页。

主体",有了知性就可以认识现象,把握经验了。然而,我认为,"坎陷"与"良知"在概念上是不同类的,这是"概念错置"。这"坎陷"究竟是伦理上的意义?还是逻辑上的意义?或者还是物理上的意义?令人难以理解。可见,"自我坎陷"说,实在是近似符咒式的语言魔法,它把知识的发生与形成的真实过程神秘化了。"自我坎陷"并不能解决由"内圣"开出"外王"的任务,因为从内圣到外王的转化是从理论到实践的转化、从观念到现实的转化。它是在观念之外发生的、在生活实践中发生的真实物质的过程。这个过程是离不开知识(特别是实证知识)与科学的。哲学必须接纳知识与科学,向知识与科学开放,思考知识与科学发生形成的基本机制,为知识与科学提供理论基础和价值取向。这不是良知主体的"自我坎陷"所能办到的。正如费尔巴哈所讥讽的,这种主体自身的"自我坎陷"岂不是把遗精当做生孩子,似乎有点性变态了。回顾"中学"与"西学"的争论以及中国传统哲学现代化的历史演变,我们应该从历史的"误导"中醒悟过来;抛弃"体用两橛"论,坚持"体用一元"论。这就是说,我们要以中国社会历史的现代化为立足点来思考哲学的现代化问题;这样,我们就应当回到"五四""科学与民主"的旗帜下,而不是"传统儒学",以鲁迅所说的"拿来主义"的精神,总结和汲取中外古今历史上一切有利于发展"科学与民主"的思想资源,来思考和创造中国的现代化哲学。

三、走向多元化

形上学问题是讨论的一个重要焦点。现代新儒家认为,中国传统形上学是人文精神的精华,这是"西学"望尘莫及的。但这是中国传统哲学现代化中的另类问题。

"西学"也有它的传统形上学,我们不可不知;但是,西方现代哲学则是在批判传统形上学的斗争中开辟前进道路的,在这个斗争中,哲学与科学结成了天然的联盟。正是这种联盟及其反对传统形上学的共同斗争,一步步拓展了西方社会现代化的道路,今天它正在走向全世界,势头强劲。

现代经验主义的"拒斥形上学"与它的"科学主义"是二而一的任务。在 20 世纪中期的昆明,洪谦与冯友兰就"形上学"问题进行了一场争论,这是逻辑实证主义与中国传统哲学之间一次重要的学术对话。很可惜,这样的对话以后未能继续深入开展下去,真是历史的遗憾。

在 1946 年 11 月 11 日的昆明讨论会上,洪谦发表了题为《论〈新理学〉的哲学方法》的演讲,后来全文刊登在当时的《哲学评论》第 10 卷第 1 期上。今天,这篇文章作为"附录"收集在洪谦的《维也纳学派哲学》一书中。在争论中,洪谦本着逻辑实证主义拒斥形上学的基本立场,对冯友兰的"新理学形上学"进行了开放的现代性的分析和批判。洪谦写道,"从维也纳学派立场而言,它的'反形而上学'的主要点,并不是如冯友兰所言将形而上学从哲学上加以'取消',只想将形而上学在哲学中的活动加以指示,在哲学中的真正地位加以确定。换句话说,维也纳学派虽然否定形而上学之为一种关于实际的理论知识体系,但并不否认它在人生哲学方面的重要意义。所以某种形而上学之能被取消或不能被取消,与某种形而上学之以某种命题为根据,毫不相关,某个形而上学家视他的形而上学是否为一种关于实际知识理论体系,才是其唯一的标准了。"[①]在谈到西方传统形上学的命题,如"上帝存在""灵魂不灭""意志自由"时,洪谦指出,这些形上学命题可以使人"得到在理想上的许多丰富的感觉,优美的境界,得到许多满足许多安慰"。[②] 由此可见,洪谦对于传统形上学的看法可以归纳为两个基本要点,其一,形上学作为一种关于实际的理论知识体系,是要加以否定的,因为,这样的形上学是伪科学。其二,形上学作为对人生理想的安慰,应该肯定它在文化上的地位和在人生哲学方面的意义。所以,现代经验主义的"拒斥形上学"是通过对传统形上学的否定而达到对形上学之新的肯定,即在另一种意义上的肯定,这种肯定是把形而上学从

---

① 洪谦:《维也纳学派哲学》,商务印书馆 1989 年版,第 183 页。
② 洪谦:《维也纳学派哲学》,商务印书馆 1989 年版,第 191 页。

知识、理论、科学的范畴转移到文化范畴和审美范畴。形上学不是科学,不是关于人生的实际知识;形上学是一种审美情趣,是对某种人生的精神安慰和审美欣赏。然而,"人生"或"人的生活方式"是多种多样的,西方人有西方人的生活方式,中国人有中国人的生活方式,而古代人的生活方式又与现代人的生活方式不同,很自然这就有各自不同的形上学。可见,形上学走向多元化是客观必然,因为生活方式是不能强求一致的。现代经验主义的"拒斥形上学"在理论上为形上学预设了广阔空间,它使"形上学"置之死地而后生。在这场争论中,冯友兰的答辩显得软弱无力,十分被动,因为冯友兰没有针对问题的要害,他的辩解之所以尚能赢得人们一点同情,完全是凭借形上学本身的"魅力"。冯友兰说,他是要"经过维也纳学派的经验主义而重新建立形上学"[1]。但是,如果所谓"经过"就是"认可"维也纳学派的经验主义观点为前提,那末他首先就要否定传统形上学,否定作为知识理论,作为人生真理的"新理学"形上学,而后再探索重建形上学的途径。然而,冯友兰并不是这样;他一方面说,他的新理学形上学是从经验事实出发的;而另一方面却又说新理学的形上学命题是"一片空灵的",即毫无经验的内容。从维也纳学派的经验主义来看,这种立场是不可能的,因为它在逻辑上难以成立,冯友兰的逻辑论证是有缺陷的。不过,话又说回来,冯友兰是根本不重视逻辑论证的,他认为逻辑论证是"雕虫小技",不值得做,也是不屑做的;因为他认为,古往今来的中国哲学都是如此,非不能也,是不为也。这正是中国哲学家比西方哲学家"气象宏伟"的地方。冯友兰写道:"中国哲学家之哲学,在其论证及说明方面,比西洋及印度哲学家之哲学,大有逊色。此点亦由于中国哲学家之不为,非尽由于中国哲学家之不能,所谓'乃折枝之类,非携泰山以超北海也。'"[2]逻辑论证的严格要求也是现代哲学要素之一,可见冯友兰的想法与现代哲学相去甚远。冯友兰不懂得逻辑论证与其由之而达到的结论乃是二而一的、内在地不可分

---

[1] 冯友兰:《三松堂全集》第5卷,河南人民出版社2000年版,第194页。
[2] 冯友兰:《中国哲学史》,华东师范大学出版社2000年版,第7页。

割的统一整体。故而西方现代思维讲究"游戏规则",重视"程序过程",它的本体论原则是"体用一元论"。而冯友兰则是仍然停留在前现代的思维方式"体用二元论"。

冯友兰不能理解,维也纳学派的"拒斥形上学"正是现代哲学"划界"的思维方式。维也纳学派"拒斥形上学"不是简单的否定,而是通过"划界"的思维方式指示形上学的地位,把形上学从知识学科的领域排除出去,而转移到文化领域,人生哲学领域,审美领域。当然,冯友兰可以不同意这种观点,但是在争论中应当针对问题作出答辩,然而冯友兰没有这样做,所以他的答辩显得软弱无力。

维也纳学派通过"划界"为形上学预设理论空间却是潜在地成为从现代性向后现代转化的理论契机。这首先在形上学问题上显露出来,因为形上学确实有它的"魅力",而这种"魅力"却是实证的科学知识所没有的。

"形上学"一直是使哲学家心灵迷狂的"幽灵"。西方近现代哲学的一个历史任务,就是对这个"幽灵"进行理智的解构。其结果则是既驱除了这个使人迷狂的"幽灵"而又彰显出形上学的纯正"魅力"。康德指出:"形而上学作为理性的一种自然趋向来说,是实在的;但是仅就形而上学本身来说,它又是辩证的,虚假的。"[1]康德的批判理性主义阐明了,形上学是纯粹理性自身一种自发的必然的追求,这种追求把理性自身引向了超经验的世界;正是这种"超验世界"或曰"形上界"对理性产生了"魅力"。因为,只有在"超验世界"或"形上界"之中,理性才达到了它追求绝对完善性的愿望。实际上这是理性对自身的"魅力",是理性自身的迷惑,它驱使理性去追求"辩证的幻相"。因此,形上学的产生有其理性自身的内在必然性,可以说是人的"宿命",人的本性。康德哲学的伟大贡献在于批判地挑明了这种理性自身的"迷惑",给理性划出了限界。由于人类理性只能在经验的限界内才有其效用,才能产生实证知识,

---

[1] 康德:《未来形而上学导论》,庞景仁译,商务印书馆1978年版,第160页。

现代经验主义与中国传统哲学的现代化

理性超越经验界则是无效的。因此,形上学的追求不能成为科学,不能产生知识。康德主张,应当把传统形上学排除在科学的行列之外去。这样,形上学的"魅力"就是有益而无害的,它反而可以起到整合、规范、扩张经验的驱动作用。

现代经验主义继承并发展了康德哲学,把对理性的批判延伸到对语言的批判,把对思维的划界延伸到对语言的划界,明白宣示了康德哲学的"潜台词"。卡尔纳普在其论文《通过语言的逻辑分析清除形而上学》中指出:"'形而上学':这一术语在这篇文章里,与欧洲通常的用法一样,是指研究事物本质的知识领域,它超越了以经验为基础的归纳科学的知识领域。"①和康德一样,卡尔纳普是明确地把"形而上学"排除在科学知识之外的领域之外,因为它超越了经验。但是,卡尔纳普同时也承认,形而上学的陈述虽然不描述存在的事态,然而"它们(指形而上学陈述——引者注)是用来表达一个人对人生的总态度(Lebenseinstellung, Lebensgefuhl)的"②,这种总态度超出了经验界,而达到形而上境界,因此它不能成为知识科学,它乃是对人生意义的评价和欣赏,是指"生活感情",具有精神慰藉的作用,它属于一种审美情趣的领域。后现代主义思潮进而从这里得到启发,因为拒斥作为实际理论知识的形上学而认可具有文化功能的形上学,这是对理论知识的限制,而为另一种知识的作用和地位开拓了合法的理论空间。后现代主义思潮区别了"知识"和"叙事"之不同,反对现代主义偏主理论知识的霸权,强调"叙事知识"的地位与重要意义。它们论述了对于寻求真理,尤其是探究人生真谛,"叙事知识"有它特殊的作用,是"理论知识"不可替代的。后现代主义发现了寓言,故事、神话等叙事知识的价值和作用,纠正了现代启蒙思潮导致的绝对理智主义的偏颇,这是值得重视的,但它是现代性思潮的延续和补充,不是对现代性思潮的根本否定。20世纪的70年代西方出了一本书《魅惑之用》(the uses of Enchantment),

---

① 洪谦主编:《逻辑经验主义》,商务印书馆1989年版,第36页。
② 洪谦主编:《逻辑经验主义》,商务印书馆1989年版,第33页。

这本书就是论神仙故事的意义与重要性的。书的作者指出，每一则神仙故事都是一面魔镜，照耀内心深处的某些层面，并照耀出你我从昏昧迈向成熟的脚印。这正是后现代思潮的表述。形而上走向多元化在后现代找到了理论定位。

中国传统儒学在先秦时代已发展到成熟精纯的地步，它是中国历史所创造的轴心期的辉煌文化成就，已成为世界文化遗产。先秦儒学是世界传统儒学的"原典"，已经构成为中华民族心灵的深层结构，对"原典"的任何一种解读，都会唤起民族成员精神上的皈依感，这是健康有益的。但是任何一种现代解读都不能代替原典自身的"魅力"。先秦儒学原典的著述风格更有它的特点，这些原典的风格是把今人所划分的文、史、哲诸多不同的内容结合在一起叙事，形成了文史哲的熔于一炉，与西方近现代哲学著作偏主抽象的逻辑论证大相径庭。然而，正是这种特点，先秦儒学原典才能实现"事"与"理"的结合，"以事言之为史，以道言之为经，事即道，道即事"。清代学者章学诚概括说："古人不著书，古人未尝离事而言理"，①"六经皆史也。"②先秦儒学原典的著述风格颇契合于后现代主义思潮的要求，正是先秦儒学"原典"的叙事风格赋予了它特有的"魅力"，相比之下，现代新儒学的任何解读都是大为逊色的。所以，为了领略和欣赏传统儒学的形上学的"魅力"，还是让我们直接去阅读"原典"吧。

现代经验主义并没有最终解决一切哲学问题，维也纳学派的重要成员费格尔对此作了总结，他写道："在逻辑实证主义的全盛时期，我们维也纳学派中许多人都以为我们已经发现了一种可以结束一切哲学的哲学。在这以后我们就不再这样自负。我们现在看待生命，正如我们看待科学一样，认为它是一种没有止境的探索。"③现代经验主义是一种开放的哲学，它为现代哲学注入

---

① 章学诚：《文史通义校注》上卷，叶瑛校注，中华书局1985年版，第1页。
② 章学诚：《文史通义校注》上卷，叶瑛校注，中华书局1985年版，第3页。
③ 费格尔：《经历了三十五年的逻辑实证主义》，《哲学译丛》1966年第2期，第57页。

了活力,这是由于它尊重科学。我们在讨论中国传统哲学的现代化问题时,要敢于面对它的挑战,借助它来激发思维的活力,厘清知识与非知识、科学与非科学、人文魅力与迷信愚昧的界限,不要把观念的运动当做现实,从中国传统哲学的自我思辨的迷惑中解放出来,这样才能开拓出走向自然、走向社会、走向科学与民主的坦途。最后让我们重温费尔巴哈的箴言作为结语:

> 不要"像一个动物在干枯的草原上,被一个恶魔迷惑着转圈子,在它的周围却有美丽的、碧绿的牧场"。① 这个美丽的碧绿的牧场就是自然和人,因为这两种东西是属于一体的。观察自然,观察人吧!在这里你们可以看到哲学的秘密。

---

① 费尔巴哈:《费尔巴哈哲学著作选集》上卷,荣震华等译,商务印书馆1984年版,第115页。

论冯友兰"新理学"的形上学方法

——一种比较研究

冯友兰是我国当代著名哲学家,他对中国传统哲学的现代化,作出了毕生的努力,留给了我们一份丰富的理论遗产。今天,我们应该怎样来对待这份遗产呢?在《三松堂学术文集》"自序"中,冯友兰是这样写的:"这一部集子就算是我贡献出来的精神'遗体'吧!供人们解剖。"①本文就是遵照冯友兰先生的遗愿,通过"解剖"来达到学习的目的,而不是把冯友兰的思想体系当做新发掘出来的"出土文物",摩挲把玩,徒发兴叹而已。

以《新理学》一书为核心的《贞元六书》是冯友兰建立的完整的思想体系。在《新理学》一书中,冯友兰系统而总纲式地阐述了他的《新理学》形上学系统,冯友兰自称"新理学"所讲之系统,大体上是承接宋明道学中之理学一派,是"接着讲"而不是"照着讲","新理学"所讲的意思,程朱理学都已经有了,不过有些意思他们讲得不够明确,"新理学"把他们没有讲明确的地方,明确起来②(黄克剑、吴小龙编:《冯友兰集》,群言出版社1993年版,第135、65页。以下引文只注书名和页码)。这就是说,冯友兰的"新理学"是程朱理学的现代发挥与阐释,是程朱理学的"现代化"。那末,冯友兰是如何做到这一点的呢?他自己和当今的论者都认为,这是得力于"新实在论"的"逻辑分析"的方法,这就是"新理学"形上学方法论的特色,无怪乎有的论者甚至认为,"如果

---

① 冯友兰:《三松堂全集》第13卷,河南人民出版社2000年版,第410页。
② 黄克剑、吴小龙编:《冯友兰集》,群言出版社1993年版,第135、65页。

没有新实在论,恐怕就不会形成'新理学'的哲学"①。

"新实在论"是西方现代哲学流派之一,它是在反对黑格尔哲学的背景下产生和形成的,与马克思的哲学相反,"新实在论"反对黑格尔的恰恰是他的辩证法而不是他的唯心论;在哲学方向上,"新实在论"与黑格尔哲学是一致的,都是古代柏拉图哲学的现代版本。在考察冯友兰形上学方法时,注意到这一点十分重要。

大体上说来,在现代西方哲学中,英美哲学与欧陆哲学各有不同的特征,英美哲学注重分析,欧陆哲学则耽于思辨,仍然表现出历史传统上的差别,英美的分析哲学发展了现代逻辑和语言分析,对当代的计算机科学与语言分析作出了重要贡献;欧陆的思辨哲学则建立了系统的辩证法思维,为考察形上学问题提供了强有力的武器。在20世纪50年代,笔者在北京大学哲学系向冯友兰先生问学时,曾讨论到黑格尔的辩证法问题,冯友兰当时表示,黑格尔的辩证法是"说不清楚的"。我觉得冯友兰先生对于辩证法似乎有某种学派的"成见",这一点不能不影响到冯先生对于形上学问题的思考。本文打算就冯友兰先生忽视的方面,结合"新理学"形上学方法,作一比较研究。但是,我的比较研究,不是在于"求同存异",而是追究"同中之异",通过比较、发现差别,借助差别、解放思想、开阔视野,使我们对于中国传统哲学的现代化问题,能达到一种较深层次的思考。

一、与康德哲学比较:"批判法"问题

讨论形上学问题,首先不能不面对康德批判哲学的挑战,因为康德的批判哲学根本上改变了形上学的历史命运。人们常说,超过康德会有好的哲学,而绕过康德则只能是坏的哲学。在康德之后,任何人要谈论形上学都不能轻易

---

① 陈岱孙等:《冯友兰先生纪念文集》,北京大学出版社1993年版,第254页。

地绕过康德哲学这座关隘,冯友兰对此也有相当的认识。《新知言》一书是专门讨论形上学方法的,其中的第四章"康德的批判法"就是专门讨论康德的批判哲学。但是,令人遗憾的是,冯友兰是以"六经注我"的方式来论述康德哲学的,气势固然宏伟,但却有损于康德哲学的客观性。在《新知言》第四章"康德的批判法"的开头,冯友兰写道:"休谟的经验主义及怀疑论把康德从'武断的迷睡'中唤醒,但康德是拥护形上学底。他创立了一个形上学的新法,这就是他的批判法。"[1]这种论断是似是而非的,未能真正把握康德哲学的历史贡献。

首先要说明,对待形上学的立场,康德与冯友兰是根本不同的。康德的"批判法"不是"创立了一个形上学的新法",而是批判形上学的新法。康德关于形上学的理论虽然是复杂的,但是观点是明确的。其基本要点有两方面,一为肯定的方面;二为否定的方面。康德说:"形而上学作为理性的一种自然趋向来说,是实在的;但是仅就形而上学本身来说,它又是辩证的,虚假的。"[2]对于形上学,康德所肯定的仅是"作为理性的一种自然趋向",此乃是人类本性的一种追求;对于形上学的追求和向往乃是人类的实在本性,所以,后来的叔本华把人称为"形而上学的动物"。康德所否定的,正是形上学本身,这就是作为一门学问或知识体系的形上学,这种形上学是"虚假的"。冯友兰没有把握这种区别,因而,在形上学问题上,仍然陷入了非批判的立场。康德的批判哲学乃是哲学学科中的一种启蒙教育,若不能接受这种启蒙精神的洗礼,那末在哲学上则仍是愚昧的。

由于冯友兰未能真正把握康德"批判法"的实质,因而又把康德的"批判法"曲解为所谓"形上学的负底方法"。冯友兰说:"其实《纯粹理性批判》实在已建立了一新形上学","在西洋哲学史中,他为形上学立了一个新方法,这

---

[1] 冯友兰:《新知言》,见《贞元六书》(下),华东师范大学出版社1996年版,第897页。
[2] 康德:《未来形而上学导论》,庞景仁译,商务印书馆1978年版,第160页。

就是我们于第一章所说的,形上学的负底方法"。① 什么是"形上学的负底方法",冯友兰并未从方法论的理论原则作出概念规定,只是举了一个形象的例子来做譬喻。冯友兰说,"负底方法是讲形上学不能讲……讲形上学不能讲,而对形上学的对象,有所表显,即是形上学。此种讲形上学的方法,可以说是烘云托月方法,……用负底方法讲形上学者,可以说是讲其所不讲。讲其所不讲亦是讲。此讲是形上学,犹之乎以'烘云托月'方法画月者,可以说是画其所不画。画其所不画亦是画。"②冯友兰把康德的"批判法"说成是"形上学的负底方法",又把禅宗的"顿悟"说成是"形上学的负底方法"。这样来看,冯友兰当然也可以把维也纳学派反形上学的逻辑分析以及维特根斯坦的语言分析理论都看做是他所谓的"形上学的负底方法"。可见,所谓"负底方法",从方法论原则来说,完全是一个空洞的无任何规定性的概念,它可以把关于形上学的任何谈论都包括进去,因此,这种概念实在只是一种巧饰的伪辩,而无法、也无须从形上学方法论原则加以置评或认真对待的。

  康德的"批判法"揭示了形上学有它天生的缺陷,这种缺陷就在于理性自身之中,形上学乃是理性自身的一种自发的本性追求,我们必须对这种自发的追求求得"自知之明",从而不至于执着于这种自发的追求,以避免陷入虚幻的境地。这就需要对理性本身加以批判的反思,这就是康德的"批判法"。这种工作不是一劳永逸的,要世世代代地进行,因为每一代新人都会产生自发的、天生的对于绝对完善性的追求。这种追求都有可能被非批判的理性加以绝对化而制造幻境。因此,康德的"批判法"不仅是对传统形上学的批判,而且也为批判未来任何一种形上学立下了标准和原则。以上所引述的康德的一本专著,书名就叫作《任何一种能够作为科学出现的未来形而上学导论》。这本书对于《纯粹理性批判》的内容作了比较通俗易懂的解说,在这本书中,康

---

① 冯友兰:《新知言》,见《贞元六书》(下),华东师范大学出版社1996年版,第905页。
② 冯友兰:《新知言》,见《贞元六书》(下),华东师范大学出版社1996年版,第869—870页。

德简明扼要地论述了未来任何一种形上学作为科学必须满足的条件,这种条件也就是康德用来考量形上学的标准。这就是,康德通过对"纯粹理性"的批判而确立的批判形上学的理论基础和方法论原则。简要说来,康德对"纯粹理性"所作的批判,区分了"纯粹理性"(即认识能力)的三个环节,康德说:"我们的一切知识都开始于感官,由此前进到知性,而终止于理性,在理性之上我们再没有更高的能力来加工直观材料并将之纳入思维的最高统一性之下了。"①康德论证说,传统形上学是以理性的理念为对象,追求最高的统一,由于它对理性自身的功能未能预先作批判的考察,因而不了解知性概念(范畴)与理性(理念)的区别,既不懂得"范畴"的应用界限,又不懂得理念的超验的性质,而贸然地以知性思维方式去追逐理念,急切地去把握那超验的对象,因而陷入了辩证的幻相而不自知。康德指出:"如果《纯粹理性批判》不过是第一次指明了这种区别的话,那么正是这一点,它在形上学领域里,在澄清我们的概念和指导我们的研究上,已经做了许多贡献。过去为了答复纯粹理性的超验问题而不知白费了多少气力,毫无结果。历来的一切努力从未找到我们是处在与理智(知性)完全不同的领域,因而把理智概念和理性概念混为一谈,就像它们都是一类东西似的。"②康德的"批判法"所揭示的"知性"与"理性"的区别以及知性逻辑的应用界限,不仅为批判传统形上学提供了方法与原则,而且也为考量未来的形上学立下了标准。康德的结论就是,要想凭借知性逻辑去建立形上学,这是不可能的,徒劳的。所以,康德以后,西方现当代的哲学家,在形上学面前都望而却步,只好另辟蹊径。然而冯友兰却未能认真理会康德的忠告,混淆康德所说的"知性"与"理性"的界限,仍然执着于知性的思维方式,用知性逻辑去建立形上学。冯友兰写道:"新理学是真正形上学,真正形上学方法有两种:一种是正底方法;……正底方法就是以逻辑分析方法

---

① 康德:《纯粹理性批判》,邓晓芒译,人民出版社2004年版,第261页。
② 康德:《未来形而上学导论》,庞景仁译,商务印书馆1978年版,第105—106页。

讲形上学。"①又说"哲学之有靠人之思与辨",哲学就是要"想入非非","哲学给自己制造了麻烦,它硬是要思议不可思议的东西,要言说不可言说的东西"。② 康德的"批判法"所提出的诘难,对于冯友兰似乎是不存在的。冯友兰"硬是要思议不可思议的东西,要言说不可言说的东西"。对于这种明显的矛盾,冯友兰未能作更深层次的思考,却听之任之,视为正当,这种态度实在是专横而蒙昧的。这里的一个"硬"字,确是点睛之笔,它充分表现出冯友兰"新理学"方法的独断性,与康德的"批判法"是大相径庭的。

二、与黑格尔比较:辩证法问题

黑格尔却以重建形上学为己任,以此确立了他在近代欧洲哲学史上的权威地位。黑格尔自觉地接受康德哲学的挑战,但他充分地考虑了康德的批判法对于形上学所提出的诘难:辩证法是他手中的一根"魔杖",力图以此来恢复形上学的辉煌,因此,黑格尔哲学不是形上学的简单"复辟",而是有内容的,正是这个内容,冯友兰也似乎是"视而不见"的。在《新知言》中,未立专门章节来讨论黑格尔哲学的方法,只是在论述康德的"批判法"的结尾处附带地谈论了黑格尔的辩证法,总共不到四页的篇幅(黑格尔,冯译海格尔)。

黑格尔力图克服独断论,对形上学方法做了重大的改造。黑格尔认为,形上学的方法不是外在地加予形上学的,而是由形上学对象自身的性质所决定的。黑格尔说:"方法不是外在的形式,而是内容的灵魂和概念"③,又说,"绝对的方法不是像外在的反思那样对待自身,而是从它们对象自身去采取规定的东西"④。"无条件者""绝对者"作为形上学的对象,康德的"批判法"无力

---

① 黄克剑、吴小龙编:《冯友兰集》,群言出版社 1993 年版,第 431 页。
② 黄克剑、吴小龙编:《冯友兰集》,群言出版社 1993 年版,第 84 页。
③ 黑格尔:《小逻辑》,贺麟译,商务印书馆 1980 年版,第 427 页。
④ 黑格尔:《逻辑学》(下),杨一之译,商务印书馆 1976 年版,第 537 页。

对它进行具体的规定,只得宣布它是"不可认知的";与康德相反,黑格尔则提出,"这个无条件者现在必须加以具体的了解,而主要的困难也就在这里。理性的哲学在于认识无条件者、无限者。这是什么意思呢?认识无条件者意味着规定无条件者,把无条件者的规定推出来"。① 如何去"把无条件者的规定推出来"呢? 黑格尔超越了康德,把握了"理念"的内在灵魂即"矛盾"。黑格尔指出,"说理性产生理念,这是一种伟大的说法;但在康德那里这只是一个抽象。只有无条件者与有条件者的结合才是理性的具体概念"。② 黑格尔是从形上学对象本身的矛盾特性出发来考察形上学的方法,方法不是外加于内容的,而是对象本身内容的外在展现,是内容的外在化形式,是内容自身的生成。而冯友兰则把方法看成是现成的东西,是外在地加于形上学对象的。在《新知言》中,冯友兰说,"本书主要底目的是讲形上学方法,一门学问的性质,与它的方法,有密切关系。我们有以下希望,从形上学的方法,说明形上学的性质"。③ 这里,冯友兰意识到方法的重要意义,但是他却未能上升到从对象自身的内容特性来寻求合适的方法这种内在的观点,而是相反,从方法来说明形上学性质,不懂得是性质决定方法以及方法与性质之间的内在联系。他想得十分简单,以为只要找到一种好的方法,就可以把形上学建立起来,那末到哪里去寻找好的方法呢? 于是,就像木工干活那样,到工具箱里去寻找,于是,就找到了新实在论的"逻辑分析"方法。这乃是外在的反思。这样的方法只能是"理念的铁笼子",与黑格尔的方法根本不同。

黑格尔的方法在于寻求具体的东西,把握活生生的生命。而只有无条件者与有条件者的结合才是理性的具体概念,因此,黑格尔否弃和批判抽象的形式逻辑,亦即知性逻辑。黑格尔说:"没有意识按照同一律思维或想象,没有人按照同一律说话。没有任何一种存在按照同一律存在,如果人们说话遵照

---

① 黑格尔:《哲学史讲演录》第4卷,贺麟、王太庆译,商务印书馆1997年版,第275页。
② 黑格尔:《哲学史讲演录》第4卷,贺麟、王太庆译,商务印书馆1997年版,第276页。
③ 黄克剑、吴小龙编:《冯友兰集》,群言出版社1993年版,第430页。

这种自命为真理的规律(星球是星球,磁力是磁力,精神是精神),简直应该说是笨拙可笑。"①可是,冯友兰却把这种"抽象的同一律"奉作金科玉律,以之为"新理学"体系的理论根据。"新理学"体系的四组主要命题就是依据"抽象的同一律"进行推论的同语反复的命题。在"新理学"看来,"山是山""水是水",这样的命题,似乎潜藏有宇宙的秘密。冯友兰论证说:"新理学的形上学的第一组主要命题是:凡事物都是甚么事物。是甚么事物,必都是某种事物。某种事物是某种事物,必有某种事物之所以为某种事物者。借用中国旧日哲学家的话说:'有物必有则。'""某种事物之所以为某种事物者,新理学谓之理。"②就这样,冯友兰推论出了"理世界",建立起"新理学"的形上学,并以此为理论基础,论述和确立了人生的最高境界即"天人合一"的"天地境界"。多么崇高,多么美妙和令人向往。黑格尔所否弃和批判的"抽象的同一律",在冯友兰的手中,竟有如此巨大的"魔力",黑格尔生在今日,对此只能瞠目结舌。

黑格尔写道:"这些方法在它们自己范围内无论如何重要,如何有辉煌的成就,但对于哲学认识却没有用处,这是自明的,因为它们是有前提的,它们的认识方式,是按照形式的同一性而进行的。"③黑格尔把这种方法指斥为"偶然的武断",④这是黑格尔在19世纪三四十年代写下的看法;然而到20世纪的三四十年代,我国的哲学界,对于这些看法似乎并没有认真地对待,特别是那些热衷于制造形上学体系的人。

三、与现代实证主义比较:人生境界问题

王国维说,可爱者不可信,可信者不可爱,实证主义虽可信,但却不可爱,

---

① 黑格尔:《小逻辑》,贺麟译,商务印书馆1980年版,第248页。
② 黄克剑、吴小龙编:《冯友兰集》,群言出版社1993年版,第444页。
③ 黑格尔:《小逻辑》,贺麟译,商务印书馆1980年版,第416页。
④ 黑格尔:《小逻辑》,贺麟译,商务印书馆1980年版,第49页。

形上学是可爱的,但却不可信。王国维的精神痛苦,似乎表达了普通的人生之恨。这恐怕就是康德哲学所说的,人的理性的本性。对于形上学美妙境界的追求,似乎只能在诗歌中,在艺术中,在梦幻中去得到满足。在人生境界问题上,实证主义似乎失去了它的光彩,各种形式的形上学却可以大展才华,弄生花之笔,描绘出天际边彩虹般诱人的景象。

维也纳学派用诗歌来比喻形上学,石里克说:"形上学是概念的诗歌。"从逻辑上说,虽是无意义的,但是可以使人得到一种感情上底满足。可见,现代实证主义也并不否认情感问题的存在,并不否认人是有感情的生物。但是,在形上学的境界理论中若把情感问题与知识问题混为一谈,这是实证主义所要反对的。冯友兰的境界理论亦是如此。

在现代实证主义看来,人生境界问题若是作为人生的意义与价值问题来思考,是一个现实问题,不是一个纯粹思辨的问题。探讨这个问题应该结合经验科学和实证知识来进行,而不是凭借形上学的玄思。

在谈到伦理学的目的时,石里克指出:"伦理学只给人以知识而不给以任何别的东西",并且提出警告说,"对一个伦理学家来说,最大的危险就是从伦理学家变成道德家,从研究者变成说教者。……否则,他的思想就有被感情引入歧途的危险。"①

在境界理论问题上,与冯友兰不同,现代实证主义主张依靠知识来解决问题。已故的英国当代哲学家卡尔·波普尔也提出,"通过知识获得解放"。波普尔虽然不是逻辑实证主义的成员,人们把他的思想称为"批判理性主义",但若是从维特根斯坦的"家族相似"来说,波普尔仍然可以算作现代实证主义或现代经验主义的一分子。波普尔提倡哲学应与科学相结合来解决人的心灵自由问题,他说,"在我看来,哲学从来也不应该而且也确实不能与各门科学

---

① 洪谦主编:《逻辑经验主义》,商务印书馆1989年版,第169页。

脱离关系"。① 通过知识获得解放,波普尔认为这是18世纪以来启蒙运动的中心观念。什么是启蒙运动?波普尔在引述了康德的经典定义之后评论说:"它就是通过知识而自我解放的观念……因为只有通过知识的增长,心灵才能从它的精神束缚即偏见、偶像和可避免的错误的束缚中解放出来。"②应该说,波普尔的这个观点是正确的。人类社会的发展已经说明,人的衣食住行、生老病死都是与知识的进步密切相关的。试想一个衣不蔽体、食不充饥的人,怎样能达到"天地境界"而徜徉于"极高明而道中庸"的怡然自得之中?当代作家贾平凹的自白说出了这个极为平凡的真理:"在贫困的环境里,我学会了自私,因为一分钱,一根火柴,一把粮食,对于生命多么重要?"③今天,现代生物学的基因工程和克隆技术,不是给人类的心灵带来了巨大的震颤,给当代人的价值体系和人生意义提出了严重的挑战吗?面对这种科学的现代进展,哲学是不能回避也不应该回避的。所以,在波普尔看来,"真正的哲学问题总是植根于哲学之外的迫切问题,如果这些根基腐烂,它们也就死亡"。④ 波普尔列举的领域诸如政治、社会生活、宗教、宇宙论、数学、自然科学和历史等。总之,哲学的根基是在现实生活以及关于现实的知识之中。而"哲学的主要任务就是批判性地沉思宇宙和我们在宇宙中的地位,这也包括我们的认识能力以及我们行善和作恶的能力"⑤,波普尔没有把哲学仅仅化解为"语义分析"或"语言分析",这是波普尔比维也纳学派更为正确的地方。

可是,为了使"新理学"免受维也纳学派的批评,冯友兰从根本上排除哲

---

① 波普尔:《通过知识获得解放波普尔关于哲学、历史与艺术的讲演和论文集》,范景中、李本正译,中国美术学院出版社1996年版,第403页。
② 波普尔:《通过知识获得解放波普尔关于哲学、历史与艺术的讲演和论文集》,范景中、李本正译,中国美术学院出版社1996年版,第179页。
③ 贾平凹:《我是农民——乡下五年记忆》,载《中华读书报》1999年1月13日。
④ 波普尔:《通过知识获得解放波普尔关于哲学、历史与艺术的讲演和论文集》,范景中、李本正译,中国美术学院出版社1996年版,第117页。
⑤ 波普尔:《通过知识获得解放波普尔关于哲学、历史与艺术的讲演和论文集》,范景中、李本正译,中国美术学院出版社1996年版,第405页。

学与科学的联系,他争辩说,"新理学"是"真正的形上学",因为它与科学无任何联系。维也纳学派的批评只是对于历史上的形上学有效,因为它是"坏底科学",而对于"新理学",则是不相干的。冯友兰说,"新理学"是"最哲学底形上学",亦可说是真正底形上学,并不是"先科学底科学",亦不是"'后科学底科学',亦不是'太上科学',因此,这些批评,对于'真正底形上学',是无干底"。① 然而,冯友兰的这种争辩并没有切中要害。因为,维也纳学派对历史上形上学的批评,并不是因为它与科学的联系,而是因为它不明白科学问题与形上学问题的区别,它把两类不同性质的命题即有意义的与无意义的命题混淆起来,从而妨碍了对于科学问题的研究和解决;同时,也误解了哲学思维的功能,导致对于伪科学的无益争辩。当然,维也纳学派或波普尔都主张,哲学应与科学相结合,这也并不是赞成在传统形上学形态中科学与哲学的混淆。相反,传统形上学之所以受到批评,因为它既误解了科学又误解了哲学,它不能辨识什么是有意义的科学问题,什么是无意义的形上学问题。

因此,冯友兰在应付维也纳学派的批评时,干脆采取割断"新理学"与科学的任何联系,这种方法也并不能避免维也纳学派的批评。因为,与实际知识、科学、实际世界无任何关系的"新理学"的命题系统,从维也纳学派的立场来看仍然是毫无意义的,因而也是应该予以拒斥的。由此看来,"新理学"连同它的境界理论也仍然是一种"概念的诗歌"。

---

① 黄克剑、吴小龙编:《冯友兰集》,群言出版社1993年版,第430页。

中外哲学与文化交融的思考

一、外国哲学与中国文化的交融问题，是当前的热门话题

20世纪的历史进程使人类得到的最大收获，就是理智与良知的重新觉醒，看来这是使人们重视文化的一个原因。文化有各种类型，存在着各种各样的文化，因此我们在谈论文化问题时，似乎应有一个关于文化的理念。这样，我们才能评判文化价值的品位，进行文化的比较研究，为文化的批判与创造找到一个支撑点；能否有一个人人认同的文化理念，这是不能强制规定的，只有通过讨论才能接近真理。我认为，文化乃是人作为自由主体的自我创造与自我欣赏（观念的与物质的）。这就是我的文化理念。在各种类型的文化形态之中，都不同程度地存在着这种基本因素，愈是深广地体现着这种基本因素的文化，就愈是健康而富有魅力的文化，而文化的品位就在于健康而富有魅力。因为，正是在健康而又富有魅力的文化之中，诸如人格、尊严、自由、正义、友情、亲情、爱与创造性等，这样一些具有永恒意义的人文价值，才能有培育、生长和发展的肥沃土壤，也只有这样的文化才能感染人、教育人，才有生命力并产生它的影响。

二、大力开展多学科多视角的实证性研究

我们在进行中外哲学与文化交融问题的研讨时,应同时提倡并推动开展对于文化现象做多学科多视角的实证性研究,因为实际上是存在着各种不同类型的文化,例如,国别的、民族的、地域的、古代的和现代的、宗教的和民俗的等。目前在这方面的专题研究还很不够,应该加大力度,开展从社会学、心理学、教育学、民俗学以及宗教学等多学科的实证性研究,掌握各种类型文化的生活经验的形态,多视角地具体了解各种文化的意义与作用。这是我们从哲学思考文化问题的重要前提和基础,是十分必要的,也是非常有益的。这可以使我们的研讨更富于成果,避免空洞或抽象的争论,并开拓我们的眼界和心胸。当前十分需要开拓我们的文化视野,而多学科多视角的实证性研究,是必要的一个阶梯。但这方面的研讨,我们是注意不够的。我们不能总是陶醉在过去的某种伟大和辉煌之中,这样是走不出新路的。

三、中外对话,加深理解,推动交融

关于外国哲学与中国文化交融问题的研讨,仅限于我们这些搞外国哲学的同志之间进行,这是不够的。应该扩大界别范围,希望能和搞中国哲学与文化的同志坐在一起来共同讨论,让我们适时地举办这样的研讨会,这样做有许多好处。在我们的相互对话中,可以互相学习,取长补短,加深理解,并及时消除某些误解,推进和提高讨论的质量。从我们自身来说,限于专业范围,往往对于争论中的某些问题感到迷惑,因为在我们看来似乎并不是什么问题。同时,我们自身对于西方哲学的认识也十分不够,讨论文化交融问题,也还需要做深入研究。但是,西学输入国门以及国人对西学的研究和介绍一开始就是艰难曲折的,如果有一个根本问题,就是我们要有一个正常而健康的心态。梁

启超在讲述中西文化之交融时,曾有如下的议论:"盖大地今日只有两种文明,一泰西文明,欧美是也;二泰东文明,中华是也。20世纪,则两文明结婚之时代也。吾欲我同胞张灯置酒,迓轮俟门,三辑三让,以行亲迎之大典。彼西方美人,必能为我家育宁馨儿,以亢我宗也。"[1]这里充分表现出汲取和融汇西方文化的自信和乐观的心态,至今仍然值得我们汲取。

---

[1] 梁启超:《论中国学术思想变迁之大势》,上海古籍出版社2006年版,第4页。

西方哲学教学四十年

我从事西方哲学的教学与研究工作到现在已有四十多年了,其间由于政治运动的影响,教学工作时辍时续,有时不得不改教马克思主义哲学经典著作和传统逻辑。但是,四十年来,我始终都是以西方哲学为中心开展我的教学与研究工作,先后讲授过西方哲学史、现代西方哲学以及西方哲学经典原著选读等课程。现在,我应该静下心来,对这四十年来的工作历程作一回顾与检讨,这既很必要,亦属有幸。然而,我自知,限于我个人的学养与视野,尚不能胜任作全面而深刻的总结,只能述其要者而已。

在我第一次接受西方哲学的教学任务时,我就给自己提出了这样一个问题,即中国人为什么要学习和研究西方哲学以及如何学习和研究西方哲学?此后,每当新一轮教学任务开始时,我都要重新思考这个问题并再次寻求解答。可是,直到今天,我仍然未能找到一个自己满意的最终的解答。现在,我终于认识到,这个问题是不可能有一劳永逸的解答的,这是一个常教常新的问题,我们要终生努力,不断地更上层楼。

大致说来,中国人比较有意识地介绍西方哲学和西方文化,可以追溯到19世纪中叶。这是一个不幸的历史时刻。因为,这时西方列强已经进入帝国主义阶段,而中国却仍然停滞在封建社会时代。随着1840年鸦片战争的失败,帝国主义在强行输入鸦片的同时也带来了西方的文明。在这种情况下,迫使中国人走上了向西方学习的道路。当时,中国的少数先进分子认识到,中国正面临着"三千年来未有之变局"(李鸿章语)。几十年洋务运动的实践,使他们进一步体察到,为了挽救民族危亡,除了"船坚炮利",还必须引进西方的学术与文化。所以,中国人最初是怀着强烈的民族忧患意识来向西方学习的,是为了寻求自强之道,振兴中华来引进西方哲学与西方文化的。这是一个优良的传统,今天我们仍然要继承和发扬。但是,对于如何继承和发扬,我们却未能做更为深入的反思,因而对于这一重大的历史课题,始终未能形成具体而系统的认识。今天我们更需要以冷静的理性来思考这个问题,而不能仅仅停留在慷慨悲歌的激愤中。这也是我们西方哲学教学中的重大背景主题,我们应该不断地拓展并深化我们的教学水平,以便更为具体地提高我们对这个重大主题的认识,更为开放地解决好这个历史任务。

要提高我们的教学水平,当前首要的仍然是解放思想,更新观念。新中国成立以来,苏联社会的垄断真理的意识形态和学术理论界的教条主义独断论学风,对我们的影响至深且巨。从 20 世纪 50 年代到 80 年代,30 多年来,苏联哲学家苏共中央书记处书记日丹诺夫关于哲学史的定义,在我国中外哲学史领域,一直占据了统治的地位,被奉为绝对权威。日丹诺夫的定义把全部哲学史的内容,极为粗暴地简单化。根据这个定义来从事哲学史的教学和研究工作,就只能是简单地贴标签、"划成分",即区分唯物论或唯心论、辩证法或形而上学,进步的或反动的,如此等等。这种方法根本说不上对哲学史做理性的探讨和研究。这样的哲学史当然无助于人们思维能力的培养与提高。日丹诺夫的定义严重阻碍了作为科学的哲学史的教学与研究工作。我国学者也曾经提出过质疑和批评,但始终未能产生什么作用,因为国内极"左"思潮极为强大,一直占据着绝对统治地位。直到 1978 年党的十一届三中全会召开的之际,全国解放思想的气氛逐渐形成,同年 10 月,在安徽省芜湖市召开了"西方哲学史讨论会",这是新中国成立以来,第一次全国性的西方哲学史的盛会。这次会议是由安徽劳动大学牵头,联合北京大学哲学系、中国社会科学院哲学所以及商务印书馆、人民出版社等单位共同举办的。就在这次大会上,我提交了一篇论文,题目是《试论作为认识史的哲学史》,并就此题作了大会发言。

在我的论文和发言中,我直接公开地批判了日丹诺夫的哲学史定义,向日丹诺夫的权威挑战,并且试图论证从认识史的观点来看待哲学史,以此来取代唯物论与唯心论、辩证法与形而上学的斗争史。今天看来,我的观点仍是简单的、粗糙的。但是有它历史的意义,因而在当时,我的论文和发言获得了与会同志的热烈响应和支持,产生了影响。此后不久,我国哲学史界的资深学者汪子嵩先生更著长文,进一步深刻地论述了从认识史的观点来研究哲学史的重大意义。加之全国改革开放的形势日益发展,理论界的极"左"思潮也愈来愈失去了它的影响力,从此以后,日丹诺夫的权威日益被削弱了,在我国哲学史教学和研究领域就逐渐形成了比较自由和生动活泼的局面。今天看来,1978年的芜湖会议,虽然亦为历史发展的势有必至,但也是一次重大的历史契机,它大大推动了我国哲学史的教学和研究领域的思想解放,是哲学史领域解放思想的一次盛会。

目前,我们仍然要继续解放思想,更新观念,彻底抛弃垄断真理的意识形态和教条主义的独断论学风,从唯物与唯心、辩证与形上、进步与反动等二元对立的思维模式中解放出来,以恢复人类感觉天赋的对于新鲜事物的敏感性和理性的求真质疑精神。要做到这一点,比较研究是一个好方法。因为,有比较才能有鉴别,有鉴别才能分辨真善美与伪恶丑。有了这种比较、鉴别和评判能力,我们就会发现无限的新的可能性和新的价值。

讲授西方哲学虽然不能简单地等同于中西哲学的比较研究,但是,我们是在中国讲授西方哲学,是给中国人讲授西方哲学,这是我们立场的基本背景。这个基本背景决定了我们在客观地论述西方哲学的时候,还应该上升到比较的观点,作比较的考察,才可能使我们西方哲学中的教学更好地契合真实的情境,达到手段与目的的统一。这样做,在中国讲授西方哲学才能有它的生命力,才能有它的意义。然而,我必须强调指出,我所说的比较方法的要义并不在于时下所主张的"求同存异",例如说,柏拉图与孔子都有某种共同的观点;又如,在黑格尔哲学中发现了某种与中国老子一致的思想;等等。这种不论差别只取共同性的研究,不能刺激和推动我们的思想认识活跃起来,相反,只会使我们的认识停止下来,沉寂下来。我所说的比较研究,则是着重于探究"同中之异",着眼于"同中**究异**"。在中国讲授西方哲学之所以有意义或价值,就在于了解异域人士是怎样来思考诸如真善美、宇宙、人生、价值等问题,这些都是全人类共同的永恒性的问题,就在于了解异域人士对这些共同问题的不同思考、不同观点、不同方法。正是这些不同或"异",对于我们解放思想、开阔视野、更新观念才会有启发、有帮助。古人说,"他山之石,可以攻玉",善于向他人学习是我国的古老智慧,也是医治我们故步自封、夜郎自大的良方。善于向他人学习,才能使我们更为实在地认识他人,更为客观地看待自己。在西方哲学的教学和研究中,结合比较的观点和方法,将会帮助我们发现新的事物、新的世界和新的可能性。这既可以增加我们对于不同民族文化的理解,又可以提高我们对于自身民族文化优劣短长的评判能力。这是我们民族文化创新的必要条件之一。在全球化日益加速、各民族交往日益频繁的今天,这也是我们走向世界的不可或缺的条件。

西方哲学是大学哲学系的基础课,也是塑造现代型人格的基本要素之一。因此,我们的教学工作还必须从基础做起。这就要求,第一,我们应当客观如实地介绍他人的观点与思想,尽可能做到保存"原汁原味"(王太庆先生语);第二,我们更要努力提升,致力于比较、鉴别、融通、会解。我们应该吸收西方哲学的精华,来创造我们民族、我们时代的新哲学、新文化。没有这后一点的追求与范导,我们的教学与研究工作,则将散漫而无旨归。但是,这一切都必须从基础做起,而基础工作的本质要求则在于保证学科的客观性与科学性,没有这个扎实的基础,其他一切则将流于空谈。而在这方面,我们却有很多工作要做,有待于我们进一步的努力。

后　　记

2019年,是我90岁生日,我的许多学生和朋友,从全国各地赶来为我祝寿,大家济济一堂,热情洋溢,我的学生和朋友们提出,要我搜集旧文,重刊出版,留作纪念,我很高兴,我很感谢,没想到,在我翻越人生90山丘之后,竟有这么多朋友在等候、在迎接,我感激、我祝福。

90年华,手捧旧稿,重读旧文,心头是沉甸甸的,它记录着我生命几十年的时光,它流淌着我生命几十年的思想,怎能不叫人心潮澎湃,百感交集。

回想70年前,我怀着一颗年轻人的好奇心,去敲开通往哲学的大门。我很幸运,1951年被清华大学哲学系录取了,第二年随全国哲学系调整并入北京大学哲学系。在未名湖畔,我结识了许多良师益友,那时,北大哲学系年轻的学子们,个个意气风发,谈笑风生,学习的气氛很浓,那样的岁月是我打下哲学理论基础最好的时光。当时的许多学友如李泽厚、梁志学、朱德生、薛华、王树人等,他们都是当今中国文化思想界的栋梁,祝愿他们思想不老,长卷不断。

1955年,党提出了向科学进军的口号,我真幸运,又一次赶上了好机遇,免试留校攻读副博士研究生(现硕士研究生),我的导师是郑昕教授和洪谦教授,他们都是国际名师,他们在中西哲学文化的交流上作出了很大贡献,在哲学界享有很高的威望。我的第一位导师洪谦先生是科学语言哲学专家,从事维也纳学派学习与研究,深受科学哲学和语言分析哲学的影响。我的第二位导师是郑昕教授,他是德国留学的康德哲学专家,时任北大哲学系主任。1956年中国人民大学聘请他开设康德哲学课程,我当时是他的助手,每次讲课时都

后　记

随他同往,我的任务是做随堂笔记,回去后再整理誊清,送请郑昕教授过目,郑昕教授对我多有指正,这为我学习康德哲学打下了基础。郑昕教授在人民大学哲学系讲演有一个与中外哲学家都不同的特点,他不是从第一批判的顺序讲起,他第一堂课直接批判传统形而上学,他在批判中引用康德哲学思想,以此来揭开康德哲学的革命性,不知不觉中把听众引入了康德哲学,使他们产生了深刻的兴趣。他与洪谦教授对形而上学的批判各有特点,洪谦教授是从语言的科学逻辑性揭示传统形而上学的荒谬,而郑昕教授更从人类精神的高度呼应了洪谦教授的观点。在他们的教导下,我进步很快,对哲学产生了更加浓厚的兴趣,当时心情很愉快,我想努力,我想攀登。但时隔两年,1957年"反右运动"之后,社会上流行着一种极"左"的思潮,"我们要战士,不要院士",在这种社会氛围中,1959年,我被当做走白专道路的典型受到批判,虽然心中郁闷不解,但不管是在系编译室工作也好,下乡劳动也好,仍然动摇不了我对哲学的热爱。

1963年,我调到安徽大学政治系任教,两年之后又并入安徽劳动大学政治系。在很长的一段时间里,我的学术没有任何进展,直到1973年,在提倡要学一点哲学史的背景下,安徽劳动大学政治系组成了一个《西欧近代哲学史》写作班子,成员有任吉悌、钱广华、文秉模、金隆德。1974年完稿,同年由商务印书馆出版发行。这本书在出版过程中,得到了商务印书馆高崧总编辑等人的充分肯定与大力支持。在那书荒的年代里,此书一经出版,便得到了哲学界的热烈反响。之后,编写组联合了北京大学哲学系、商务印书馆、人民出版社、中国社科院、安徽劳动大学政治系等单位共同在安徽省芜湖市召开了全国性西方哲学史研讨会(哲学界通称芜湖会议),我在会上作了题为《试论作为认识史的哲学史》的发言,主要是批判了日丹诺夫把哲学史形而上学地割裂为唯物论与唯心论相互对立、相互排斥、相互否定的历史,我认为哲学史是唯物论与唯心论有机影响、相互作用、相互推动人类认识深化发展的历史。因此,我才把哲学史定义为认识史,研究哲学史的意义就在于此。多少年来憋在心里不敢说的话终于敢说出来了,我感到一身轻松,感谢党的改革开放。

这次会上,大家畅所欲言,都感到是一次思想的解放。前辈老专家都很重视,会后,汪子嵩先生曾撰文参加讨论,于光远、吴江、何兆武等老先生也都很支持,由于这些老专家的关注与参与,给大会增添了不少的光彩与分量。而"芜湖会议"的历史意义也为年轻一辈的学者们高度评价。例如北京大学哲学系赵敦华教授曾经充分肯定"芜湖会议"对于新时期西方哲学史研究的转折性意义,中国社科院哲学所马寅卯教授也专门撰文谈论"芜湖会议"的历史意义。事隔多年之后,山西大学江怡教授提出过尽快抢救钱先生(钱广华)的哲学遗产,对于这些评价,当然是受之有愧,但自己的研究成果得到年轻同行的肯定,确实让我深受鼓舞。从全国来看,东北地区与华中地区反应最为热烈。为了纪念"芜湖会议",为了感谢全国各地的朋友们,此后,安徽大学哲学系每十年召开一次全国性的纪念"芜湖会议"的研讨会。

1982年,我回安徽大学哲学系之后,连续写了一些有关德国古典哲学的论文,现大多收集在这本书中献给大家。德国古典哲学是一个金矿,是一座丰碑,是世界文化史上的经典,尤其是康德哲学是人类智慧的宝藏,它留给我们的遗产是极其光辉及其丰富的。康德认为人类精神是由真、善、美三者组成的,人作为有灵性的生物与其他生物本质的不同是他能够感悟真假,辨别善恶,欣赏美丑。康德指出,人的希望,就在于把真、善、美三者有机地统一起来,结合为一个完美的实体,人要活成这三者的统一,追求这三者的统一,也是人生活的方向、价值的所在,这才是理想的人性,完美的人性,人类努力的方向。这就是我向往的哲学的理想,或者说理想的哲学,所以我说康德哲学是希望的哲学、哲学的希望。如果我的文章能够对大家有一点启发,能够引起大家的兴趣,那我就很满足了。回望一生走过的路,匆匆忙忙,成果不多,实感遗憾。如果有人问我,你对自己的文章怎样评价?那我的回答是:我只是以平实的情感、本真的思想来写些平实的、本真的文字。希望大家能够喜欢。

祝愿这束小草也能给大地带来一点春意。

后　记

　　这本书能与读者见面,我要感谢对这本书的收集、注释方面付出大量辛勤工作的朋友们以及在经济方面给予大力赞助的朋友们,特别要感谢的是张能为、王国良、单斌、陈建设等诸多朋友。同时,特别感谢人民出版社和方国根先生为本书的编辑和出版工作提供的全力支持和细致帮助!

　　最后,还要感谢我的老伴黄育荪,感谢她几十年来对我在生活上的照顾。

　　朋友们:

　　"身无彩凤双飞翼,心有灵犀一点通。"

　　"洛阳亲友如相问,一片冰心在玉壶。"

　　"故国神游,多情应笑我早生华发。"

　　亲爱的朋友们:

　　我知道人生只是一个过客,我也知道岁月永留,哲学永在,我们头上的星光永远灿烂。

钱广华　口述
黄育荪　整理
2020 年 12 月 16 日记于合肥安大校园寓所

附　录

九十寿辰时黄育荪老师发言

　　各位嘉宾、各位朋友：今天是钱广华老先生九十华诞，谢谢各位在这酷热的暑天里从各地赶来合肥参加祝寿聚会。刚才听了大家的发言，字字句句都温暖着我们的情感，时时刻刻都抚慰着我们的心灵。再看着大家的笑容，我的感觉是如痴如醉了，诗人李商隐说，"此情可待成追忆，只是当时已惘然"。我有好多话，但又说不好，只能用一句古诗来欢迎大家："我有嘉宾，鼓瑟吹笙。"希望大家鼓掌，希望大家接纳我的情意。

　　钱老先生的履历很简单，安徽巢县(出生地)——北京(清华大学哲学系，后并入北京大学哲学系，1951—1962年)——合肥(安徽大学哲学系1963—1965年)——安徽宣城麻姑山(安徽劳动大学，1965—1982年)——合肥(安徽大学哲学系)，这就是他一生的功绩。人生七十古来稀，今年钱老先生已是九十华龄，值得祝贺。我有歌曰：(一)九十寿龄，且行且歌；一生幸运，感谢多多。(二)人生如花，创造美丽；天空彩虹，风雨之后。(三)春蚕吐丝，绵绵情谊；蜡烛有泪，闪闪发光。

　　流光容易把人抛，一转眼，老先生竟登上了"九十大位"的宝座。"九十大位"对我们来说，实是喜忧参半，寿过九十，同时还能欣赏着"桃李满园，吐露芬芳"的美景，谁能不高兴！谁能不享受！但人生毕竟是人生，难免会有坎坷，有挫折，有遗憾。老先生同样也有着自己的许多遗憾和伤感。柳树老了，都无力吹棉；人老了，能有什么呢，又能做什么呢，剩下的只能是"一弦一柱思华年",晚年,他更加思念朋友,更加思念以往生活的时光,他很欣赏李泽厚先生的一句诗:"杜鹃花里觅童年。"他也经常回忆自己青少年的时光,巢县中学,卧牛山,巢湖……说起往事都历历在目,真是令人感慨万千。但最令他思念的还是北大的未名湖,"杨柳春风九十秋,京华红楼忆犹新;今生难忘未名湖,空余此身思悠悠"。回忆一生,他总觉得想做的许多事情都还没有如愿地做好,他总觉得他自己读的书不够多,营养不够充足,成绩单上的分数当然也是不能令人满意的,这真是最大的人生的遗憾。

亲爱的朋友们,你们都很关心钱老先生的生活和健康,有位朋友问钱老先生一顿能吃多少饭,一天能睡上几个钟头,我很高兴地回答大家,老先生一顿能吃半碗饭,一天能睡上六到八小时(就是作息时间不规律),虽然他现在还站不起来,并兼有其他的一些疾病,但总的来说,他的思维是清晰的,许多问题他能想得开、看得透,我想这该归功于他对哲学的爱好吧。当然由于年老体衰,他也有伤感之心,也有烦躁之时,如春夜听到春雨,他便会自然地吟出陆游的名句"小楼一夜听春雨",可是沉吟半天,都没有接上下一句,当时我的心情也有些寂寞,随口就冲出了这样一句话"合肥无处买杏花",老先生听了竟连声称赞。还有一次,我们路过太平湖,看到那美丽的山光水色,老先生情不自禁地说:"何时归去来,洗我布衣衫。"今天,我可以这样回答:"今日归来闲,好洗布衣衫。"当他想洗布衣衫都没有力气了,他便会感叹道:"夕阳光照令人伤!"为了安慰他,我接上一句:"余情徘徊不下山。"他马上感到了人情的温暖,他说:"让人生的旅途长一点,让夕阳的光辉再灿烂一点,那该多好阿!"可见,他对生活还是充满着热爱,充满着信心。让我们祝福,祝福他晚年顺心安宁!

朋友们,今天刚相聚,明天又送别,人生真的太匆匆,与君一夕聚,更添别离愁,悠悠思念,令人神伤。亲爱的朋友们,让我们为我们的相聚干杯!让我们为我们的幸福干杯!"人生飘忽百年间,且须酣畅万古情""无可奈何花落去,似曾相识燕归来""但愿人长久,千里共婵娟"。

责任编辑:方国根　戚万迁

图书在版编目(CIP)数据

钱广华哲学文集/钱广华 著. —北京:人民出版社,2022.10
ISBN 978-7-01-024029-9

Ⅰ.①钱… Ⅱ.①钱… Ⅲ.①哲学-文集 Ⅳ.①B-83

中国版本图书馆CIP数据核字(2021)第245513号

钱广华哲学文集
QIAN GUANGHUA ZHEXUE WENJI

钱广华　著

人民出版社　出版发行
(100706　北京市东城区隆福寺街99号)

中煤(北京)印务有限公司印刷　新华书店经销
2022年10月第1版　2022年10月北京第1次印刷
开本:710毫米×1000毫米 1/16　印张:22
字数:300千字

ISBN 978-7-01-024029-9　定价:84.00元

邮购地址 100706　北京市东城区隆福寺街99号
人民东方图书销售中心　电话 (010)65250042　65289539

版权所有·侵权必究
凡购买本社图书,如有印制质量问题,我社负责调换。
服务电话:(010)65250042